名师工程
教研提升系列

《可爱的四川》教学活动设计

湛建民／主编

陈　静／副主编

西南大学出版社
国家一级出版社
全国百佳图书出版单位

图书在版编目(CIP)数据

《可爱的四川》教学活动设计 / 谌建民主编；陈静副主编. -- 重庆：西南大学出版社, 2025.5. -- ISBN 978-7-5697-2739-5

Ⅰ. G633.593

中国国家版本馆CIP数据核字第20252G3D57号

《可爱的四川》教学活动设计
KEAI DE SICHUAN JIAOXUE HUODONG SHEJI

谌建民　主　编
陈　静　副主编

责任编辑｜杨　进
责任校对｜向文平
封面设计｜闰江文化
排　　版｜张　祥
出版发行｜西南大学出版社（原西南师范大学出版社）
　　　　　网上书店｜https://xnsfdxcbs.tmall.com
地　址｜重庆市北碚区天生路2号
邮　编｜400715
电　话｜023-68868624

印　　刷｜重庆市国丰印务有限责任公司
成品尺寸｜170 mm×240 mm
印　　张｜25.25
字　　数｜402千字
版　　次｜2025年5月 第1版
印　　次｜2025年5月 第1次印刷
书　　号｜ISBN 978-7-5697-2739-5
定　　价｜78.00元

编 委

主　编：谌建民

副主编：陈　静

编　委：谌建民　陈　静　程碧春　杜鹏程　温俊芳　曾德付

　　　　　李　敏　陈　缓　张　勇　赖　东　李　玲　陈　祝

　　　　　如玛她　苗婧舟

序　言

　　2001年《国务院关于基础教育改革与发展的决定》，明确指出对课程管理与教材编写实行国家、地方、学校三级课程管理。此举凸显了地方课程在基础教育中的重要性和不可替代性。

　　2022年义务教育课程方案和课程标准正式颁布，此次义务教育课程修订以习近平新时代中国特色社会主义思想为指导，以培育"有理想、有本领、有担当"的创新人才为目标，方案要求各门课程用不小于10%的课时设计跨学科主题学习。

　　《可爱的四川》课程隶属于国家课程方案中的综合实践类课程，是必修课程。课程重在学生实践和生活体验，让学生在实践感受中提高行动能力，欣赏各种美，培养学生热爱四川、热爱家乡的情感。

　　本书基于《可爱的四川》课程，立足于跨学科主题学习设计的实践探索，以学生学习为中心，以地方课程资源开发为路径，以培养创新人才为落脚点，以核心素养的形成和提升贯穿始终。

　　本书是地方课程跨学科主题式学习设计的起步，是四川省谌建民名师工作室的阶段性研究成果。全书精选案例，开发的课程设计遵循《可爱的四川》课程，但不拘泥于教材，便于地方课程或综合实践类课程老师直接用于教学实践，也可作为学生综合实践活动的指导用书。

　　本书按照《可爱的四川》体例编排，全书分为"自然之美""人文之美""红色之美""发展之美"四大主题。

　　地方课程跨学科主题式的设计本身是一项开创性设计，课程内容具有开创性，更需要迭代更新。希望广大教育工作者和我们共研共进，不吝赐教。让我们共同推动地方课程的发展。

　　全书由陈静老师负责统稿工作。

编者
2024年11月

主题一 自然之美

- 《享誉世界的超级明星——国宝大熊猫》教学设计 …………………… 002
- 《重回侏罗纪——寻踪自贡恐龙博物馆》教学设计 …………………… 007
- 《大自然的鬼斧神工——兴文石海》教学设计一 ……………………… 012
- 《大自然的鬼斧神工——兴文石海》教学设计二 ……………………… 018
- 《天府之国——成都平原》教学设计一 ………………………………… 025
- 《天府之国——成都平原》教学设计二 ………………………………… 029
- 《秀美的盆周山地》教学设计一 ………………………………………… 033
- 《秀美的盆周山地》教学设计二 ………………………………………… 039
- 《秀美的盆周山地》教学设计三 ………………………………………… 044
- 《雄奇的高原雪山》教学设计一 ………………………………………… 051
- 《雄奇的高原雪山》教学设计二 ………………………………………… 056
- 《雄奇的高原雪山》教学设计三 ………………………………………… 062
- 探秘自贡恐龙博物馆研学设计 …………………………………………… 068

- 国宝大熊猫雅安碧峰峡基地研学设计……………………074
- 巴中光雾山研学设计……………………………………080
- 米易县颛顼龙洞研学设计………………………………083
- 武都引水工程研学设计…………………………………089

主题二　人文之美

- 《"一醒惊天下"——探秘三星堆》教学设计…………096
- 《世界水利工程的奇迹——都江堰》教学设计…………103
- 《"三国圣地"——成都武侯祠》教学设计……………110
- 《天下第一大佛——乐山大佛》教学设计………………115
- 《神秘辉煌的古蜀文明》教学设计一……………………120
- 《神秘辉煌的古蜀文明》教学设计二……………………125
- 《神秘辉煌的古蜀文明》教学设计三……………………131
- 《遍布四川的三国遗迹》教学设计………………………137
- 《文星闪耀天府之国》教学设计…………………………142
- 《独具特色的民居民俗》教学设计一……………………151
- 《独具特色的民居民俗》教学设计二……………………155
- 《独具特色的民居民俗》教学设计三……………………162
- 《独具特色的民居民俗》教学设计四……………………167

- 三星堆博物馆研学设计……172
- 成都武侯祠研学设计……179
- 资阳半月山大佛研学设计……183
- 广元剑门关研学设计……188
- 绵阳富乐山研学设计……192
- "天府之国文化寻踪"研学设计……197
- 雅安上里古镇研学设计……201
- 绵阳郪江古镇研学设计……205

主题三　红色之美

- 《人民的光荣——朱德》教学设计……214
- 《改革开放的总设计师——邓小平》教学设计……220
- 《巾帼英雄——赵一曼》教学设计……225
- 《特级英雄——黄继光》教学设计……230
- 《置之死地而后生——飞夺泸定桥》教学设计一……234
- 《置之死地而后生——飞夺泸定桥》教学设计二……241
- 《长征之歌——雪山草地铸丰碑》教学设计……246
- 《伟人将帅》教学设计……254
- 《英烈遗风》教学设计一……258

- 《英烈遗风》教学设计二……………………………………264
- 《毛主席用兵真如神》教学设计……………………………269
- 《三军过后尽开颜》教学设计一……………………………274
- 《三军过后尽开颜》教学设计二……………………………279
- 黄继光故里研学设计一………………………………………284
- 黄继光故里研学设计二………………………………………289
- "若尔盖草原革命印记"研学设计……………………………293
- 邓小平故里研学设计…………………………………………295
- 华蓥山红色教育基地研学设计………………………………298

主题四 发展之美

- 《逐梦苍穹——探访西昌航天城》教学设计一……………302
- 《逐梦苍穹——探访西昌航天城》教学设计二……………307
- 《逐梦苍穹——探访西昌航天城》教学设计三……………311
- 《乡村振兴——战旗村的崛起》教学设计一………………316
- 《乡村振兴——战旗村的崛起》教学设计二………………322
- 《改革开放勇立潮头》教学设计一…………………………329
- 《改革开放勇立潮头》教学设计二…………………………335
- 《改革开放勇立潮头》教学设计三…………………………340

- 《发展中的教育科技》教学设计……………………………………345
- 《明天会更好》教学设计一……………………………………………353
- 《明天会更好》教学设计二……………………………………………360
- 《明天会更好》教学设计三……………………………………………365
- 探秘"两弹"摇篮研学设计……………………………………………370
- 广汉市稻香公园及改革开放陈列馆研学设计……………………376
- "研学齿轨·科教成才"研学设计……………………………………381
- "坐着三江游轮看宜宾"研究设计……………………………………384
- 宜宾李庄古镇研学设计………………………………………………387

主题一

自然之美

　　四川,中国西南的瑰宝,地域辽阔,风光旖旎。在这里,你可以见到国宝大熊猫在竹林中悠闲嬉戏,目睹金丝猴在高山间跳跃;也可以穿越回侏罗纪揭秘恐龙时代;还可以探秘喀斯特地貌,感受大自然的鬼斧神工……

　　四川的自然之美不仅体现在其壮丽的景色上,更体现为一种生活方式和精神追求,让我们一起走进这片神奇的土地,感受大自然的魅力,领略四川的自然之美!

《享誉世界的超级明星——国宝大熊猫》教学设计

曾宇涵　赵　霞

自贡市蜀光中学

一　教材与学情分析

本课是《可爱的四川》(四至六年级)主题一"自然之美"的第一课的内容。本课围绕三大板块展开：大熊猫的进化过程、其在外交上的重要地位以及对大熊猫的保护措施。四至六年级学生对大熊猫抱有极大的兴趣，并已具备一定基础知识。为了深化学生对大熊猫相关知识的理解，本课在融入真实且富有趣味性的场景基础上，详细讲述大熊猫的进化过程、其在国际上的特殊地位，以及为保护大熊猫所采取的措施等内容。

二　学习目标与核心素养

通过观看大熊猫演变历史的视频，帮助学生了解大熊猫的进化史；通过视频和图片资料，带领学生掌握大熊猫作为外交亲善大使所作的贡献；通过了解大熊猫的生存环境，激发学生对大熊猫的热爱和保护，同时，培养学生爱护生态环境、维护生态平衡的责任感。

三 设计思路

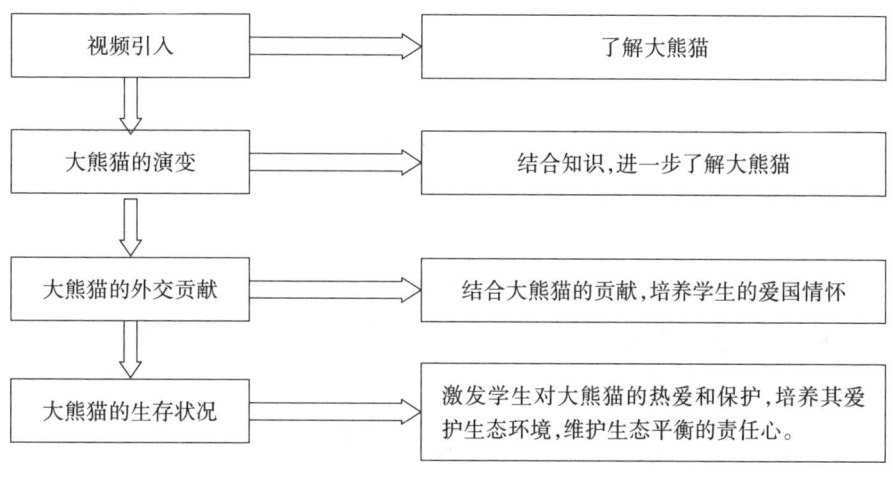

图1-1 本课设计思路

四 教学方法与准备

(1)教学方法:讲授法、讨论法、直观演示法、任务驱动法。

(2)教学准备:要求学生课前查阅大熊猫的相关知识。

五 教学过程

(一)导入新课

教师活动:海拔2600—3500米的崇山峻岭,那里云雾缭绕,空气清新,植物种类丰富。在宛如仙境的竹林秘境中,生活着一种奇特的生灵——大熊猫。大熊猫不仅是动物演化史上的"活化石",更是作为中国引以为傲的国宝,频繁地出现在国际外交舞台上,同时它也是全球瞩目、备受欢迎的明星动物。

学生活动:结合课前查阅的资料观看视频,初步了解大熊猫。

(二)大熊猫的发现历程

教师活动:大熊猫,这一被尊称为"生物史上的活化石"与"中华之国宝"的珍稀物种,以其憨态十足的外貌、跨越千年的生物进化史、数量上的稀缺性、强健有力的体魄,以及它那与世无争的天性,深深契合了现代中国的国家形象与推崇的价值理念,无可争议地获得了"中国国宝"的崇高称号。

学生活动:学生通过自主阅读,了解大熊猫的发现历程。

(三)大熊猫的进化史

教师活动:

(1)大熊猫的演化进程是怎样的?通过视频播放展示大熊猫的进化历程。

(2)播放结束后,展示进化过程中的典型照片。

学生活动:

(1)比较大熊猫进化前后的照片,和同组同学分析交流。

(2)仔细研究大熊猫的演化图示,观察始熊猫与大熊猫在形态上的不同之处,分享交流各自的发现。

(3)提前搜集、整理关于大熊猫偏好爬树行为原因的资料,并对其进行探讨和分享。

(四)大熊猫的外交贡献

教师活动:大熊猫不仅是中国的国宝,也是建立国际友谊的桥梁,为促进国家间的友好往来立下了汗马功劳。其憨态可掬的形象深受世界各国人民的喜爱,也因此被世界自然基金会选作会徽图案,成为自然保护领域的标志性形象。此外,诸如马来西亚国家动物园为来自中国四川的大熊猫家庭——兴兴、靓靓及它们生育的宝宝暖暖举办生日聚会,都彰显了大熊猫在国际交流中的特殊地位。

展示相关的视频或资料,直观地表现大熊猫如何在外交场合中发挥积极作用,传递和平与友好的信息。

学生活动:思考大熊猫在外交方面作出了哪些贡献,并相互交流。

(五)大熊猫的生存状况

教师活动:大熊猫平时喜欢生活在什么样的地方?大熊猫喜欢气候温凉潮湿的环境,因此主要栖息于长江上游的高山深谷之中。2016年,国家在大熊猫主要栖息地设立了国家公园,并展示其分布图。

学生活动:

(1)观察我国大熊猫栖息地分布图,从图中找出大熊猫栖息地主要分布在哪些省份？如果在四川开展大熊猫研学活动,最佳选择地是哪里,并说出理由。位于成都市成华区的成都大熊猫繁育研究基地,是世界著名的大熊猫迁地保护基地和研学活动基地。该基地在开展大熊猫繁育研究的同时,还建立了大熊猫博物馆和熊猫魅力剧场等宣传教育机构。

(2)思考讨论:除了成都大熊猫繁育研究基地,在四川的哪些地方还可以看到大熊猫？如四川省都江堰市玉堂镇白马村,四川省都江堰市青城山镇石桥村等。

(3)结合课前查阅的相关资料,讨论如何开展大熊猫野化放归工作？

拓展资料

大熊猫在国家政府的保护下,数量逐渐增多,现在如何将大熊猫放归野外,让大熊猫具备野外生存能力,需要考虑几个方面：

(1)采取"母兽带崽"野化培训,让大熊猫从出生起就跟着妈妈学习生存技能,学会觅食、躲避天敌等技能。通过科研人员对幼崽不同生长发育时期的评估,"母兽带崽"野化培训是卓有成效的。

(2)大熊猫对生境(即赖以生存的生态环境)的选择能力非常重要。在野外,大熊猫需要熟悉生境的竹子拥有量,学会选择生境觅食,知道竹子在何处,以及何时有鲜嫩的竹子。学会选择适宜的地方休息,以及在危险来临时学会爬树逃离等技能。经专家评估,认为某只大熊猫达到了放归的条件,才会择机选择适宜的濒危小种群,让大熊猫在其中继续生长,直至能够真正融入种群生活。

(3)如何跟踪监测放归后的大熊猫？在野化放归大熊猫的定期追踪上,可以用北斗定位系统进行定位,跟踪大熊猫在野外的生存活动轨迹。只要有卫星信号,就能够追踪大熊猫近几天甚至更长时间的活动路线。

(4)思考讨论大熊猫国家公园的建设对大熊猫野化放归产生的影响。

六 板书设计

享誉世界的超级明星——国宝大熊猫

一、大熊猫的演变

二、大熊猫的外交地位

三、大熊猫的繁衍与保护——野化放归自然

七 教学反思

本节课主要介绍了大熊猫的演变历史、外交地位以及大熊猫的繁衍和保护,并着重讲述了大熊猫的野化训练和放归自然的问题。在学生对大熊猫全面了解的基础上,可适当提升思考的深度与增加趣味性。教师需要关注每个学生,尤其是理解能力较差的学生,并及时向学习能力强的学生布置任务,确保每位学生都能参与活动和任务。为了让学生更好地记忆知识点,教师的课堂内容板书要条理清晰,课程总结要有条理性。同时,教师要积极鼓励学生发表自己的看法,激发学生学习这门课程的信心和意愿。

《重回侏罗纪——寻踪自贡恐龙博物馆》教学设计

蔡翼遥　陈　祝

自贡市蜀光绿盛实验学校南湖校区　自贡市蜀光中学

一　教材与学情分析

本课是《可爱的四川》(四至六年级)主题一"自然之美"第二课的内容。通过介绍恐龙的知识,例如恐龙的种类、数量、体态特征等,掌握恐龙的基本概念;通过探寻恐龙化石的足迹,了解恐龙化石形成的条件;通过对侏罗纪时期自贡地区的地理环境分析,学习自贡大山铺成为"恐龙公墓"的原因;最后对自贡恐龙博物馆的知识,如规模大小、展馆分布、国际巡展,以及恐龙博物馆在国际上的影响力等进行介绍,激发学生对家乡文化的自豪感和认同感,培养学生热爱家乡的情感。四至六年级的学生对恐龙的知识比较感兴趣,但对恐龙及古生物化石的了解程度和认知水平参差不齐,通过查阅资料和小组合作探究的方式,帮助学生了解关于恐龙的生活年代、生活环境和自身特点,以趣促学。

二　学习目标与核心素养

比较不同恐龙的体态特征,掌握大多数恐龙的种类和外形特征;了解恐龙化石的形成过程和条件,学习恐龙化石的特点;了解恐龙生活的地理环境特征,理解自贡大山铺成为"恐龙公墓"的原因;走进恐龙博物馆,深入了解和学习恐龙的相关知识,激发学生探索自然的好奇心。

以培养"全面发展的人"为核心目标,让学生学会学习,注重培养学生的审美情趣、情感态度和价值取向,培养学生对家乡四川的自豪感和认同感。

三 设计思路

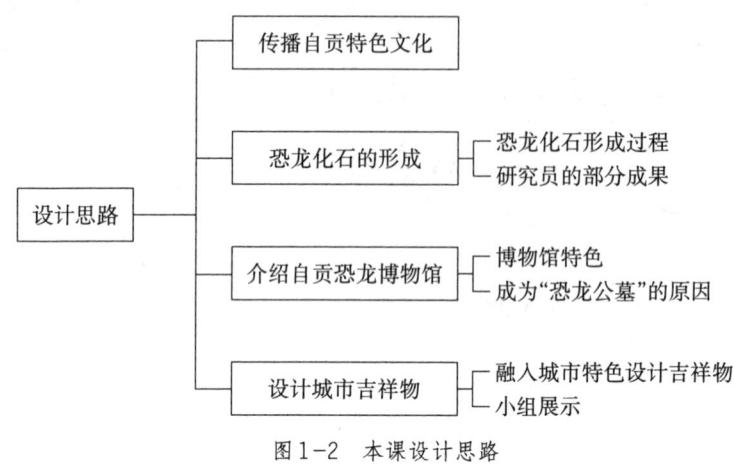

图 1-2 本课设计思路

四 教学方法与用具

(1)教学方法:讲授法、小组合作、合作探究法。
(2)教学用具:恐龙百科卡片、多媒体课件、制作城市名片的卡纸、水彩笔。

五 教学过程

(一)导入新课

教师活动:播放视频《美在自贡,何必远方》,介绍自贡的特色和文化,引出本节课的主角——恐龙。在视频中对自贡的其他特色文化(如冷吃兔、盐帮菜等)和景点(如盐业历史博物馆、燊海井等)进行介绍。让师生一起深入探索恐龙的奥秘,寻踪恐龙的足迹。

设计意图:导入新课,激发学生学习了解自贡文化和自贡文化特有标签——恐龙的兴趣。

学生活动:

(1)观看视频,了解自贡的文化和特色,思考恐龙成为自贡文化特有标签的原因。

(2)通过查阅相关资料,了解恐龙百科知识。

(3)分享课前查阅的恐龙百科知识,分小组自主学习、讨论。比如恐龙家族的种类有多少?恐龙的体态特征有哪些?体型最大和最小的恐龙分别是什么?如果把恐龙体型和人的体型进行跨时空对比差距有多少倍?

(4)学生表达交流。在规定时间里,各学习小组合作学习分发的资料,再由小组代表向同学们介绍资料中恐龙的特点。

设计意图:让学生了解关于恐龙的百科知识,培养学生自主学习的能力。

(二)化石的形成

教师活动:

(1)介绍恐龙化石的形成和作用,以及古生物化石研究的相关成果。

(2)我们与恐龙存在于不同的时代,通过视频展示我们是如何找到它们存在过的证据;科学家如何发现恐龙化石;恐龙化石是如何形成的。

(3)通过PPT总结并展示化石形成过程。

(4)展示来自家乡四川的研究员的部分成果。

拓展资料

2015年,王俊、叶勇等人对恐龙化石产地开展底层调查和采样,运用最新的锆石测年方法,分别对自贡大山铺和遂宁地区恐龙化石层的绝对年龄进行测年研究,取得了突破性研究成果。并先后在《美国地质学会通报》和《白垩纪研究》上发表科研论文。

2017年,由秦钢负责带领团队,开展大量的野外调查和采集工作。通过整理、分析和对比研究,建立了较为完善的四川重要恐龙化石产地档案,编制了《四川省恐龙化石资料分布图》等,为四川省恐龙化石资料的保护和利用提供了科学根据。

2018年,由郝宝鞘负责的科研项目"巨棘龙(剑龙类)股骨病变的能谱CT分析"作为古生物学与现代医学的创新结合,已发表中文核心期刊1篇、SCI论文2篇。

2019年,由彭光照负责,对自贡荣县青龙山恐龙化石群遗址原发掘区域进行进一步发掘。

📖 设计意图:通过介绍恐龙化石的形成和作用,让学生积累有关化石形成条件的相关科学知识;通过展示古生物化石研究成果,激发学生对家乡的自豪感。

学生活动:观看相关的资料和视频,思考化石对研究古生物的重要性,并尝试说出化石研究的作用。

📖 设计意图:让学生积极主动思考,培养其乐学善学的精神。

教师活动:

(1)展示自贡恐龙化石博物馆官方网站,并进行简要浏览。分别从博物馆的地理位置、占地面积、馆内设计、"龙宫珍宝"、世界巡展等几个方面进行介绍。向学生呈现自贡恐龙博物馆成为世界之最的原因,让学生对自贡的恐龙文化有更深入的了解。

(2)通过播放动画视频和地质考证资料,从侏罗纪时期自贡地区的地形、气候、植被等方面,分析当时自贡地区的地理环境特征如何成为恐龙择居于此的原因。

📖 设计意图:利用网络资源和视频教学资源,让学生对自贡恐龙博物馆深入了解。

学生活动:通过官方网站了解自贡恐龙博物馆,尝试阐述自贡成为恐龙群居地的原因。

📖 设计意图:分析自贡大山铺成为"恐龙公墓"的原因,培养学生勇于探索的精神。

学生活动:

(1)小组合作,学生利用"恐龙"元素为载体(教师提供有恐龙简笔画的图片),巧妙融入自贡特色(课件展示部分自贡特色),为城市名片设计一个独具特色的吉祥物。

(2)各小组在规定时间内完成后,由小组代表上讲台展示,并用简短语言说说设计的构思。

📖 设计意图:设计主题为传播自贡历史文化、推动城市经济发展、体现城市的人文情怀,表达对四川家乡的自豪之情和热爱之感。

六 板书设计

夏日寻龙，一起追光

（一）自贡特色

（二）庞大的恐龙家族

（三）恐龙化石的形成及作用

（四）探寻自贡恐龙博物馆

七 教学反思

本节课的教学对象是四至六年级的学生。对于这个学龄段的学生来说，充满恐龙元素的课堂是有趣的，通过设计符合学生学情的教学知识和活动来达到教学目标。因为学生熟悉自贡的特色文化和恐龙元素，所以在回答问题时，会表现得积极踊跃。本课内容涉及较为广泛，时间把控上会比预期更长一点，教师应该在提问的时候将问题描述得更为明确。在有关恐龙化石知识的讲解方面，因学生对这部分的认识还比较片面，要在符合学龄学习要求的情况下融入古生物学、考古学等知识，对教师讲解和学生理解来说具有一定的挑战性。小组合作设计城市吉祥物的活动，教师需要严格控制时间安排，并在PPT中呈现一些恐龙和自贡特色元素，为学生设计提供一些思路。

《大自然的鬼斧神工——兴文石海》教学设计一

陈 缓

德阳市青云山路小学校

一 教材与学情分析

本课是《可爱的四川》(四至六年级)主题一"自然之美"第三课的内容,兴文县地质公园是四川省四大世界地质公园之一,是融合自然景观和人文景观于一体的自然公园。本课将带领学生欣赏兴文石海独特的喀斯特奇观,引导学生善于发现、乐于体验自然之美,帮助学生学会欣赏自然美景,以及培养用自然之美滋养心灵的能力,并在这个过程中不断提升学生个人的审美能力和人生境界。四至六年级学生的逻辑思维已可以对其所接收的事物进行比较复杂的分析,创造思维也有很大的发展,感知事物的精确性也有所提高。学生更乐于探究与教学内容相关的知识和技能,继而对活动所产生的相关问题展开积极思考,为本课的学习奠定基础。

二 学习目标与核心素养

运用地图和资料,描述兴文县的地理位置,认识兴文石海喀斯特地貌的不同类型特点,培养学生的综合思维能力,能用基本的语言描述出兴文石海天泉洞之景色的美,形成发现、感知、欣赏、评价美的意识和基本能力;引导学生将课本知识与美术结合,运用线描、涂色等技法,表现兴文石海天泉洞的景色,表达自己对美的感受;通过学习,引导学生养成欣赏大自然、珍视大自然的能力,树立保护自然的意识。在层层递进的教学过程中,培养学生的好奇心、想象力和坚持不懈的探索精神,使他们能够大胆尝试,积极寻求有效的问题解决方法等能力。

三 设计思路

在引导学生了解喀斯特景观含义和特点之后,重点对天泉洞进行赏析,用线描、刮画或者综合材料立体画的形式表现出来,达到学科融合的目的,培养学生的综合核心素养。

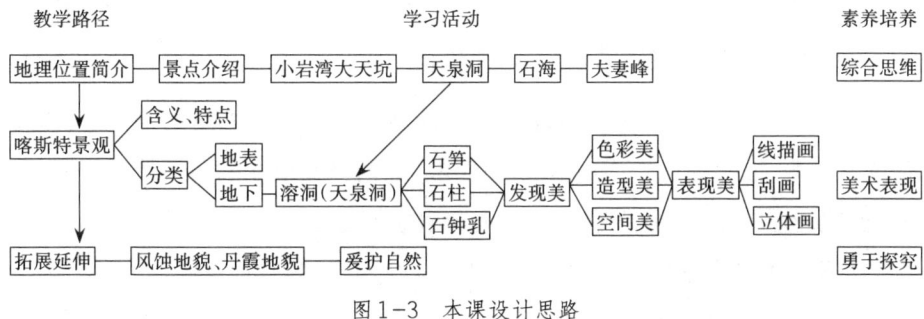

图 1-3 本课设计思路

四 教学方法与用具

(1)教学方法:讲授法、问答法、演示法、合作学习教学法。

(2)教学用具:多媒体课件、卡纸、勾线笔、刮画纸、黏土、纸盒、水彩笔等。

五 教学过程

(一)导入新课

教师导入:同学们,老师想给大家介绍一个地方。这里就像是世界雕塑艺术大师的展览馆,成千上万、别具一格的雕塑作品汇集在此,有神奇的溶洞景观,有气势宏伟的天坑,这里就是兴文石海。今天,就让我们一起走进兴文石海,探索大自然的奥秘吧!

设计意图:提问引导学生思考,激发学生学习兴趣。

(二)介绍兴文县地理位置

教师活动:兴文县的地理位置在哪儿？要求学生观察地图。

学生活动:观察地图并回答。

兴文县位于四川省宜宾市东南部。

教师活动:这里是我国喀斯特地貌发育最齐全的地区之一,享有"石海洞乡"的美誉。本课所有的景点都离不开"喀斯特地貌"这个关键词,那么"喀斯特地貌"到底是怎样的呢？

学生活动:思考,积极回答问题。

🏳 设计意图:使学生了解兴文石海所在的地理位置,为后续讲授做铺垫。

(三)介绍喀斯特地貌特点和形成原因

教师活动:喀斯特地貌是地表水和地下水对可溶性岩石进行溶蚀、沉积以及重力崩塌、堆积等地质作用形成的地貌。以斯洛文尼亚的喀斯特高原命名,中国亦称之为"岩溶地貌",是中国五大造型地貌之一。

你还知道哪些喀斯特地貌的知识呢？

学生活动:根据搜集的资料回答。

教师活动:补充介绍相关资料,并出示相关图片让学生观察。

喀斯特地貌分地表和地下两大类,地表包括峰丛、峰林与孤峰,石芽与溶沟、喀斯特盆地与喀斯特平原,溶蚀洼地、落水洞、喀斯特漏斗；地下包括地下河、溶洞(石笋、石柱、石钟乳)和暗湖。

🏳 设计意图:教师通过解释重点名词,引出地貌景观。学生通过搜集资料,观察相关图片,理解何为喀斯特地貌。

(四)介绍小岩湾大天坑、天泉洞

学生活动:阅读书本,了解小岩湾大天坑是典型的喀斯特天坑,这也是我国最早发现和研究天坑的地方。小岩湾大天坑长径650米,短径490米,深208米,大概有69层楼这么高。被誉为"地球特大天坑"和"天下第一漏斗"。

在天坑的侧面,有一个入口可以前往天泉洞,天泉洞的规模宏大,洞内似瑶池胜景,如海市蜃楼,让人目不暇接,如入仙境……

教师活动:播放小岩湾大天坑和天泉洞的实地实景视频。

学生活动:观看视频,分享小岩湾大天坑和天泉洞给自己留下的深刻印象。

🔲 设计意图:使学生身临其境地去感受小岩湾大天坑和天泉洞的美景,并能组织语言表达自己的感受。

(五)了解溶洞

教师活动:让我们一起沿着暗河,走进溶洞探幽寻秘。洞幽景奇,瑰丽壮观,洞中怪石嶙峋,暗河涌动。在五彩斑斓的灯光照射下,形态各异的怪石仿佛有了生命。同学们,这些怪石叫什么名字呢?让我们展开想象的翅膀,为它们命名吧!

展示钟乳石、石笋、石柱的图片,请学生猜一猜哪个是石笋、石柱等,并思考其形成原因。

学生活动:讨论、思考、回答。

教师活动:播放钟乳石、石笋、石柱形成的视频演示动画,帮助学生直观理解喀斯特地貌形成的过程。

(补充介绍)在石灰岩里面,含有二氧化碳的水渗入石灰岩隙缝中,会溶解其中的碳酸钙。溶解了碳酸钙的水,从洞顶滴下来时,由于水分蒸发、二氧化碳逸出,被溶解的钙质又变成固体,称为"固化"。钟乳石是由上而下逐渐增长形成的,因其形状类似悬挂的钟乳而得名。

学生活动:根据搜集的资料回答。

石笋是钟乳石的亲密伙伴。当洞顶上的水滴落下来时,石灰质也在地面上沉积起来。

就这样,石笋对着钟乳石向上长。可以说钟乳石是"先生",石笋是"后生"。但石笋底盘大,本身比较稳定,不容易折断,所以它的"生长"速度常比钟乳石还快。石笋最高能达到30米,像是一座平地里长出来的"石塔"。

往下长的钟乳石,有时候会和往上长的石笋接在一起,形成一个两头粗、中间细的石柱。这样就形成了一根一根的钟乳石柱。

🔲 设计意图:学习地理知识,使学生对溶洞的美有具体认识,有利于后期作业的完成。

(六)感受溶洞的美

教师活动:这些不同年代"生长发育"的石头,像一颗颗珍贵的宝石,闪烁着五彩的光芒。你觉得它美不美,美在哪里?请你用美术语言试着分析,比如造型、色彩冷暖、空间形态等。

学生活动:分析回答。

教师活动:分析喀斯特地貌的色彩美、形态美、空间美。

💻 设计意图:引导学生感受溶洞的美。将美术知识与本课内容相结合,为用美术的方式表现溶洞美景奠定基础。

(七)表现溶洞的美

教师活动:展示用微课制作的教学视频,以线描画的方式展现溶洞的形态美。

教师活动:除了线描画,我们也可以采用其他的美术技法来表现。如:利用超轻黏土和水粉颜料去表现溶洞的立体空间形态美、用刮画纸的办法表现溶洞的色彩美等等。

学生活动:观看学习,并分组创作。

教师活动:巡回辅导,给予学生帮助。

学生活动:上讲台分析不同美术作品的优点和需要改进的地方。

💻 设计意图:拓宽学生思路,培养学生的美术表现能力、思考能力、创新能力等。

(八)课堂小结

兴文石海的美景除了小岩湾大天坑和天泉洞,还有石海、夫妻峰等,等着大家一起去探秘。自然界中的美景是人类共同的财富,无论是石海洞乡还是高山峡谷、海洋河流,都是人类与所有生物共同的家园,是地球的博大给了我们生命无限的精彩!我们要爱护自然,做自然的守护者。

在课余时间,对地貌感兴趣的同学,还可以去搜集风蚀地貌、丹霞地貌的图片进行欣赏。

六 板书设计

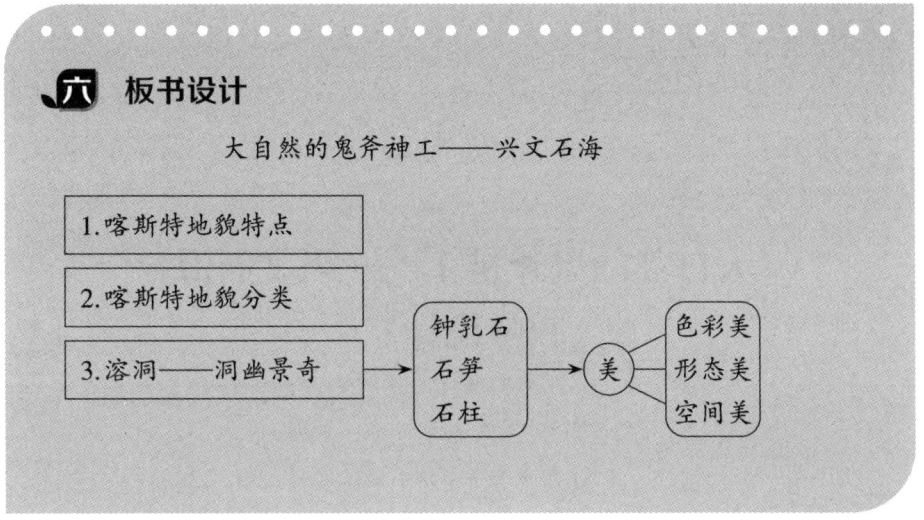

七 教学反思

本课在带领学生了解喀斯特地貌后,重点学习溶洞的特点,并分析钟乳石、石笋、石柱的形成原因,欣赏它们的艺术特点,最终用线描画、刮画、超轻黏土来表现溶洞景观。学生在创作过程中能基本把握住溶洞的特点,但是有部分学生的作品并没有充分将溶洞的特点表达清楚,特别是处理线条疏密的能力较弱。在后续的课程中,让学生再次复习溶洞知识,不仅能够增强其对喀斯特地貌的了解,促进其地理核心素养的养成,也能提升其综合素质。

在本课的教学中,教师将教材知识与地理、美术学科知识相融合。在课程前半段引导学生认识喀斯特地貌的环节中,教师运用图片和视频等形式展示喀斯特地貌的形成原因和特点,采取简单易懂的语言和图文并茂的方式使学生轻松学习地理知识,降低了本课的难度。课程后半段教师选取喀斯特地貌中的溶洞景色进行重点讲解,调动学生运用已有的美术知识分析溶洞的"三美",并用综合材料表现溶洞的美。学生在动脑动手的过程中,调动多方面的知识经验为本课作业服务,作业效果好,巩固并提高了学生多方面的能力。

《大自然的鬼斧神工——兴文石海》
教学设计二

王 娇

德阳市青云山路小学校

一 教材与学情分析

本课是《可爱的四川》(四至六年级)主题一"自然之美"第三课的内容。兴文石海是四川省首个世界地质公园,是融合自然景观和人文景观于一体的公园。本课引导学生欣赏宝贵的自然遗产,结合语文课介绍景物的方法,让学生尝试按照游览顺序介绍兴文石海。

五年级学生具备较好的学习习惯和自主学习能力,有较强的自行探究能力,在观察能力、思维能力、语言表达能力方面都有较好的基础。他们喜欢在自己的探索中获取知识,喜欢"在做中学",有着强烈的学习愿望,这为本课的学习奠定了基础。

二 学习目标与核心素养

(1)了解兴文石海的自然美景。

(2)通过学习,感受兴文石海的美,试着介绍兴文石海。

(3)能根据示意图画出兴文石海的游览路线,并按顺序介绍。

(4)培养学生根据情境和表达需要,运用恰当的词汇组织语言来表达自己的情感。

三 设计思路

首先,本课带领学生在欣赏兴文石海各个景点的基础上提升他们的审美鉴赏能力。其次,利用画游览路线示意图的方式,让学生的思维发展得到提升。最后,通过"说一说"让学生的语言表达能力得到提升。

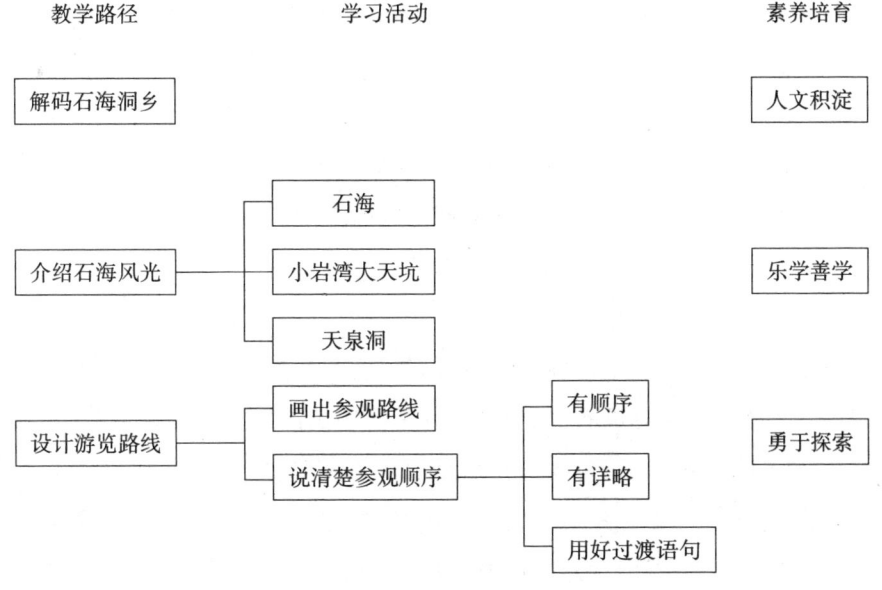

图1-4 本课设计思路

四 教学方法与用具

(1)教学方法:阅读法、讲授法。

(2)教学用具:网络资源、PPT等多媒体课件。

五 教学过程

(一)导入新课

教师过渡:各位小游客,你们好。我是你们的导游王老师。很高兴大家来到我们宜宾的兴文石海。下面让我们走进兴文石海,去探索大自然的神奇吧!

设计意图:教师用导游的身份激起学生的好奇,带动其学习的积极性。

(二)欣赏石海风光

1.解码石海洞乡

教师过渡:兴文石海位于四川省宜宾市兴文县,是世界地质公园、国家4A级风景名胜区。公园内自然景观多样、优美,历史文化底蕴丰厚。洞穴纵横交错,天坑星罗棋布,石林形态多姿,峡谷雄伟壮观,瀑布灵秀飘逸,湖泊碧波荡漾。各类地质遗迹、独特的僰人历史文化以及丰富多彩的苗族文化共同构成一幅完美的自然山水画卷。景区被誉为"喀斯特地貌博物馆","天下第一漏斗""中国天然游览溶洞——天泉洞""大型地表石海"可谓是"三绝"共生,构成了世界级喀斯特景观资源。接下来紧跟老师的步伐去欣赏石海的美景吧!

2.介绍石海风光

(1)溶岩奇观——石海。

教师过渡:一进入景区,映入眼帘的是"石海涌浪",它看起来好似一群上山的羊,又像一片奔腾的石海,更像一片片凝固的波涛。看到这雪白的石浪,使我想起了明朝政治家、文学家于谦所写的《石灰吟》:"千锤万凿出深山,烈火焚烧若等闲。粉骨碎身浑不怕,要留清白在人间。"地表石海东西延绵10余千米,南北约4千米。石海内异峰竞秀,怪石争奇,丰富的石芽和石柱景观构成了规模宏大的石海盛景。

教师活动:播放多媒体,学生欣赏。

教师过渡:随着观光车的继续深入,我们来到景区的另一个代表性景点——夫妻峰。在兴文石海茫茫的石海地表,座座峰峦围绕着一处俊俏的石峰好似一把利剑直插蓝天,这座石峰便是有名的夫妻峰。夫妻峰高40余米,上半部10多米处峰体裂开,形成对峙二石,一高一低,中间相隔近两米。相传两石高者为夫、矮者为妻,中夹一块垮落石头,倾斜而自然,仿佛是心心相印的一对夫妻在那里携手絮语。

教师活动:播放多媒体,学生欣赏。

(2)"天下第一漏斗"——小岩湾大天坑。

教师过渡:走过石海,就可欣赏到大自然的又一杰作,被称为"中国一绝"的地质奇观——兴文大漏斗。漏斗又称天坑,是喀斯特地貌的奇特地质现象。

兴文石海是我国最早发现和研究天坑的地方。其中,大天坑长径650米,短径490米,深208米,被誉为"地球特大天坑"。天坑气势雄伟,怪石林立。四周有会仙阁、滴水成仙等20多处景观。这些景观与一条环形小道自然相连,如一颗颗熠熠生辉的宝珠点缀其间,烘托出天坑的神秘与博大。

教师活动:播放多媒体,让学生欣赏。

(3)神奇绝世——天泉洞。

教师过渡:天泉洞是景区内最主要的景点。洞穴分为四层,溶洞总长10.5千米,现已开放面积8万平方米,地下溶洞有260多个,其空间规模和系统游览长度均居世界洞穴之首。洞内石钟乳、石笋、石柱等沉积物种类繁多。天窗泻玉流光,天心湖亦真亦幻,洞中舟舸摇荡,似瑶池胜景,如海市蜃楼。阳光透过洞口射入洞中,让人仿佛置身仙境。洞内有一条暗河,清澈见底,终年不绝。光照下可见水中游动的"玻璃鱼"和"亮虾",它们通体透明,在水中悠然自得,令人喜爱。

教师活动:播放多媒体,让学生欣赏。

设计意图:借助多媒体让学生直观地欣赏兴文石海,领略兴文石海的美,激起学生对兴文石海的喜爱,为后续的兴文石海设计游览路线做好铺垫。

3.设计游览路线

教师过渡:之前,我们学习了《记金华的双龙洞》和《海上日出》两篇精读课文,学习了如何将你游览过的地方有序地向他人介绍。

(1)按照游览的顺序,介绍游览的地方。

(2)吸引人的景物要重点介绍。

(3)如景物发生变化,可以按照变化的顺序来介绍。

今天我们也用上述方法梳理一条兴文石海景区的游览路径,请小组合作设计一条游览路线图。

设计意图:让学生回忆过往知识并总结,将游览过的地方有序地介绍给他人。学生通过合作交流增强协作意识。

(三)初试身手

教师过渡:人们常说:"操千曲而后晓声,观千剑而后识器。"同学们究竟有没有真正地掌握按一定顺序介绍景物的方法呢?来看看大家的表现吧!

教师活动:课件展示兴文石海示意图。

教师过渡:星期天,你要带一位同学参观兴文石海。根据下面的示图,画出参观路线,再按顺序说一说。

读一读,明确要求。

教师活动:点名读题,引导思考。题目包含了几个要求?

学生活动:根据示意图画出参观路线,按路线说清楚参观的顺序。

教师活动:只有先确定参观路线,才有可能将参观的顺序说清楚。

教师过渡:如何设计路线图?

学生活动:弄清方向,确定入口和出口,选定参观景点,画路线图。

教师过渡:你设计的路线图是怎样的?一起来交流吧!

(四)学生交流

教师过渡:同学们,要带领别人参观美丽的兴文石海,必须得有一定的顺序。刚才在小组交流参观路线时,同学们提了不少好的建议。需要注意的是:即便是介绍同一个景区,每个人的思路都是不一样的,大家在下笔之前要考虑周全!那么,赶紧拿起你手中的笔,画一画你设计的参观路线吧!

预设参观路线:游客接待中心→地质博物馆→石海涌浪→苗寨→群羊下山→夫妻峰→天坑观景台→红军岩→天泉洞→出口。

教师过渡:想一想,从一处景点到达另一处景点,怎样说,才能说清楚呢?除了要说清楚从哪儿到哪儿,还要说清楚怎么走。

学生活动:小组讨论,轮流发言,互相提出建议。

教师过渡:试着按照自己设计的路线,说清楚参观路线吧!

介绍参观路线时,可以用"穿过""路过""走过""绕过"等表示行走方式的词。

同学们,现在你就是一名小导游了,准备带领同学去参观兴文石海。要想成为优秀的小导游,首先得按照所画参观路线图说清楚参观的先后顺序。特别吸引人的景点要重点介绍,有些景点可以用一两句话带过,这样介绍景点就做到了详略结合。每到一处景点时要说清楚方位,要用过渡句来衔接,这样,别人才会听得更明白。

例如,进了山门往西,来到石海涌浪。走进石海涌浪,顺着东面的小路往北走,就能看到夫妻峰了。绕过"大漏斗",往东走,就是天泉洞了。

教师活动:有一定的顺序,介绍景点时有详有略,景物之间转换运用过渡句。请学生再完整地说一说。

设计意图:让学生设计游览路线,小组讨论路线的合理性,锻炼学生的团结协作能力,以及用本文所学的知识组织语言表达。

(五)课堂小结

教师总结:这节课,我们了解了石海洞乡——兴文石海,梳理了把游览顺序说清楚、将吸引人的景物说具体的方法。还运用了所学方法设计游览路线,介绍游览顺序。大家可以将这些方法运用到今后的表达中。

(六)作业布置

教师活动让学生将了解到的兴文石海介绍给家人。

六 板书设计

大自然的鬼斧神工——兴文石海

解码石海洞乡

溶岩奇观——石海

"天下第一漏斗"——小岩湾大天坑

绝世神奇——天泉洞

石海游览路线
学生作品展示区

七 教学反思

本课首先带领学生欣赏了解兴文石海,然后学习按照游览顺序介绍景物的方法,最后锻炼其语言表达能力。在教学中,教师先让学生探讨怎样介绍游览过的一个地方,然后交流指导。特别是与兴文石海结合来理解指导的内容环节,更具有实际意义。教师指导后让学生分组讨论,各小组汇报,然后师生评价,教师指点。最后学生实际练习并巩固当节课所学到的内容,让学生真正掌握了按一定顺序介绍景物的方法。

　　在本课的教学中,教师将教材内容与地理、语文相融合。在课堂的前半部分,教师顺利转换身份,以导游的身份代入课堂,带领学生以多媒体课件的方式游览兴文石海,并适时地引入兴文石海具有代表性的景点。在此过程中,教师以合适的导游词加以串联。后半部分,教师让学生以小组为单位交流、讨论、思考、总结,在交流的过程中总结出介绍景物需要注意的地方,锻炼了学生的语言组织和表达能力,是一堂成功的跨学科融合课程。

《天府之国——成都平原》教学设计一

詹婷钰

成都石室天府中学

一 教材与学情分析

本课是《可爱的四川》(七至八年级)主题一"自然之美"第一课的内容,介绍了天府之国——成都平原得天独厚的自然环境和宏伟壮观的都江堰水利工程。对于七年级学生来说,他们在小学科学课中已经接触过一些相关知识,但相对比较零散。因此,教师在教学时需借助图片、视频等材料来激发学生的学习兴趣。

二 学习目标和核心素养

运用四川省地形地势图和成都气候的相关资料,简要归纳成都平原的自然地理特征,并分析其对人们生产生活的影响;运用相关资料,通过小组合作阐述都江堰水利工程的工作原理,感知古人的智慧与伟大;小组合作制作成都宣传简报,培养学生的团队协作意识和社会责任感。

三 设计思路

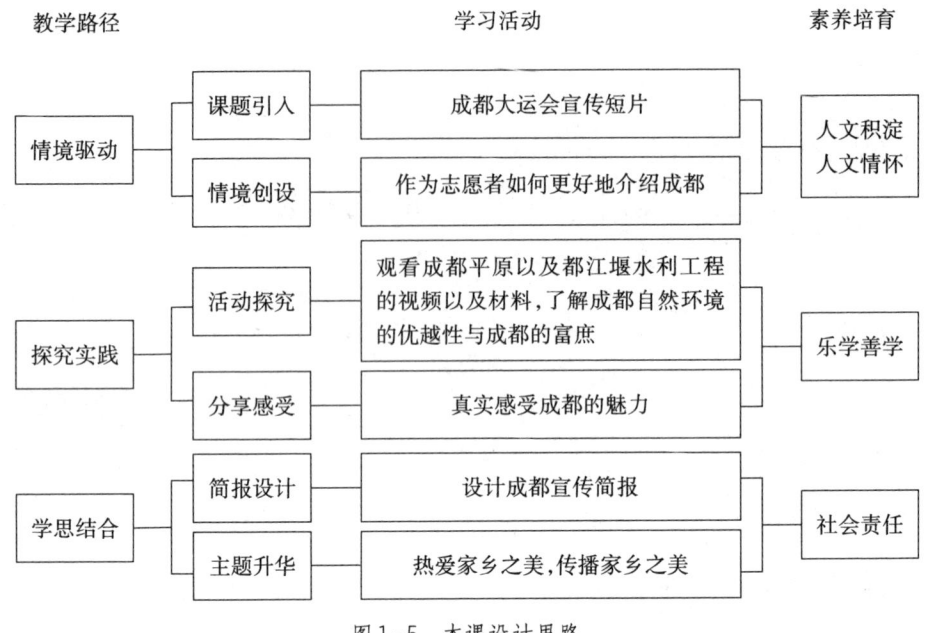

教学路径		学习活动	素养培育
情境驱动	课题引入	成都大运会宣传短片	人文积淀 人文情怀
	情境创设	作为志愿者如何更好地介绍成都	
探究实践	活动探究	观看成都平原以及都江堰水利工程的视频以及材料，了解成都自然环境的优越性与成都的富庶	乐学善学
	分享感受	真实感受成都的魅力	
学思结合	简报设计	设计成都宣传简报	社会责任
	主题升华	热爱家乡之美，传播家乡之美	

图1-5 本课设计思路

四 教学方法

教学方法：情境教学、问题驱动式教学、归纳总结、小组合作探究。

五 教学过程

(一)导入新课

教师活动：展示成都大运会宣传片。

学生活动：观看成都大运会宣传片，思考作为一名大运会志愿者该如何介绍成都呢？

设计意图：从成都大运会热点切入，激发学生的家乡自豪感。

教师过渡：今天我们来认识成都的自然之美，先了解成都平原的自然环境。

(二)天造地设：山水造出的成都平原

教师活动：展示有关成都平原的视频等相关材料。

学生活动:小组合作,结合材料找出龙门山脉、龙泉山脉以及位于平原上的主要城市,并说出成都平原的地理位置、地形特点及气候特点。

教师活动:展示成都、上海的气候资料。

学生活动:分析成都与纬度相近的上海相比冬季气温偏高的原因。

📖 设计意图:让学生了解成都平原的自然环境特征。

(三)水网林盘:祖先打造的宜居之地

教师活动:展示成都平原主要水系。

学生活动:小组合作探究,结合材料找到沱江、岷江,从地形、气候的角度分析古代成都平原经常发生水旱灾害的原因。

教师过渡:成都平原为什么会有天府之国的美誉?

教师活动:展示都江堰水利工程视频、都江堰水利工程结构示意图和资料。

教师过渡:都江堰水利工程由渠首和灌溉网两大系统工程构成。渠首工程主要由鱼嘴分水堤、飞沙堰溢洪道、宝瓶口引水口三大部分构成,科学地解决了江水自动分流、自动排沙、控制进水流量等问题,为都江堰灌区兴水之利、避水之害发挥了巨大作用。

📖 设计意图:学生对图文资料分析,培养其合作探究的能力;学生观看相关视频资料,感受古代先民的伟大智慧。

教师过渡:2000年,青城山—都江堰作为世界文化遗产,被联合国教科文组织列入《世界遗产名录》。除此之外,成都还有其他著名的景点和专属于成都的味道。

(四)烟火人间:多元融合的幸福之城

教师活动:展示成都相关景点的快闪视频。

教师过渡:对生活在成都的外国人来说,成都是天府之国,有着憨态的大熊猫、竹椅清茶的茶馆、麻辣鲜香的川菜、都江堰和青城山、杜甫草堂……对成都人来说,成都是乡音缭绕的故乡,有着好味道的"苍蝇馆子",是不慌不忙的每一日……

弥漫在这随意而融合的氛围中,才是最地道、最本真的成都。

学生活动:讲述自己在成都生活的所见、所闻、所感。

设计意图:分享自己在成都生活的所见所感,增强对家乡的自豪感

教师过渡:2023年7月28日—8月8日,一项重大的国际体育赛事——第31届世界大学生夏季运动会在四川省成都市举行,来自世界各地的万余名年轻人相约成都,在"太阳神鸟"飞翔的体育场中挥洒青春,点燃梦想。

(五)来成都:活力创造的梦想之城

学生活动:以小组为单位,为成都设计宣传简报。

成果展示:借助多媒体,拍照上传小组作品。教师请小组代表分享设计理念,并及时给予肯定和鼓励。

设计意图:小组合作,共同设计,学会分享,培养学生团队协作的精神。

教师总结:今天同学们默契合作,感受到了家乡的文化魅力,传播了家乡的文化。

六 板书设计

```
              天府之国——成都平原
天造地设 ┐  得天独厚的
        ├─→          ─→ 烟火人间 ─→ 来成都成就梦想
水网林盘 ┘  自然环境
```

七 教学反思

本课围绕成都平原的自然环境展开教学,通过呈现具有代表性的本土文化,让学生感知成都的魅力。在教学过程中,教师遵循新课程标准的理念,落实了"学为主体"的教育理念,把课堂还给学生,让学生在熟悉成都平原的基础上思考、讨论相关活动,表达自己的见解,注重引导学生独立自主分析地理问题。但本堂课中也存在着一些问题,如教学语言不够精练,学生读图、绘图能力有待提高等。

《天府之国——成都平原》
教学设计二

汪 艳

成都石室天府中学

一 教材与学情分析

本课是《可爱的四川》(七至八年级)主题一"自然之美"的第一课的内容,介绍了都江堰水利工程和成都大熊猫繁育研究基地。七至八年级的学生通过网络或实地旅游,对都江堰水利工程和大熊猫繁育基地有一定的了解,但多是娱乐性的赏玩,知识层面的学习相对较少。该学段学生的自我表现欲强、形象思维活跃,乐于接受多媒体等现代教学辅助手段,对活动也有参与的热情。但学生理性思维能力相对较弱,语言表达能力有一定的欠缺,把所学知识应用于解决实际问题时有一定的困难。

二 学习目标与核心素养

运用地图和相关资料,描述成都平原岷江流域水旱灾害的成因;以都江堰水利工程为例,简要分析其在治理成都平原水旱灾害的作用;根据都江堰水利工程的作用,制作三大主体工程模型,感受古人的治水精神,培养学生勇于探究和解决问题的能力;搜集资料,了解成都大熊猫繁育研究基地在大熊猫科研繁育、保护宣传等方面取得的成就,培养学生热爱自然、保护动物的人地协调观。

三 设计思路

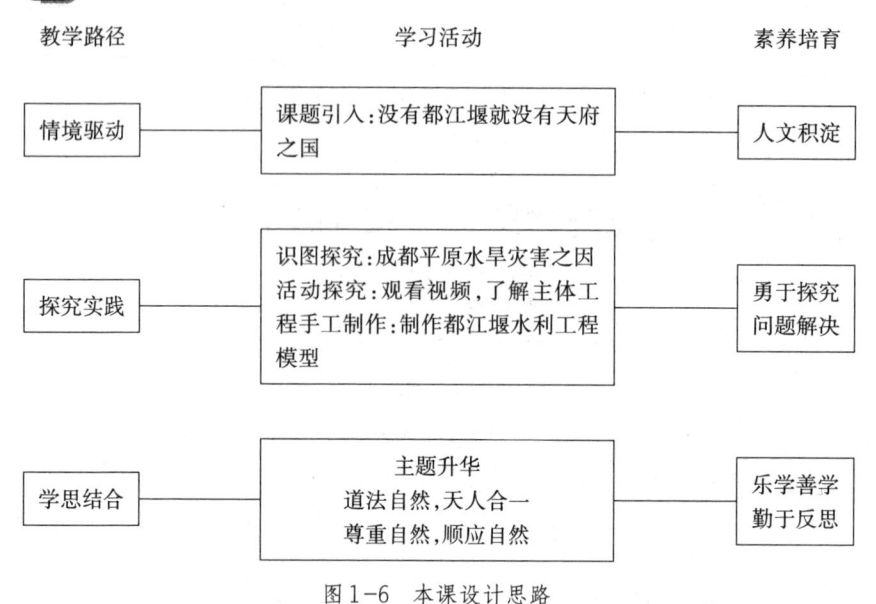

教学路径	学习活动	素养培育
情境驱动	课题引入:没有都江堰就没有天府之国	人文积淀
探究实践	识图探究:成都平原水旱灾害之因 活动探究:观看视频,了解主体工程 手工制作:制作都江堰水利工程模型	勇于探究 问题解决
学思结合	主题升华 道法自然,天人合一 尊重自然,顺应自然	乐学善学 勤于反思

图1-6 本课设计思路

四 教学方法

教学方法:图示法、活动探究法、问题教学法、讲授法。

五 教学过程

(一)导入新课

教师活动:展示成都平原主要水系图,成都平原由岷江、沱江及其支流等冲积而成,河流为人们提供生产生活的水源,人们亲近河流,择水而居,但同时人们又惧怕河流。引导学生分析为什么人们会惧怕河流?

学生活动:谈洪涝灾害对人类生产生活的影响。

教师过渡:古代的成都平原饱受水旱之苦。每当岷江洪水泛滥,成都平原就变成一片汪洋。一遇旱灾,又是赤地千里,颗粒无收。那时的成都平原并不是物产丰富的天府之国。

设计意图:讨论河流对人类的影响,话题贴近学生的生活,引起学生的兴趣,培养学生的辩证思维。

(二)成都平原与都江堰

教学环节一：探索成都平原水旱之因。

教师过渡：为什么成都平原经常发生水旱灾害呢？请同学们从地形、气候的角度分析其原因。

教师活动：出示相应地图。

学生活动：小组探讨答案，从地形特点得出原因是平原排水不畅；从气候特点得出季风气候导致夏季降水集中多暴雨，导致洪涝灾害多发。

教师过渡：亚热带季风气候导致夏季降水集中且多暴雨，河流从山地流经平原，地势落差大，流速快，排水不畅，易发生洪涝灾害；枯水期降水少，易发生干旱。古代成都平原饱受水旱之苦，一遇水旱，粮食颗粒无收，人们流离失所。假如你是古人，你会用什么办法来治理成都平原的水旱灾害呢？

设计意图：阅读地图，根据已掌握的成都平原地形和气候特征知识，分析成都平原水旱灾害的原因，培养学生乐学善学、勤于反思的精神。

教学环节二：破水旱灾害之法——都江堰水利工程。

教师活动：展示都江堰水利工程的视频，思考都江堰水利工程的工作原理。

学生活动：观看视频，思考主体工程的治水原理。

教师活动：分组查阅资料，在示意图中找到都江堰水利工程的三大主体工程，分析鱼嘴、飞沙堰、宝瓶口的作用和工作原理。

学生活动：分小组展示并介绍鱼嘴、飞沙堰、宝瓶口的作用和原理。

教师活动：点评学生的展示成果。

都江堰水利工程至今仍在发挥作用，以其卓越的水利工程成就、对自然环境的尊重与利用以及在历史和文化上的重要价值而闻名中外。都江堰水利工程的建成和运行，使成都平原享有"水旱从人，不知饥馑，时无荒年"的天府之国美誉。

设计意图：观看视频、查阅资料等多种信息获取方式，认识都江堰水利工程。通过小组合作探究、角色扮演、交流展示等实践活动，介绍都江堰水利工程的治水原理，了解水利工程对成都平原的影响。

教学环节三：制作都江堰水利工程的模型——感受古人的治水精神。

教师过渡：都江堰水利工程的修建体现了古人的治水思想和智慧。下面请同学们根据都江堰水利工程的原理，利用手中的材料，制作都江堰水利工程模型。

学生活动：分小组展示模型，谈制作的感受。

教师活动：点评总结学生制作的模型，总结都江堰"道法自然，因势利导"的治水理念。只有尊重自然，才能改造自然，与自然和谐共生，造福人类。

设计意图：通过制作都江堰水利工程的模型，培养学生的动手实践能力和科学探究精神，同时在制作过程中有利于学生走近古人治水的情境，感受水利工程修建过程的艰辛和其中蕴藏的治水思想，从而升华到人地协调的思想。

教学环节四：保护大熊猫——大熊猫繁育基地。

教师过渡：成都平原的人们尊重自然的理念不仅体现在都江堰水利工程上，还体现在人们对大熊猫的保护上。"蓉宝"是第31届世界大学生夏季运动会吉祥物，以成都大熊猫繁育研究基地大熊猫"芝麻"为原型创作。

课件图片展示蓉宝。

学生活动：课后搜集大熊猫的资料，了解大熊猫的分布和生活环境，了解成都大熊猫繁育研究基地在大熊猫研究保护中的贡献。

设计意图：培养学生的人文积淀和审美情趣。

六 板书设计

一、水润天府——拜水都江堰

1.成都平原水旱灾害的成因

2.都江堰水利工程三大主体工程的作用和原理

3.都江堰的治水精神

二、成都大熊猫繁育研究基地

1.大熊猫的分布和生活环境

2.走近成都大熊猫繁育研究基地

七 教学反思

本课贯彻了"五育并举"立德树人的先进教育理念，课堂中知识的呈现方式多样，本堂课将学科课程和动手实践操作的活动课程进行了有效的融合和探索，在时间把握和知识模块衔接上还有待提升。学生通过搜集和整理资料，分小组合作，探究都江堰三大主体工程的作用和原理；通过制作模型，体会修建都江堰的艰辛以及古人的治水精神。

《秀美的盆周山地》
教学设计一

林浩冉 陈 婷 陈 敏

宜宾龙文学校

一 教材与学情分析

本课是《可爱的四川》(七至八年级)主题一"自然之美"第二课的内容。以"秀冠天下——峨眉山"为主要内容,围绕峨眉山的地理位置、自然环境、人文历史等知识的学习,引导学生感受峨眉山的自然之美和人文之美,理解人地和谐之美,激发学生热爱家乡、亲近自然的情感,提高学生开展实践学习的热情。七至八年级的学生,虽然生活在四川,了解一些家乡的基本情况,但缺乏深入思考,理性思维不足,所以学习活动的设计不能超过学生的认知水平,可从学生身边熟悉的事物入手;从学习兴趣的角度来看,学生思维活跃,喜欢体验式学习和主题情境探究活动,对新鲜的事物有着强烈的探究欲望,可以通过设计适应学生学习兴趣的活动,进一步激发学生的学习热情。

二 学习目标与核心素养

学生通过图文资料,了解峨眉山的地理位置、地形、秀丽景色和珍稀动植物等,激发学生学习知识的兴趣和探索精神;学生通过搜集资料和导游展示的课堂活动,增强其的人文底蕴,培养其乐学善学、勤于反思的精神,激发其热爱家乡的情感。

三 设计思路

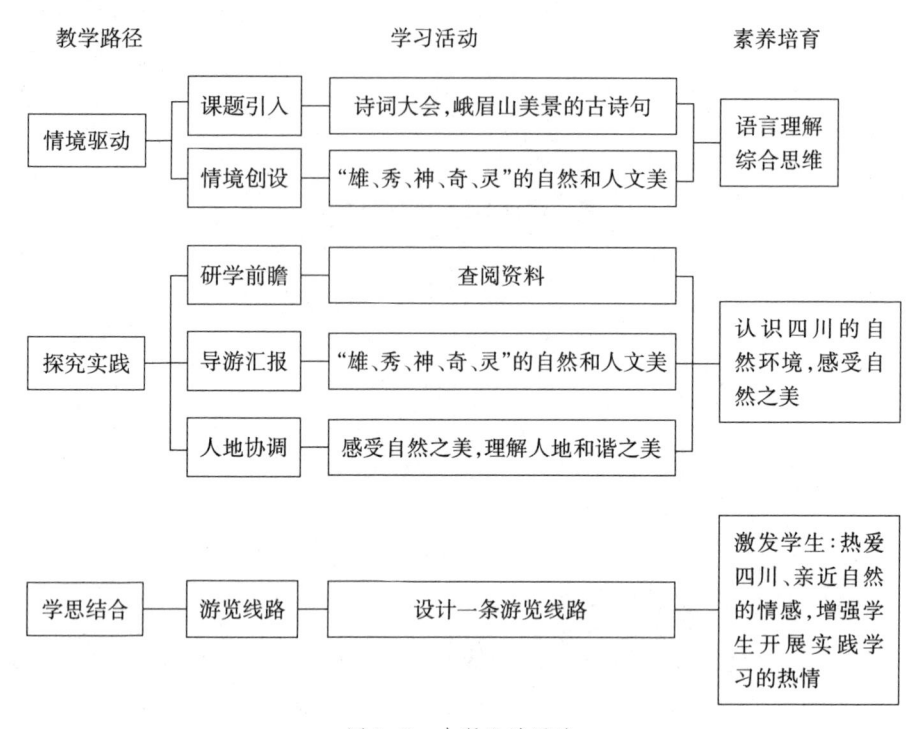

教学路径	学习活动	素养培育
情境驱动 → 课题引入	诗词大会，峨眉山美景的古诗句	语言理解 综合思维
情境驱动 → 情境创设	"雄、秀、神、奇、灵"的自然和人文美	
探究实践 → 研学前瞻	查阅资料	认识四川的自然环境，感受自然之美
探究实践 → 导游汇报	"雄、秀、神、奇、灵"的自然和人文美	
探究实践 → 人地协调	感受自然之美，理解人地和谐之美	
学思结合 → 游览线路	设计一条游览线路	激发学生：热爱四川、亲近自然的情感，增强学生开展实践学习的热情

图1-7 本课设计思路

四 教学方法和准备

教学方法：直观演示、小组讨论、任务驱动、实践操作。

教学准备：

(1)学生利用课余时间收集描写峨眉山美景的古诗句。

(2)阅读本课教材"秀冠天下——峨眉山"部分。

(3)搜索和整理峨眉山的相关资料。

(4)把班级分成"雄""秀""神""奇""灵"五个小组。

(5)多维度地了解峨眉山旅游区，选择最喜欢的一处景点，写好导游解说词，为"我是小导游"活动做准备。

(6)收集学生制作的课件。

五 教学过程

(一)导入新课

教师活动:诗词大会,交流分享描写峨眉山美景的古诗句。

教师过渡:关于描写峨眉山的古诗句,你知道多少?朗诵给大家听听,可简要分析。

播放描写峨眉山美景的古诗句音频,让学生体会峨眉山的"雄、秀、神奇、灵"的自然美和人文美。

(二)研学前瞻

教师过渡:同学们,四川盆地是中国的四大盆地之一,盆地边缘多山地。通过查阅资料,大家都知道峨眉山位于四川盆地边缘,你知道它有哪些秀美景色吗?你能说出它有哪些动植物资源吗?

昨天已经给每个小组发了峨眉山的相关资料,请大家将各小组整理的资料交给汇报的小导游。峨眉"雄"的小导游结合资料为我们讲解。

学生活动:我是小导游××,今天我将带大家领略峨眉山的巍峨山势,壮美"身姿"。

(三)教学环节

1. 峨眉山之雄

教师活动:课件展示北魏郦道元的《水经注》:"去成都千里,然秋日清澄,望见两山相对如峨眉。"展现峨眉山山势陡峻,山体巍峨。

课件展示四川地形图和峨眉山山势景观图,带领学生认识峨眉山的位置和所属省区。

学生活动:《峨眉郡志》云:"云鬟凝翠,鬓黛遥妆,真如螓首蛾眉,细而长,美而艳也,故名峨眉山。"峨眉山位于北纬30°,东经103°,坐落在四川盆地西南边缘。

教师活动:课件展示峨眉山导游图,体验峨眉山的陡峻山势,巍峨山体。

学生活动:请大家看峨眉山导游图,找出万佛顶和峨眉平原,根据所给海拔数据计算峨眉山最高峰万佛顶和峨眉平原的相对高度。计算得出相对高度2000多米,由于海拔高,受地形地势影响,气温低,海拔每升高100米,气温下降0.6℃。峨眉山依托山地优势,在冬季大力发展滑雪项目。

教师活动:课件展示峨眉山滑雪场。

教师过渡:刚才××同学带我们领略了峨眉山的山势与山体特点。下面请第二位导游带我们欣赏峨眉十景中的部分美景,掌声有请!

2.峨眉山之秀

学生活动:大家好!我是导游××,大家可以叫我小×。峨眉山山间千岩万壑,云蒸霞蔚,峰峦叠嶂,含烟凝翠,飞瀑流泉,鸟语花香,草木茂而风光秀。清人谭钟岳曾将峨眉山佳景概括为十景:"金顶祥光""象池月夜""九老仙府""洪椿晓雨""白水秋风""双桥清音""大坪霁雪""灵岩叠翠""萝峰晴云""圣积晚钟",今天时间有限,我们只欣赏其中的几处美景。(展示峨眉十景中部分景点)

教师过渡:谢谢这位诗情画意的小导游。看了这么多美景,大家想不想看看日出、云海、佛光……探寻峨眉山的"奇"?下面有请第三位导游。

3.峨眉山之奇

学生活动:大家好!我是导游××,峨眉山金顶"四奇"是"日出""云海""佛光"和"圣灯"。(展示课件)

教师过渡:除了美景的奇,峨眉山受地势垂直差异影响,生态环境多样,峨眉山植物资源丰富,以琼花瑶草、珍奇林木著称,有"古老的植物王国"之誉。

学生活动:

(1)探寻峨眉山被誉为"古老植物王国"的原因。

合作探究:以亚热带季风气候为主;以山地为主,海拔较高,植被垂直差异明显。

(2)探寻峨眉山杜鹃花从山下到山上次第开放的原因。

合作探究:峨眉山山下海拔低、气温高,杜鹃花先开;山上海拔高、气温低,杜鹃花后开。

教师活动:展示课件。说明峨眉山地形复杂,土壤种类多,气候垂直差异大,植物种类繁多,植被类型丰富,垂直带谱明显,形成了多种复杂的植物小环境。由于长期受自然和人类活动的影响,各植被带内又存在不同面积的多种人工栽培植被和森林被破坏后形成的次生植被,从而增加了峨眉山植被类型的复杂性。随着海拔升高,气候和土壤的垂直变化,使峨眉山的植被不仅类型繁多,而且垂直分布明显。

教师过渡：刚才导游带我们了解了峨眉山的自然环境的垂直差异，下面请后面的两位导游带我们继续游览峨眉山。

4.峨眉山之神

学生展示：大家好！我是导游××，中国佛教四大名山分别是安徽九华山、山西五台山、浙江普陀山、四川峨眉山。峨眉山作为中国佛教四大名山之一，佛教文化浓厚，历史悠久，为峨眉山增添神韵。

5.峨眉山之灵

学生展示：大家好！我是导游××，在峨眉山"神"的基础上，加上独特的自然条件，峨眉山有了灵气。丰富的动物资源让峨眉山被称为"动物王国"。峨眉山得天独厚的自然条件，为众多野生动物的栖息、繁殖提供了优越的生态环境。全山共有3200余种野生动物。

6.分组合作设计一条游览线路

教师过渡：《世界遗产名录》称赞峨眉山"具有较高的美学价值"。查阅资料，选择你感兴趣的景点，设计一条游览线路。

学生活动：设计游览线路，包括设计理由、时间安排、物品准备等。

教师总结：探寻峨眉山"雄、秀、神、奇、灵"的资料收集工作和线路设计还需进一步完善，各小组整理汇总，作为以后我们研学的一手资料。

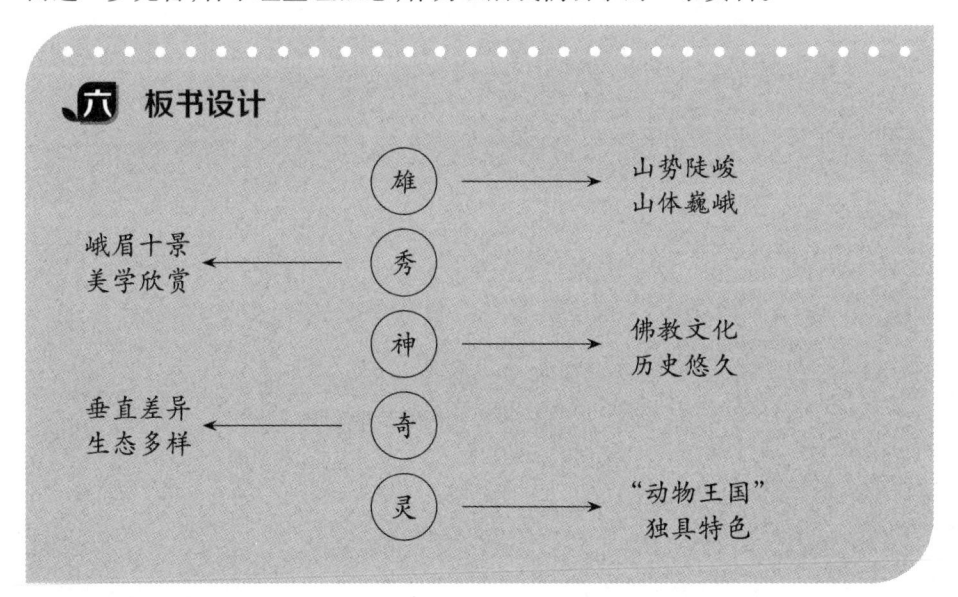

六 板书设计

雄 → 山势陡峻　山体巍峨

峨眉十景　美学欣赏 ← 秀

神 → 佛教文化　历史悠久

垂直差异　生态多样 ← 奇

灵 → "动物王国"　独具特色

七 教学反思

本节课巧用"我是小导游"活动贯穿全课，通过跨学科学习激发学生好奇心与学习兴趣，将课堂主动权交给学生，注重对学生核心素养的培养。但学生课前资料的搜集能力还有待提高。

《秀美的盆周山地》
教学设计二

官周鑫

雅安市雨城区第二中学

一 教材与学情分析

本课是《可爱的四川》(七至八年级)主题一"自然之美"第二课的内容。通过呈现峨眉山"雄、秀、神、奇、灵"的自然景观,让学生了解四川的灵山之美,产生爱祖国、爱家乡的情感。学生通过七年级的学习,已经掌握了一些基本的生物、地理知识,以及实践的方法。读图、分析、判断和理解的能力也有所提升,大部分学生对研学课程兴趣浓厚。在充分了解峨眉山研学资源的基础上,进行峨眉山地区地理、生物和语文学科融合的教学设计。

二 学习目标与核心素养

(1)欣赏峨眉山的自然风光和人文景观,感受家乡之美,提升学生的文化自信和国家认同感;感受生态文明建设成果、建筑文化建设成果,提升民族文化自信。

(2)感受优美的景区风光,提高审美能力与审美情趣;通过体验生态猴区猴群与人类的互动,制订《游客旅行公约》,增强生态保护意识和社会责任感。

(3)观察峨眉山的植物,完成标本采集与制作。感受峨眉山作为"植物王国"其植物种类的丰富性、古老性和特殊性,培育学生勇于探究的精神。

三 设计思路

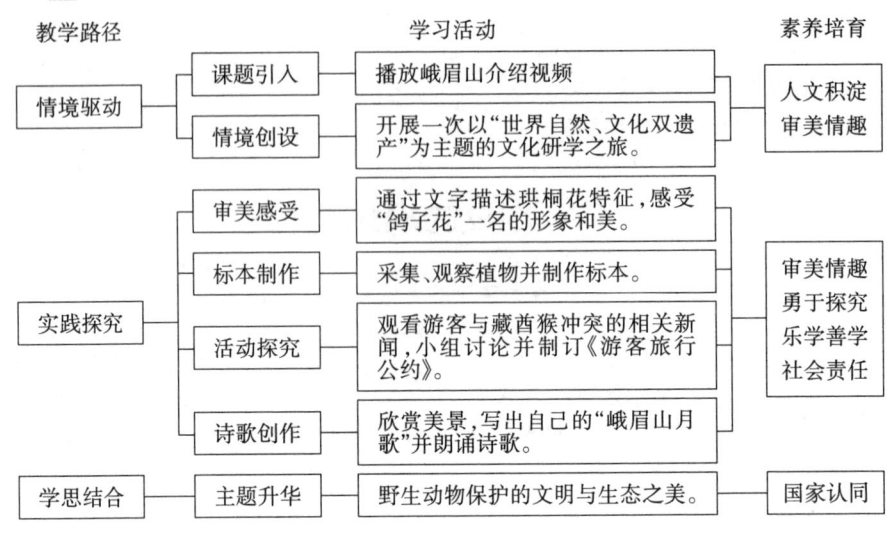

教学路径		学习活动	素养培育
情境驱动	课题引入	播放峨眉山介绍视频	人文积淀 审美情趣
	情境创设	开展一次以"世界自然、文化双遗产"为主题的文化研学之旅。	
实践探究	审美感受	通过文字描述珙桐花特征,感受"鸽子花"一名的形象和美。	审美情趣 勇于探究 乐学善学 社会责任
	标本制作	采集、观察植物并制作标本。	
	活动探究	观看游客与藏酋猴冲突的相关新闻,小组讨论并制订《游客旅行公约》。	
	诗歌创作	欣赏美景,写出自己的"峨眉山月歌"并朗诵诗歌。	
学思结合	主题升华	野生动物保护的文明与生态之美。	国家认同

图1-8 本课设计思路

四 教学方法与用具

（1）教学方法：创设情境教学、问题驱动式启发教学、视频体验式教学、小组合作探究式教学法。

（2）教学用具：采集来的植物、旧报纸或草纸、刷子或纱布、标本夹或两块比台纸大一些的木板和书、吸水纸或棉絮、台纸、标签、胶水、胶带或缝衣针和线、毛笔、刀片、剪刀、玻璃纸。

五 教学过程

(一)导入新课:初识峨眉

教师活动：播放峨眉山介绍视频。

学生活动：学生观看峨眉山景色视频,感受峨眉山的秀丽景色。

教师过渡：今天老师带大家游览清音仙境,穿越生态猴区,感受洗象月夜,开展一次"世界自然、文化双遗产"的文化研学之旅。

设计意图：从峨眉山的秀丽景色切入,让学生能真切感受峨眉山的自然风光之美,激发学生的家乡自豪感。创设身临其境游览情境,展示峨眉文化之美,激发学生的兴趣,提高参与度。

(二)科学探秘:植物王国

教师活动:峨眉山植物资源丰富,珍稀植物种类占比很高。全山植物5000多种,具有丰富性、古老性和特殊性。我们从清音阁到洗象池一段进行植物观察。

1."珙桐翔鸽",醉美四月天

教师活动:阅读材料与查看珙桐照片,思考为什么称珙桐花为"鸽子花"?

学生活动:

(1)记录海拔,认识珙桐的形态与生境特征。

(2)用文字描述珙桐花的特征,感受"鸽子花"的形象和美。

教师过渡:峨眉山从海拔仅500米左右的浅丘、平原上突起,直上云霄,垂直高度约3000米,山脚遍布麻柳、楠木,山腰生长着槭树、天师栗等落叶林,山顶则是高大的冷杉林,由上而下,就是一座自然的植物园。

2.认识植物多样性,体验植物标本制作

介绍标本制作步骤。

(1)工具准备:吸水纸、标本夹、采集袋、记录本、号牌、台纸。

(2)标本采集:

①采集标本力求完整(包括:茎、叶、花、果)。

②采集时记录要详细。

③及时挂上吊牌。

④标本装入采集袋。

(3)标本压制:

①修剪:修剪坏叶,叶子易脱落的植物可放在沸水中浸1分钟再晾干。

②压制:给标本铺上几层吸水纸,用标本夹夹住,置于通风处晾干。

③换纸:每天换一次纸,使标本保色。

(4)标本制作:

①整理标本:整理干制的标本。

②上台纸:把标本平铺在台纸上,排布均匀叶子,使同一标本能同时看到正面与反面的形态。

③固定:用透明胶粘贴标本,透明胶宽度1厘米最佳。

④贴标签:在右下角贴上标签。内容包括标本名称、采集地点、采集时间。

学生活动:在教师的指导下,小组合作,用采集的植物制作标本。

(三)徒步穿越,妙趣灵猴

教师活动:播放峨眉山藏酋猴图片和"人猴大战"的相关新闻。

学生活动:观看峨眉山游客与藏酋猴发生冲突的相关新闻、图片。讨论到底是谁的错?

设计意图:学生通过体验生态猴区猴群与人类互动,尝试制订《游客旅行公约》,增强生态保护意识,感受旅游活动对当地生态的影响

(四)象池夜月,诗意峨眉(10分钟)

教师过渡:穿过猴区,我们即将来到洗象池。峨眉山月,自古留名,赏月的最佳时令是在秋天。历代都不乏吟咏峨眉月的诗句。

教师活动:教师展示相关诗歌作品。播放《峨眉山月歌》,引导和鼓励学生进行诗歌创作。

学生活动:尝试欣赏美景,写诗句,写出自己的《峨眉山月歌》并朗诵诗歌。

设计意图:学生通过情景交融,提升审美意识,养成审美情趣,并达到用语言文字创造美的意境,增强其文化自信。

(五)世界"双遗",文化名山

教师活动:带领同学欣赏金顶的美丽云海,写出自己的研学感悟。

学生活动:观赏峨眉奇景——日出云海。

设计意图:学生通过欣赏峨眉山自然风光和人文景观,感受家乡之美,提升文化自信,厚植国家情怀,增强人文底蕴。学生感受生态文明建设成果、建筑文化建设成果,提升其民族文化自信。

六 板书设计

秀冠天下——峨眉山

科学探秘,植物王国	峨眉自然之美
徒步穿越,妙趣灵猴	人与自然和谐之美
象池夜月,诗意峨眉	峨眉诗意之美
世界"双遗",文化名山	祖国山河之美

七 教学反思

本课融合了地理、生物、语文的学科知识,以"云研学"的方式,带领学生沉浸式感受峨眉山的自然风光和人文景观,感受家乡之美。研学类课堂教学不仅要了解所学的生物、地理知识,还要对家乡的风土人情有深刻的认识和理解。

由于模拟地理环境中所涉及的地理知识比较多,因此在教学实践过程中可以灵活调整任务和问题,根据学生的实际学情,尽可能提高问题设置的针对性和层次性,把问题任务分解为大部分学生能够回答的问题,有利于提高学生研学热情,重点培养学生积极探究问题的态度。

《秀美的盆周山地》
教学设计三

陈小平

四川省雅安中学

一、教材与学情分析

本课是《可爱的四川》(七至八年级)主题一"自然之美"第二课的内容。碧峰峡不仅因"天府之肺"的称号和秀美的环境而为人所知,这里也是动物的乐园,在此设立了碧峰峡野生动物园和中国大熊猫保护研究中心雅安碧峰峡基地。从野生动物园极具特色的场馆设计到大熊猫保护的突出成就,凸显了碧峰峡作为动物乐园的独特魅力,体现了人对动物的尊重与保护,强调人地协调的观念。

本教学设计重在运用资料来分析解决问题。七至八年级的学生,已经具备了一定的综合分析问题能力,但很多学生并未实地探访过碧峰峡,即使去过的学生往往也没有关注动物的生活习性和动物园的场馆设计。因此,教师需要为学生提供充足的资料作为课程铺垫,帮助学生充分利用资料来解决问题。对于整体学习能力薄弱的班级,可适当增加资料解读和动物园设计知识的引导环节。

二、学习目标与核心素养

通过认识碧峰峡的自然环境,感受碧峰峡的自然之美,培养学生热爱家乡的情感。学生通过了解全球生物多样性面临的危机和动物园存在的意义,认识碧峰峡景区在保护大熊猫和其他动物、维护生物多样性和动物科普教育中作出的贡献。通过观察动物园的场馆设计,增强学生的综合思维和分析问题的能力,同时树立尊重和保护动物的意识,培养学生勇于探究和珍爱生命的素养。

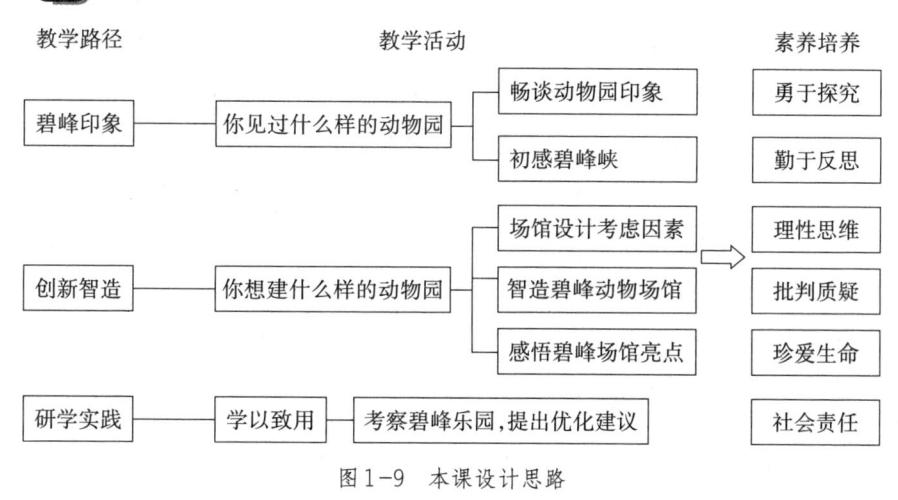

三 设计思路

教学路径	教学活动		素养培养
碧峰印象	你见过什么样的动物园	畅谈动物园印象	勇于探究
		初感碧峰峡	勤于反思
创新智造	你想建什么样的动物园	场馆设计考虑因素	理性思维
		智造碧峰动物场馆	批判质疑
		感悟碧峰场馆亮点	珍爱生命
研学实践	学以致用	考察碧峰乐园,提出优化建议	社会责任

图 1-9　本课设计思路

四 教学方法与准备

(1)教学方法:小组合作探究法、角色扮演法、任务驱动法等。

(2)教学准备:每位同学准备1张动物(如猕猴、鸟类、大熊猫)生活习性资料卡、场馆设计分工任务及设计意图表、A4纸、搭建动物场馆所需的材料(动物和树的模型、棕色和蓝色黏土、卡纸、胶水、剪刀)、鞋盒或其他盒子、铅笔、橡皮擦、中性笔。

五 教学过程

1.你见过什么样的动物园?

教师过渡:同学们都去过动物园,对动物园有什么印象?

教师活动:引导学生打开思路,组织学生进行分享。课件呈现快乐的动物。

学生活动:分享动物园留给自己的深刻印象。

教师过渡:看来大家很喜欢动物园。那么,同学们来过这里吗？现在,我们一起走进这里。在观看视频时,请关注这里的自然环境。看看动物们在做什么,并思考它们为什么会这么做。

教师活动:播放碧峰峡的视频,引导学生描述当地自然环境,并讨论与动物行为相关的问题。

学生活动:在观看视频的同时,思考教师所提出的问题,并积极总结回答。

设计意图:从贴近学生生活体验的问题导入,拉近与学生的距离。学生回忆中的动物园多是自己的感受,很少关注到动物展示自然行为背后的原因,更难以意识到动物园作为一个自然生态的缩影,为人类提供了解自然和动物世界的窗口,同时也是教育和学习的地方,而这正是本课想要学生达到的学习目标。这样的反差,突出了课堂对学生观念转变的作用。

教师过渡:这些都是动物行为的自然展示,为什么它们会尽情地展示自然行为呢？

2.你想建什么样的动物园？

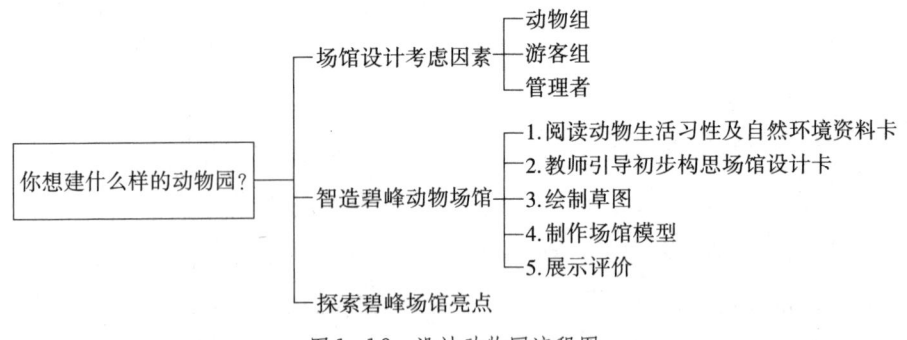

```
                          ┌─动物组
            ┌─场馆设计考虑因素─┼─游客组
            │                 └─管理者
            │                  ┌─1.阅读动物生活习性及自然环境资料卡
你想建什么样  │                  ├─2.教师引导初步构思场馆设计卡
的动物园？ ──┼─智造碧峰动物场馆──┼─3.绘制草图
            │                  ├─4.制作场馆模型
            │                  └─5.展示评价
            └─探索碧峰场馆亮点
```

图1-10 设计动物园流程图

教师过渡:因为动物只有在真正快乐的状态下,才会尽情地展示其自然行为。那么,如何让动物感到快乐呢？要有适合的动物场馆。动物场馆设计需要考虑哪些因素？

学生活动:讨论动物场馆设计需考虑的因素,如动物、游客、管理者需求等。

教师过渡:请同学们按照黑板上的分组任务,从不同角色的需求出发,充分讨论场馆设计需要考虑的因素。角色扮演分组:1、2组为动物组,3、4组为游客组,5、6组为管理者组;时间3分钟。

任务一:场馆设计考虑因素。

教师活动:组织并指导学生充分讨论、分享交流。

学生活动:以小组为单位,按各自扮演的角色讨论场馆设计需要考虑的因素,讨论结束后进行分享。

教师过渡:综合来看,谁的需求最重要?是动物。所以,在场馆设计时要更多地考虑动物需求。场馆设计难度很大,让我们一起迎接挑战!

任务二:智造碧峰动物场馆。

教师过渡:请各小组为你们桌上的动物设计适合的场馆。我们分四个环节进行:思—绘—造—评,共用五步完成任务。首先,请大家用1分钟时间阅读资料卡,了解动物的生活习性和碧峰峡的自然环境。阅读完成后请举手。

教师活动:组织学生认真阅读资料卡。

学生活动:阅读资料卡。

教师过渡:接下来,请同学们轻轻闭上双眼,想象自己正身处碧峰峡的自然环境中,桌上的动物在自由玩耍、嬉戏。综合考虑动物、游客、管理者的需求,请你为它们搭建场馆。我想为它们建一个_____因为_____;还想建一个_____因为_____。

教师活动:播放纯音乐《森林物语》,引导学生思考。

学生活动:闭眼想象,结合碧峰峡自然环境和动物生活习性,综合考虑其他因素,在大脑中完成设计动物场馆的初步构思。

教师过渡:现在大家都有了自己初步的想法。请同学们发挥团队力量,完成小组场馆设计。

设计要求:在5分钟之内完成。

(1)完成小组分工并填写表格。

(2)综合动物、游客、管理者的需求,确定场馆名称及设计理念。

(3)在A4纸上绘制场馆设计草图。

教师活动:播放动物生活习性的视频,引导学生从想象到书写再到绘制。指导学生讨论和设计,拍摄6个小组的作品,统一进行展示。

学生活动:写出小组设计,讨论设计亮点和设计意图,完成草图并分享。

教师过渡:这是设计师们的设计,大家在短短的时间内已经涌现出这么多奇思妙想。接下来,请继续用我们聪明的大脑完善设计。充分利用所有材料,将设计草图制作成场馆模型。

教师活动:进行10分钟倒计时,手机投屏显示学生场馆制作的过程,指导各组合理分工,快速完成设计。同时提醒学生同步完成表格的填写。

学生活动:与组员一同按照设计草图及临时新增的想法,利用材料进行场馆制造,并完成小组设计意图表。

教师过渡:时间到,大家的场馆都各具特色。下面进入作品展示环节。

展示要求:每组展示时间为1分钟。

(1)按汇报流程格式进行讲解。

(2)同组同学进行补充。

(3)其他小组进行点评。

教师活动:组织学生进行展示汇报和点评,每类场馆选择一个小组来进行分享,教师做最后的总评。

学生活动:学生上台讲解场馆设计,完成分享后进行点评。

教师过渡:总的来说,每组作品都各具特色,每位同学都在积极参与,与小组成员共同努力完成作品,展现出很强的团队协作能力,请为这样的自己和小组点赞!

任务三:探索碧峰场馆亮点。

教师过渡:接下来,我们一起看看现实中的碧峰场馆。

教师活动:播放提前去碧峰峡景区录制的熊猫馆、生态猴区和鸟林场馆视频,组织学生观看并分享心得,引导学生从场馆设计和动物保护两个方面发现碧峰峡动物快乐的内在原因。

学生活动:观看视频,思考后交流心得。

设计意图:让学生了解碧峰峡生态风景区,充分利用其自然环境,从"思—绘—造—评"四个环节循序渐进,运用思维逐步进阶的方式引导学生开展场馆设计活动,试图唤起学生对生活体验的记忆,突出实践性,从综合角度提升学生的核心素养。通过小组合作设计、搭建场馆模型,并展示交流设计思路,培养学生的自主学习能力和小组合作探究的团队意识,激发学生的学习热情,增强学习的趣味性。通过学习以尊重动物、让动物快乐为指导思想的场馆设计案例和延续动物快乐的动物保护和救护工作,让学生逐渐形成自觉保护动物的意识,并产生对家乡的自豪感。通过"云研学"的方式,进一步激发学生对实地研学的兴趣和热情。

教师过渡:碧峰峡通过保护、科普教育和动物行为展示等工作,使我们主动关注自然、尊重自然,最终付诸实践保护自然和让动物快乐,致力于让人与动物、自然和谐共生。碧峰峡生态风景区已经走在了西南地区的前列,目前正在开工修建一个大型的野生动物救护中心,让野外受伤受困的动物也能有一个温馨的家。从刚才的视频中,我们还看到很多场馆在不断进行升级改造和优化,旨在让动物更加快乐!让我们也一起行动起来。

3.学以致用,研学实践

教师过渡:课后查阅资料,设计碧峰峡研学方案,实地感受人与动物、自然和谐共处的美好!同时,给场馆设计提出合理的改进建议,让动物越来越快乐,并将这些经验运用到其他动物园。

教师活动:引导学生从课堂所学走向实地研学。

学生活动:内心产生想去碧峰峡或其他动物园实地研学的冲动。

设计意图:本课教学活动设计最终指向研学。通过本课的学习,鼓励同学们进行研学实践,使学生参与到动物保护和环境教育中。为了让动物更加快乐,学生将对碧峰峡及全国动物园的场馆优化提出建议,这有助于促进学生形成正确的世界观、人生观、价值观,成为全面发展的人。同时,这也将培养学生的社会责任感,增强学生的创新思维能力以及理论联系实际的能力。

六 板书设计

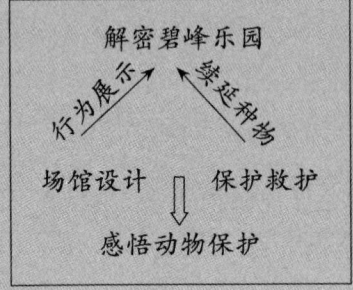

```
       解密碧峰乐园
   行为展示 ↖ 实地科考          副板书
                              自然环境
   场馆设计  保护救护           生活习性
         ↓                    喂食  体验
     感悟动物保护               安静  科普
```

七 教学反思

　　本课设计主要是把课堂的主导权交给学生,让学生在设计动物园场馆的过程中提升综合素养,同时感受四川的魅力,产生对四川的热爱之情,激发学生实地考察碧峰峡的研学热情,从而达到教材指导纲要中的要求。本课注重课堂趣味性的提升和学生动手能力的培养,具有很好的育人价值,体现了跨学科知识的融合,具有较强的创新性。但是,在培养学生情感态度价值观和核心素养方面,仍有进一步深入挖掘的空间。

《雄奇的高原雪山》教学设计一

聂馨谊　温俊芳　李方兰　陶　娅　张　畅　王顺莉　舒　艳　吕佳琪

攀枝花市十九中小学校　攀枝花市教育科学研究所　攀枝花市实验学校

攀枝花市外国语学校　米易县第一初级中学校

一　教材与学情分析

本课是《可爱的四川》(七至八年级)主题一"自然之美"第三课的内容,以"领略川西深秋,寻找遗世秘境"为主题,以川西的秋景为切入点。课程内容围绕贡嘎山、九寨沟、海螺沟等风景名胜,从学生熟悉的川西旅游线路出发,开展川西旅游攻略分享活动,让学生学会动手动脑,通过自主讲解展示,在感受川西美景的同时,激发学生热爱四川的情感。

二　学习目标与核心素养

运用相关材料及举办相应活动,让学生领略川西的雪山、冰川、高原等自然美景。让学生感受四川的自然之美,提升学生的审美情趣,帮助学生、会学习和健康生活。

三　设计思路

让学生围绕川西小环线和阿坝环线,分享自己所做的旅游攻略,并探究川西高原雪山的自然之美,进而引导学生走出校园,亲近自然。

《可爱的四川》教学活动设计

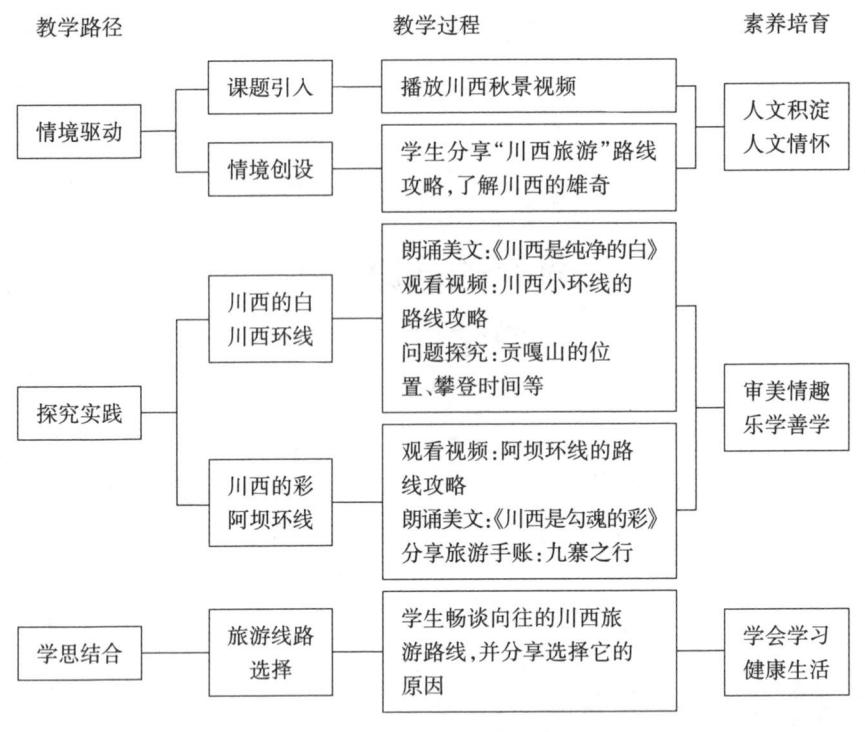

```
教学路径                教学过程                    素养培育

                 ┌─ 课题引入 ── 播放川西秋景视频 ──┐  人文积淀
    情境驱动 ────┤                                 ├─ 人文情怀
                 └─ 情境创设 ── 学生分享"川西旅游"路线 ─┘
                               攻略,了解川西的雄奇

                 ┌─ 川西的白 ── 朗诵美文:《川西是纯净的白》
                 │  川西环线    观看视频:川西小环线的
                 │              路线攻略
                 │              问题探究:贡嘎山的位
    探究实践 ────┤              置、攀登时间等         ── 审美情趣
                 │                                      乐学善学
                 │              观看视频:阿坝环线的路
                 └─ 川西的彩    线攻略
                    阿坝环线    朗诵美文:《川西是勾魂的彩》
                               分享旅游手账:九寨之行

                                 学生畅谈向往的川西旅    学会学习
    学思结合 ── 旅游线路选择 ── 游路线,并分享选择它的 ── 健康生活
                                 原因
```

图 1-11　本课设计思路

四 教学方法与准备

(1)教学方法:主题式教学法。

(2)教学准备:学生在课前收集整理川西旅游攻略的视频、图片等材料,设计分享内容。

五 教学过程

(一)导入新课

教师活动:播放川西秋景视频并提问。(哪里会呈现这般极致的景色呢?——川西)

教师过渡:秋季,是川西最美的季节。漫山遍野的彩林、金黄的高原、高耸的雪山……让我们深入川西秘境,在极致的自然风光中彻底抚平内心的焦虑。

同学们,川西是雪山巍峨,是海子碧蓝,是彩林如织,是日月净土,是世外桃源。爱上它似乎不需要太多理由,只需要你抵达后的一眼。它是未知的旅程,也是前行的期待。

设计意图:通过介绍川西的美景、美文,让学生在美的感受中对川西有一个直观的认识,提高学习兴趣。

(二)情境驱动

教师活动:邀请学生分享川西旅游路线,了解川西的雄奇。

学生活动:朗诵美文《川西是纯净的白》。学生团队展示:川西小环线旅游攻略——领略川西的白。

教师活动:观看川西小环线视频。

问题探究:

(1)贡嘎山在哪里?四川省甘孜藏族自治州。

(2)贡嘎山在藏语中的意思是什么?白色的冰川。

(3)请结合所学的地理知识,思考贡嘎山是怎样形成的。贡嘎山是由亚欧板块和印度洋板块发生碰撞挤压形成,位于青藏高原东南部,属于横断山脉大雪山主峰。

(4)请同学们讨论:一年中攀登贡嘎山的最佳时间,并说明原因。(9—10月)

学生活动:朗诵美文《川西是勾魂的彩》。团队展示阿坝环线旅游攻略——领略川西的彩。

教师活动:观看阿坝环线视频。

学生活动:学生旅游手账分享九寨之行,见图1-12所示。

设计意图:学生通过参与川西旅游线路攻略分享活动,激发其学习动力,引导其展示自己的风采魅力。

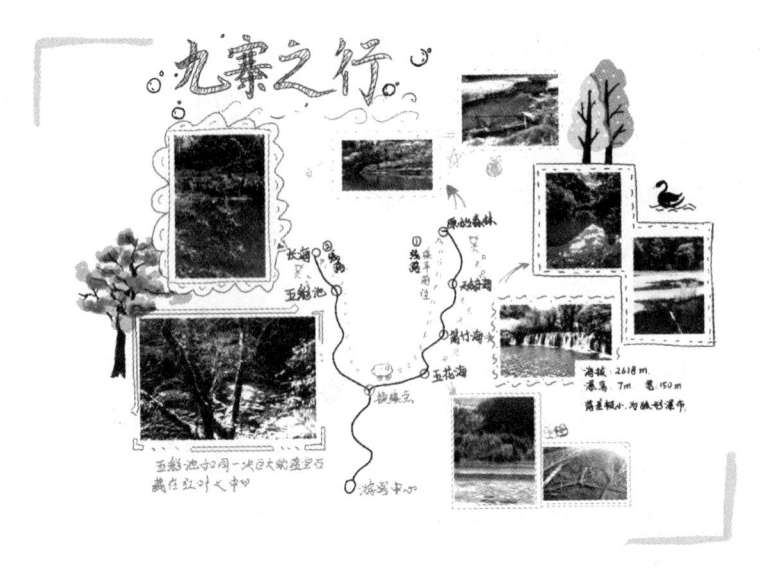

图1-12 学生旅游手账

(三)学思结合

学生活动:学生畅谈自己所向往的川西旅游路线,并分享选择这条路线的原因。

教师总结:感谢同学们的精彩分享,让我们更加向往神秘而美丽的川西。神圣的雪山,美丽却不张扬;碧蓝的海子,勾魂却不自如;四处散落的牛羊,自在又悠闲;满山弥漫的彩林,斑斓又梦幻……川西美景尽收眼底,让我们奔赴一场秋日童话。期待大家能身临其境,体验雄奇的川西高原。

设计意图:唤起学生体验生活的兴趣,走出校园,亲近自然。

六 板书设计

主板书:	副板书:
可爱的四川	贡嘎山
领略川西深秋	海螺沟
寻找遗世秘境	九寨沟
——雄奇的高原雪山	

七 教学反思

本课的教学设计依据新课程育人理念和地方课程指导纲要,切实培养学生的核心素养。将课堂学习与课外活动、学校教育和社会实践相结合,因地制宜,呈现地域特色。课程旨在引导学生走出校园,在与日常生活不同的环境中拓宽视野、丰富知识、了解社会、亲近自然、体验生活。

《雄奇的高原雪山》
教学设计二

聂馨谊　温俊芳　李方兰　陶　娅　张　畅　王顺莉　舒　艳

攀枝花市十九中小学校　攀枝花市教育科学研究所　攀枝花市实验学校

攀枝花市外国语学校　米易县第一初级中学校

一　教材与学情分析

本课是《可爱的四川》(七至八年级)中主题一"自然之美"第三课的内容。本课整合了大熊猫繁育研究、四川大熊猫栖息地的自然环境等内容,从学生对大熊猫的喜爱和保护出发,以保护生物多样性为主题引领,运用创意写作、制作手工、设计研学方案等活动,让学生学会动手动脑,感受大熊猫的可爱,了解保护四川大熊猫栖息地的意义。通过语文、美术、生物、地理多学科的融合,让学生全方位感受四川的自然之美,培养学生热爱四川的情感,以及了解保护地球生物多样性的意义。

二　学习目标与核心素养

通过驱动情境让学生了解保护生物多样性的意义,探究保护大熊猫的重要性,培养学生的国际视野、理性思维、人文底蕴。

阅读相关材料,让学生感受四川的自然之美,探究保护四川大熊猫栖息地的意义。让学生在实践和创新中乐学、善学,提升审美情趣,培养学生的劳动意识和社会责任。

三 设计思路

学生通过创意写作、制作手工等活动了解大熊猫的特征,进而了解保护四川大熊猫栖息地的意义,以及了解保护地球生物多样性的意义。引导学生走出校园,亲近自然。

通过图文材料,让学生了解保护大熊猫栖息地的意义,进而培养学生形成正确的世界观、人生观、价值观。

教学路径	学习活动	素养培育
情境驱动	课题引入：国际生物多样性日 情境创设：文学社征稿"我眼中的大熊猫",学生展示文稿	人文积淀 人文情怀
探究实践	手工制作：绘画、剪裁制作专属熊猫书签,感知大熊猫形态 活动探究：观看熊猫与饲养员的故事,了解大熊猫生活习性 识图探究：四川大熊猫栖息地	劳动意识 审美情趣 乐学善学
学思结合	研学设计：设计暑假大熊猫保护研学方案 主题升华：我国生物多样性保护取得的成效	实践创新 社会责任

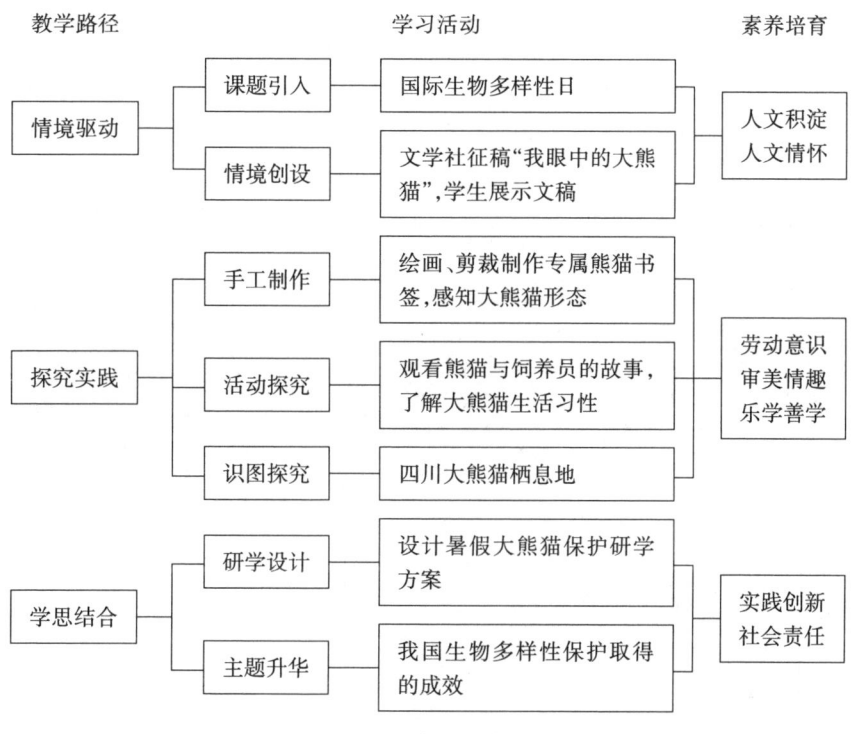

图1-13 本课设计思路

四 教学方法、用具与准备

(1)教学方法:主题式、项目式探究学习,跨学科主题学习。

(2)教学用具:多媒体辅助技术、卡纸、剪刀等。

(3)教学准备:学生根据文学社征文主题"我眼中的大熊猫"完成创意写作。

五 教学过程

(一)导入新课

教师活动:课题引入,展示今年国际生物多样性日的主题,引出世界生物多样性保护的旗舰物种——大熊猫(四川的名片)。

情境驱动,学校繁星文学社结合今年国际生物多样性日的主题,确定本期征文主题为"我眼中的大熊猫"。

学生活动:学生课堂分享投稿作品。

设计意图:激趣聚焦,预先探究。

图1-14 学生投稿作品1　　　　图1-15 学生投稿作品2

(二)探究实践

1.探究实践一

教师活动:介绍大熊猫名片资料,展示图文资料,学生描述大熊猫的形态特征。带领学生制作熊猫书签,探究大熊猫的形态特征。

学生活动:观看大熊猫"和花"的视频,认识其形态特征。

学生在卡纸上绘制大熊猫"和花"的卡通形象简笔画,并制作成专属书签。

设计意图:让学生学会动手动脑,进一步了解大熊猫的形态特征。

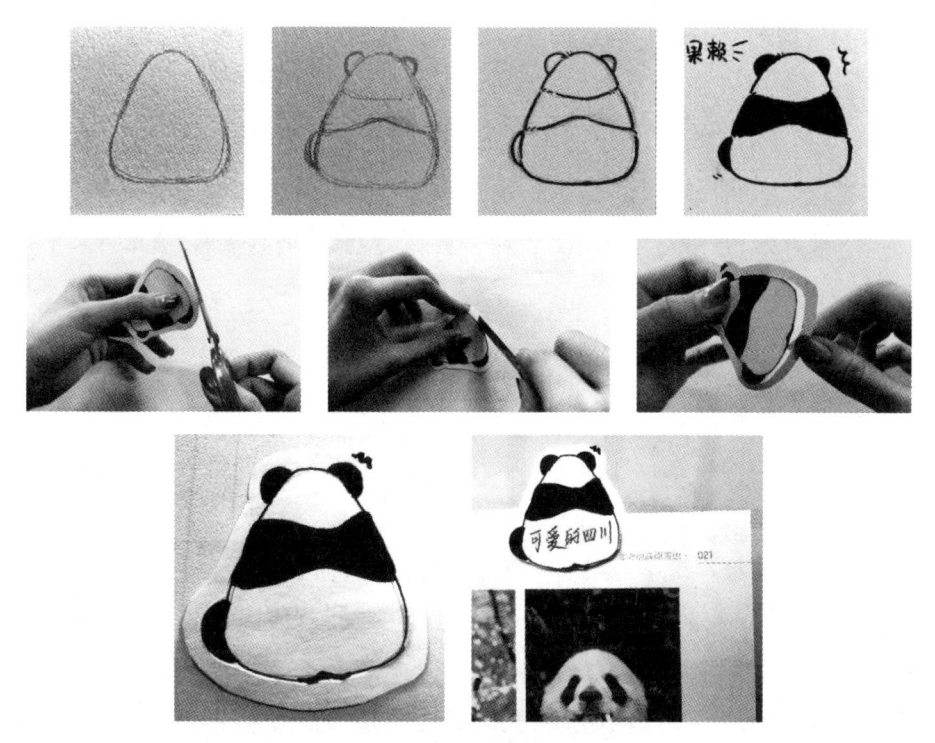

图1-16 制作熊猫书签

教师活动:播放大熊猫"和花"与饲养员谭爷爷的故事视频,探究大熊猫的生活习性。

学生活动:观看大熊猫"和花"与谭爷爷的故事视频,回答问题。

(1)大熊猫的肌肉多还是肥肉多?
(2)大熊猫主要吃什么?
(3)大熊猫的智商如何?
(4)大熊猫怕冷还是怕热?
(5)大熊猫喜欢安静还是热闹?

设计意图:丰富知识,了解大熊猫的生活习性。

2.探究实践二

教师活动:带领学生寻找大熊猫的栖息地,探究大熊猫的分布。

问题引领:

(1)教师展示并讲解四川地形图,学生了解大熊猫的主要分布地区。

(2)了解四川大熊猫栖息地,并探究"申遗"成功后,能否应在栖息地加大旅游开发的力度。

学生活动:阅读四川大熊猫栖息地相关的图文材料,思考讨论大熊猫栖息地"申遗"成功后,出现了是否应加大旅游开发力度的争论。与同学分享交流。

设计意图:培养学生保护生物多样性、热爱四川的情感,确立为家乡建设作贡献的人生理想。

(三)学思结合

教师活动:通过研学设计,引导学生走出校园、亲近大熊猫、体验生活。

学生活动:学生结合教师的指导,自主或合作设计暑期研学实践主题——"大熊猫的保护"。

教师活动:推荐研学地点——成都大熊猫繁育研究基地。

基地简介:成都大熊猫繁育研究基地(以下简称"熊猫基地")位于四川省成都市成华区熊猫大道1375号,距市中心(天府广场)约10千米,距双流国际机场约30千米,距天府国际机场约50千米。熊猫基地是世界著名的大熊猫迁地保护基地、科研繁育基地、科普教育基地和文化旅游基地,新区建成后占地面积3.07平方公里。作为"大熊猫迁地保护生态示范工程",以保护和繁育大熊猫、小熊猫等中国特有濒危野生动物而闻名于世。这里山峦含黛、碧水如镜、林涛阵阵、百鸟谐鸣,被誉为"国宝的自然天堂,我们的世外桃源"。

前置性任务:要求学生登录基地官网查询相关资料。

研学内容推荐:

(1)大熊猫的形态特征(毛色、外形、皮肤、视觉特征等)。

(2)大熊猫的物种学史(进化史、发现、命名等)。

(3)大熊猫的保护现状(濒危灭绝的原因、种群现状、保护措施)。

(4)大熊猫的野化放归研究。

(5)大熊猫的文化建设。

学生可根据自己感兴趣的内容进行增减。

表1-1　研学方案设计表

《国宝大熊猫　守护世遗文明》研学方案设计表	
时间	
人员	
路线	
研学内容	
预期研学成果展示	

　　设计意图：唤起学生体验生活的兴趣，走出校园，亲近自然。

　　教师总结：保护生物多样性是我们全人类的共同责任和优先事项，让我们共同努力，打造一个人与自然和谐共生的美好未来。

　　学生活动：观看关于我国生物多样性保护成效的相关视频，再结合课堂所学，修改征文后向文学社投稿。

　　设计意图：让学生学会做人做事，培养学生形成正确的世界观、人生观、价值观。

六　板书设计

主板书：

可爱的四川

国宝大熊猫

守护世遗文明

四川大熊猫栖息地

副板书：

七　教学反思

　　本课的教学设计依据新课程育人理念和地方课程指导纲要，切实培养学生的核心素养，将课堂学习和课外活动、学校教育和社会实践相结合，因地制宜，呈现地域特色。引导学生走出校园，在与日常生活不同的环境中拓宽视野、丰富知识、了解社会、亲近自然、体验生活。本节课不仅实现了多学科融合，同时在教学方法和手段上有所创新，顺利完成预设的教学任务，达到预期的教学效果。

《雄奇的高原雪山》
教学设计三

黄丽雨

宜宾市翠屏区天立学校

一 教材与学情分析

本课是《可爱的四川》(七至八年级)主题一"自然之美"第三课的内容。本课介绍了贡嘎山、九寨沟、海螺沟及四川大熊猫栖息地的自然环境。南方地区的初中学生对冰雪运动充满好奇,特别是受北京冬奥会的影响,冬季赏雪和冰雪运动项目受到了广大学生的喜欢。四川有非常丰富的冰雪资源,如有"蜀山之王"之称的贡嘎山、"成都最美雪山"西岭雪山等。在我们的家乡宜宾市筠连县也有雪山,本课带领学生去了解、认识家乡主要的雪山,感受自然之美,激发学生热爱家乡、热爱自然、热爱冰雪运动的情感。

二 学习目标与核心素养

引导学生了解家乡主要的雪山,感受自然之美、人地和谐之美,激发学生热爱四川、亲近自然的情感,树立人地协调的观念。鼓励学生了解和参与冰雪运动,增强学生开展实践学习的热情,提升具有实践创新、责任担当的核心素养。

三 设计思路

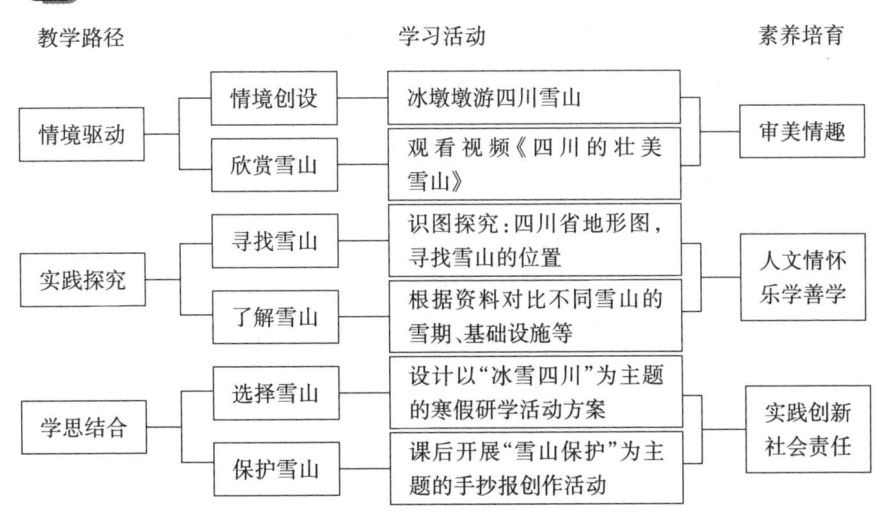

教学路径		学习活动	素养培育
情境驱动	情境创设	冰墩墩游四川雪山	审美情趣
	欣赏雪山	观看视频《四川的壮美雪山》	
实践探究	寻找雪山	识图探究：四川省地形图，寻找雪山的位置	人文情怀 乐学善学
	了解雪山	根据资料对比不同雪山的雪期、基础设施等	
学思结合	选择雪山	设计以"冰雪四川"为主题的寒假研学活动方案	实践创新 社会责任
	保护雪山	课后开展"雪山保护"为主题的手抄报创作活动	

图1-17 本课设计思路

四 教学方法、准备与用具

（1）教学方法：主要采用讲授法、小组合作讨论法。

（2）教学准备：贡嘎山、西岭雪山、筠连大雪山的相关资料。

（3）教学工具：四川省行政区划图、四川省地形图、宜宾市行政区划图。

五 教学过程

（一）导入新课

教师活动：利用网络资源收集整理贡嘎山、西岭雪山和筠连大雪山的相关视频，通过专业软件剪辑出2分钟左右的视频《四川的壮美雪山》供学生观看。

学生活动：观看剪辑视频《四川的壮美雪山》。

教师过渡：这些美丽的雪山究竟在哪里？下面让我们通过地图去探寻一下。

设计意图：观看直观生动的视频，让学生感受冰雪四川的壮美，激发学生探索的欲望。

(二)寻找雪山

学生活动:学生参照教师提供的四川地形图和四川政区图,找出贡嘎山、西岭雪山、筠连大雪山在四川的方位、所在地区、所在市(州)的城市名称。

贡嘎山位于四川省甘孜藏族自治州康定市、泸定县、九龙县和雅安市石棉县之间,地处横断山脉。

西岭雪山位于四川省成都市大邑县境内,地处四川盆地的西部边缘。

筠连大雪山位于四川省南部宜宾市筠连县境内,地处云贵高原的边缘。

教师过渡:知道了雪山的位置,你对这些雪山还有哪些了解?

设计意图:让学生查阅地图,知道雪山的位置,有利于提升学生的读图能力和地理学科区域认知素养。

(三)了解雪山

教师活动:出示雪山的景观图片和文字材料。

1.蜀山之王——贡嘎山

贡嘎山坐落于青藏高原东南部边缘,位于四川省康定以南,是大雪山的主峰。藏语"贡"是冰雪之意,"嘎"意为白色,贡嘎山意为"白色冰山"。贡嘎山一年四季都有积雪,山体南北长约60千米,东西宽约30千米,主峰海拔7508.9米,是四川省最高的山峰,被称为"蜀山之王",是国家级风景名胜区。贡嘎山主峰长期在冰川作用下,陡峭的山峰变为金字塔形,坡度多大于70度,高耸入云,直刺青天,颇有王者气势。

从宜宾自驾到贡嘎山的行程约426千米,用时约6个小时。贡嘎山高峰林立、冰坚雪深,险阻重重、极难攀登,是国际上享有盛名的高山探险和登山"圣地"。距离贡嘎山30千米外的王岗坪滑雪场被称为"世界最美滑雪场"。

2.成都最美雪山——西岭雪山

唐代诗人杜甫寓居成都草堂,西眺成都远郊,看到矗立天际的大雪塘雄姿,写下了"窗含西岭千秋雪,门泊东吴万里船"的千古绝句,西岭雪山因此而得名。

西岭雪山位于四川省成都市大邑县境内,距成都市区约120千米,景区总面积483平方千米,是世界自然遗产、大熊猫栖息地,也是国家风景名胜区。

西岭雪山景区的海拔从1260米—5364米不等,垂直气候带特征明显,现已成为"春赏杜鹃夏避暑,秋观红叶冬滑雪"的四季热门旅游地。

西岭雪山滑雪场坐落于西岭雪山后山半坡,海拔为2200米—2400米,年积雪期达四个月左右(12月中下旬至次年3月),积雪厚度达60厘米以上,属高山台地地貌,具备建设大型旅游滑雪度假区的天然条件。滑雪场根据周围的山形和坡度,设计和开辟了多条初、中、高级滑雪道,服务设施完善。

从宜宾自驾到西岭雪山的行程约363千米,用时约5个小时。

3. 宜宾最美雪山——筠连大雪山

筠连大雪山位于宜宾市筠连县境内,是云贵高原大娄山北侧支脉,主峰海拔为1777.2米。筠连大雪山属亚热带季风型原始阔叶林区,年平均温度13℃,昼夜温差10℃左右,霜雪期约150天。筠连大雪山有国家一级保护植物珙桐3万多株,该物种号称"植物活化石",是中国特有的第三纪孑遗植物。筠连县还曾是川南红军游击队活动的主要区域之一。

从宜宾自驾到筠连大雪山行程约119千米,用时约2小时30分钟。筠连大雪山是宜宾境内冬季赏雪的最佳去处,但没有专业滑雪场。

教师活动:分享去过的四川雪山和有趣的体验。如峨眉山的冰雪奇境、理县鹧鸪山自然公园体验滑雪、游览广元曾家山和巴中光雾山等。

学生活动:对比三座雪山的雪期、基础设施、游览项目等(见表1-2所示)。

设计意图:学生通过分享自己去过的四川雪山和有趣体验,了解更多的雪山知识。学生根据教师提供的资料深入了解贡嘎山、西岭雪山、筠连大雪山,通过对比三座雪山的雪期、基础设施、游览项目等,为后面的研学设计做准备。

表1-2 三座雪山对比表

雪山名称	雪期	服务设施	游览景点	距离宜宾(千米)	是否有较大滑雪场
贡嘎山					
西岭雪山					
筠连大雪山					

(四)选择雪山

教师活动:学校在寒假要开展以"冰雪四川"为主题的研学活动,在校内征集研学方案,请学生在四川省内选择一座最喜欢的雪山进行为期3天的研学方案设计(见表1-3所示)。

学生活动:小组合作讨论,10分钟后进行展示。

设计意图:让学生为学校设计研学路线,更能体现学生的主人翁意识。鼓励学生合作探究,激发学生思考,引导学生主动学习,唤起学生主动参与课外实践的兴趣。

表1-3 "冰雪四川"研学活动方案设计征稿表

"冰雪四川"研学旅行活动方案设计征稿				
小组名称及成员			选择雪山路线	
行前准备的物品				
乘坐的交通工具				
行程安排	第一天			
	第二天			
	第三天			
主题研学内容	云海形成原因		地形对气候的影响	
	植被的垂直变化		体验滑雪的乐趣	
	……		……	
研学中要禁止的不文明行为				

(五)保护雪山

教师过渡:目前全球气候变暖,冰川消融速度加快。根据中国科学院、水利部成都山地灾害与环境研究所的分析,1966—2009年,"蜀山之王"贡嘎山冰川的面积减少了11.3%,其东坡的海螺沟冰川平均每年消退25—30米,冰川厚度持续减薄。在旅行过程中也存在少数游客素质较低,破坏景区环境的现象。为了使"冰雪四川"的美景长存,我们在生活中可以采取哪些措施保护雪山呢?

学生活动：学生在课堂发表观点，课后开展以"雪山保护"为主题的手抄报活动。

设计意图：通过保护雪山的主题活动，让学生树立人地协调和可持续发展观念。

总结升华：人不负青山，青山定不负人。保护雪山，爱我四川，共建人与自然和谐共生的地球家园需要我们共同努力。

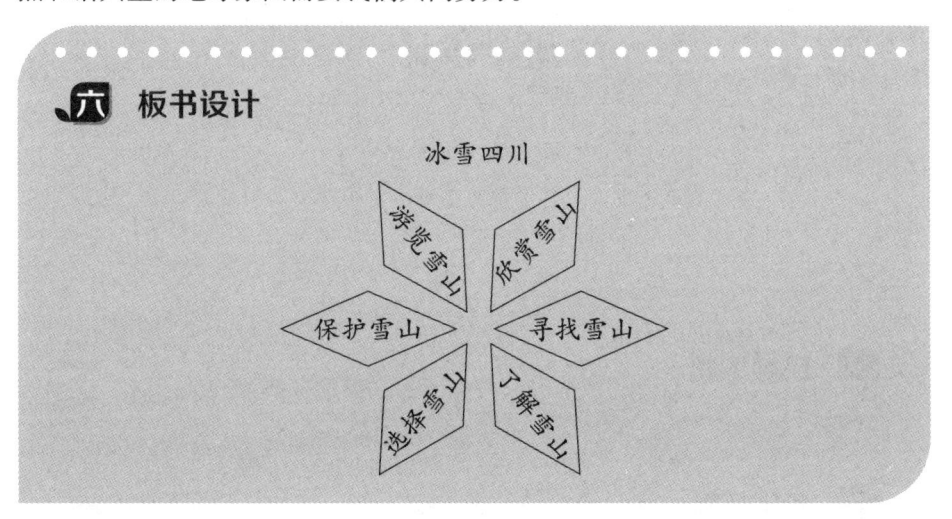

六 板书设计

冰雪四川

游览雪山　欣赏雪山
保护雪山　寻找雪山
选择雪山　了解雪山

七 教学反思

本课充分利用当地资源紧密结合教材内容，选择四川最高峰贡嘎山，冬季旅游胜地——"成都最美雪山"西岭雪山，以及宜宾当地的筠连大雪山作为代表，引导学生去认识冰雪四川，领略四川优美的自然风光。教学设计体现了核心素养的课堂立意，从欣赏雪山、寻找雪山、了解雪山、选择雪山再到保护雪山这五个教学环节，提升了学生的区域认知能力、地理实践能力，以及人地协调观的地理核心素养。

探秘自贡恐龙博物馆研学设计

陈 祝 蔡翼遥

自贡市蜀光中学 自贡市蜀光绿盛实验学校南湖校区

一 研学主题

我和恐龙有个"约会"。

二 研学目标

本课程以小学自然、中学生物的学科知识体系为主体,整合自贡市恐龙博物馆资源,进行"本土研学活动"课程设计。力求让学生深入了解家乡,增强对家乡文化的认同感,提高学科兴趣与科学探究能力,建立知识迁移桥梁,实现学科教学的拓展以及校内外知识的融会贯通。

三 适用学段

五至六年级。

四 研学活动前期准备

(1)研学地点:自贡市恐龙博物馆。

(2)研学时间:2023年3月。

(3)前期准备:

①设计研学活动路线,做好地形勘查,制订研学方案和安全预案。

②在出发前必须召开带队教师工作会议，落实组织管理、安全措施和注意事项等。

③校医室准备好常用药品，最好有校医随队活动。

④准备好校旗、班旗、横幅等，并及时发放告家长通知单。

五 研学活动课程实施

(一)参观恐龙博物馆

大约在2.3亿年前，地球上出现了一类爬行动物——恐龙。恐龙是中生代的地球霸主，在地球上生存了约1.7亿年，在约6500万年前灭绝。英国古生物学家理查德·欧文曾将恐龙命名为"恐怖的蜥蜴"，后在我国被翻译为"恐龙"。

我们的家乡自贡便是恐龙之乡。自贡大山铺恐龙化石群遗址中的化石藏量巨大、门类齐全、埋藏集中，化石保存完整度属世界罕见，填补了恐龙演化史上侏罗纪早中期恐龙化石材料缺乏的空白。在这一遗址上建立的自贡恐龙博物馆，与美国犹他州国立恐龙公园、加拿大艾伯塔省恐龙公园齐名，合称为世界三大恐龙博物馆。

恐龙的种类繁多，形态各异，大多有长长的尾巴。那么在恐龙的生活过程中，尾巴究竟有什么作用？不同种类的恐龙的尾巴在形态和功能上又有什么差异？恐龙灭绝之后，它的基因就从地球上完全消失了吗？让我们带着这些问题去自贡恐龙博物馆一探究竟吧。

(二)比较侏罗纪时期的其他生物化石

科学家在研究生物进化的过程中对不同类群的生物进化进行了比较，通过对比不同类群生物的结构、功能和生活习性，发现各类生物的相同特点和不同特点。一般说来，亲缘关系近的生物类群，相同的特点较多，反之较少。根据分析比较，可以找出不同类群生物的关系和进化发展的顺序。我们也可以用这种方法对植物和动物中的不同类群进行分析比较，认识它们的进化过程。

在研究生物进化的过程中，最直接的证据就是化石。恐龙博物馆的每一件化石背后，都有来自远古的信息，期待着我们去探究、破译。

(1)制作创意进化树:结合博物馆参观获取的知识,搜集生物进化信息。完成生物的进化树贴图或创意进化树制作。

(2)组装恐龙骨骼:恐龙的骨骼是什么样子的?请分组在工作人员的带领下对恐龙骨骼进行组装。

(3)现场评比:评选出组装恐龙骨骼最快、最好,以及推测更科学的小组,并给予奖励。

六 研学成果与效果

(一)创意进化树制作评比

结合博物馆参观获取的知识,搜集生物进化信息。完成生物的进化树贴图或者创意进化树制作,并标出由恐龙进化的生物种类,以及在恐龙博物馆里见到的化石的生物种类。每个小组评选出最佳作品。

(二)展示组装的恐龙局部骨骼

分组展示组装的恐龙局部骨骼,根据恐龙化石骨骼的特征(如体型大小、四肢骨骼特征、牙齿锋利程度和尾部骨骼特征等),推测该恐龙的生活习性和部分骨骼形态所代表的功能。现场评比出组装恐龙骨骼最快、最好和推测更科学的小组,并给予奖励。

(三)分享会——恐龙灭绝的原因

统治地球约1.7亿年的恐龙家族,为什么会在短时间内灭绝呢?人类提出了很多"恐龙灭绝说",如气候变迁说、地磁变化说、陨石撞击说、酸雨说等,至今仍没有实论。下面是有关恐龙灭绝的四种假说。

1.气候变迁说

一些学者认为,恐龙灭绝的真正原因是白垩纪末期的古气候波动异常,地球气温陡然下降,大气含氧量随之降低,恐龙无法适应低温缺氧导致灭亡。也有人认为,恐龙是"冷血"动物,身上没有毛来保暖,无法适应地球温度下降,最终被冻死。

2.地磁变化说

现代生物学证明,某些生物的死亡与磁场有关。由于地球自转,赤道中有磁极获取来自太阳的高能粒子,它将给生命带来不可估量的毁灭性影响。从研究分析化石可知,迄今为止,地球的生物已经历了几次大灭绝,而引起这种生物大灭绝的时间,恰恰与地磁场逆转同步,特别是二叠纪末与白垩纪末的生物大灭绝与地磁场的逆转发生在同一时间。科学家推测,由于恐龙这种生物对地球磁场的变化非常敏感,在地球磁场发生变化的时候可能导致灭绝。

3.陨石撞击说

约6500万年前,一颗直径约10千米的小行星坠落在墨西哥的尤卡坦半岛,随后在印度也发现了同时期的直径达500千米的陨石坑。经过年代鉴定,而这一陨石坑物体撞击地球的时间实际上比恐龙灭绝早30万年,很可能是这次撞击导致了恐龙生存环境的恶化。

4.酸雨说

陨石撞击墨西哥尤卡坦半岛导致环境改变,但无法解释海洋生物的灭绝。科学家通过模拟撞击,获取与陨石坑成分相同的硫酸盐岩,分析发现其释放的气体含大量三氧化硫,证明短时间内有强烈的酸雨降落,致使海洋酸化,浮游生物的外壳被溶解。这一过程持续数年,土壤中的一些有毒元素被溶解,恐龙可能通过水源和食物直接或间接地摄入这些元素,出现急性或慢性中毒,最后灭绝。

请你从上述四种假说中选择你所支持的一种,搜集相关证据支持你的观点,全班组成四支辩论队,展开一次以"恐龙灭绝的原因"为主题的分享会。

七 研学评价与反思

(一)研学评价

表1-4 探秘自贡恐龙博物馆研学评价表

评价项目	评价内容	自我评价			同伴评价		
		优秀	良好	加油	优秀	良好	加油
遵纪守规	按时集合、参观、乘车,遵守研学游相关要求;具有安全意识,能和同学友好相处						

续表

评价项目	评价内容	自我评价			同伴评价		
		优秀	良好	加油	优秀	良好	加油
学习态度	对古生物探秘活动充满兴趣,能主动思考、探寻其中的问题,积极参加各类实践活动						
学习方式	在参加活动之前有合理的计划,能利用各种方法搜集自己所需要的信息,能运用观察法观察和记录恐龙的特征,并通过小组合作完成相关任务						
学习能力 搜集处理信息能力	能综合运用网络、书籍、电视等搜集生物进化的信息,并能对搜集到的信息进行有效整理,能利用多种方式辨别不准确的信息						
学习能力 实践能力	能通过自主观察分析和听讲,解决研修手册问题;成功完成恐龙化石的拼装工作						
学习能力 反思能力	在活动中能虚心听取他人的评价,不断进行自我反省,发现问题及时更正						
学习能力 表达能力	能及时展示活动成果,口头说明详尽生动,态度大方自信,语言有感染力						
学习能力 合作能力	营造和谐的团队氛围,能积极与组内成员进行合作学习、有效交流,具有协作精神						
学习成效	在规定时间内完成任务,活动记录及时、真实、完整						
学习成效	选择的成果展示方式能很好地表现活动的过程和收获						
我的成长							
我的反思							
研学导师的话							

(二)研学反思

此次研学活动中,教师带领学生参观了自贡恐龙博物馆。活动的目的在于让学生能够通过实地观察和体验,直观地了解恐龙这一史前生物,拓宽学生的视野,激发学生的求知欲。通过讲解与自由参观相结合、制作创意进化树、展示组装的恐龙局部骨骼、分享恐龙灭绝的原因等活动,让学生对恐龙有更为深入的了解,并对科学产生更浓厚的兴趣。针对此次活动,我们认为有以下两点需要改进:一是应加强对自由参观环节的管理,以确保每位学生都能得到关注和指导;二是在活动中,应规范活动成果的评价标准,让研学活动更具全面性、客观性和可操作性。

国宝大熊猫雅安碧峰峡基地研学设计

赖 东

成都石室天府中学

一、研学主题

走进大熊猫乐园,领略秀明山水。

二、研学目标

(一)知识目标

(1)了解大熊猫的主要形态特征,认识大熊猫的宝贵之处。

(2)了解大熊猫的生活作息与饮食特点,认识野外大熊猫的生存环境。

(3)了解我国大熊猫繁育保护的现状,以及大熊猫的发现历程。

(二)品德目标

(1)热爱祖国大好河山,树立生态文明价值观,保护、珍惜自然环境。

(2)通过研学培养学生团结友爱、遵守秩序、帮助同伴、礼让他人的良好作风。

(三)能力目标

(1)锻炼动手能力,在指导下学会制作合格的手工作品。

(2)锻炼观察总结能力,学会用细致缜密的思维思考问题。

(3)加强团队组织能力,学会小组分工与协作。

三 适用学段

七至八年级。

四 研学活动前期准备

(一)课程背景

"一片天真憨态奇,腹中藏竹不藏机"用来形容大熊猫再贴切不过了,在地球生存了800多万年之久的它,被誉为动物界的"活化石"。丰腴富态、头圆尾短、憨态可掬的大熊猫是世界上最受欢迎的动物之一,同时也是中国的"外交使者"。碧峰峡是大自然的馈赠,既是人间仙境,也是大熊猫生活的乐园与净土,在这里生活着许多"明星"大熊猫。让我们启程去感受大自然的神奇,领悟人与自然的相处之道。

(二)学科融合

本课程以实践活动为课程载体,以学科内容为课程导向。旨在引导学生发现问题,并灵活运用各学科所学相关知识解决实践过程中的问题。

针对涉及国宝大熊猫、文化艺术、人文风情等方面的内容,聚焦生物、语文、美术、地理学科中的相关知识点,让学生在探究过程中真正实现学科融合,提高对知识的理解能力,做到将学科知识融会贯通、活学活用。

(三)课程主题

针对学生的知识结构与学习能力,设计以下课程主题。

(1)大熊猫行为习性与环境关系。

通过观察基地内大熊猫的外貌特征及行为习惯,探究大熊猫生活习性与地理环境、气候、植被等之间的内在联系。

(2)探究"国宝"熊猫的历史渊源。

从史书记载、文物资料等方面回溯大熊猫的发现历史,了解我国境内几种不同类型的大熊猫,分析其外貌形态等方面差异。

(3)大熊猫繁育保护工作研究。

了解大熊猫独特的遗传和繁育特点,了解四川对于大熊猫的繁育保护工作是如何开展的,理解大熊猫为何被称为"国宝"。

(4)解析全球的熊猫流行风潮。

探究大熊猫被世界各国人民广泛喜爱的原因,了解大熊猫形象的应用及我国的"熊猫外交",从多个角度深入解析大熊猫在全球流行的原因。

(四)课程安排

课程开展遵循项目式学习理念和研究性学习的特点,将"研"与"学"有机整合。课程安排分为以下五部分。

(1)专家科普讲座:邀请专家进校进行熊猫专题讲座,为课题研究提供专业内容支撑。

(2)通识培训课:对目的地的知识进行铺垫与导入,了解目的地概况及必要知识背景。

(3)小组搭建课:划分实践小组,选择小组课题,讨论研究方向与方法。

(4)外出实践课:实地考察,根据课题方向进行小组研究。

(5)总结分享课:各课题小组分享研学成果,并进行汇报评选。

(五)地点介绍

中国大熊猫保护研究中心雅安碧峰峡基地集科研、繁育、旅游功能为一体,分为白熊坪、幼儿园和海归大熊猫乐园三个展示参观区。这里是中国大熊猫的国家公园,也是"明星"大熊猫的故乡。

(六)课程教学工具

研学过程中可能需要使用彩铅、望远镜、放大镜、量尺、签字笔、剪刀、工具刀、镊子等工具,需由学生自备。

(七)需要教师协助的内容

(1)班主任需对综合实践课程的重要性进行强调,让学生了解研学综合实践的特殊性。

(2)各班班主任根据班级情况,进行课题小组的确定,并纳入班级考核的标准中。(课程中前期的通识性培训与课题小组搭建指导均由研学导师负责)

(3)社会实践活动结束后,完成社会实践活动评分与总结。

(八)执行流程

表1-5 研学活动流程表

活动时间	活动内容
7:30—10:00	前往碧峰峡途中,研学导师与各班学生进行互动与交流,介绍当日活动主题及相关知识
10:00—10:30	到达碧峰峡景区,带领学生再次集合,并将所有学生分组
10:30—12:00	根据自主选择的研修课题,由研学导师带领,进行分小组研学
12:00—13:30	在熊猫基地食堂用午餐
13:30—16:00	由研学导师带领进行各小组课题研究
16:00—18:30	返程

五 研学活动课程实施

课题任务一:大熊猫行为习性与环境关系。

课题简介:旨在让学生通过观察基地内大熊猫的外貌特征及行为习惯,探究大熊猫生活习性与地理环境、气候、植被等之间的内在联系。

表1-6 大熊猫行为习性与环境关系课题实施表

活动时间	活动内容
10:30—12:00	参观基地,近距离观察大熊猫的生活习性及特点,了解熊猫的食物
12:00—13:30	午餐休息
13:30—14:30	依据上午的研究内容进行课题笔记的相关记录,小组讨论研究以自然笔记的形式形成初步探究结论
14:30—15:30	沙盘复原制作,依据自然笔记记录内容,小组合作搭建熊猫基地乐园,为熊猫搭建创意游乐沙盘
15:30—16:00	活动总结与分享,各小组汇报介绍自己的设计理念。结束后登车返程

课题任务二:探究"国宝"熊猫历史源渊源。

课题简介:从史书记载、文物资料等方面回溯大熊猫的发现历史,现场与专家老师进行互动,了解我国境内的几种不同类型的大熊猫,分析其外貌形态等方面差异。

表1-7　探究"国宝"大熊猫历史渊源课题实施表

活动时间	活动内容
10:30—12:00	邀请专家进行大熊猫知识专题讲座,加深学生对大熊猫的认识了解。从大熊猫的起源等方面为学生进行介绍,现场与专家进行相关问题的沟通交流
12:00—13:30	午餐休息
13:30—14:30	参观基地,近距离观察大熊猫,对比分析不同种类的大熊猫之间的差异化
14:30—15:30	结合讲座、实地勘查等内容绘制专属大熊猫的动物笔记,并为其丰富不同进化过程中的熊猫模样
15:30—16:00	活动总结与分享,各小组汇报阐述自己组的课题内容介绍。结束后登车返程

课题任务三:大熊猫繁育保护工作研究。

课题简介:了解大熊猫独特的遗传和繁育特点,了解四川对于大熊猫的繁育保护工作是如何开展的,了解饲养员的一天并制作大熊猫窝窝头,理解大熊猫为何被称为国宝。

表1-8　大熊猫繁育保护工作研究课题实施表

活动时间	活动内容
10:30—12:00	参观基地,近距离观察大熊猫的生活习性及特点,了解饲养员一天的工作,了解大熊猫保护工作如何开展
12:00—13:30	午餐休息
13:30—14:30	跟随专业教师制作大熊猫窝窝头,体验饲养员工作的一部分
14:30—15:30	依据体验实践进行研究性笔记的记录,在老师的带领下对所选课题进行小组讨论与记录,并撰写一篇大熊猫饲养报告
15:30—16:00	活动总结与分享,各小组汇报阐述自己组的课题内容介绍。结束后登车返程

课题任务四:解析大熊猫全球流行风潮。

课题简介:探究大熊猫被世界各国人民广泛喜爱的原因,了解大熊猫形象的应用及我国的"熊猫外交",从多个角度深入解析大熊猫在全球流行的原因。

表1-9 解析大熊猫全球流行风潮课题实施表

活动时间	活动内容
10:30—12:00	邀请专家进行大熊猫知识专题讲座,加深对国宝大熊猫的认识了解。探究大熊猫被世界各国人民喜爱的原因
12:00—13:30	午餐休息
13:30—14:30	参观基地,近距离观察大熊猫的生活习性及特点
14:30—15:30	依据体验实践进行研究性笔记的记录,在老师的带领下对所选课题进行小组讨论与记录,并撰写大熊猫走向海外发布会的宣传词,进行模拟发布会演讲
15:30—16:00	活动总结与分享,各小组介绍自己组的设计理念。结束后登车返程

六 研学成果与效果

大熊猫研学课程具有良好的教育效果,能够让学生在实践中去感受并理解知识,通过亲身体验来掌握与课程相关的知识和技能。同时,在研学课程中,学生可以充分发挥自己的想象力和创造力,培养探究问题和解决问题的能力,从而提高学习自主性和积极性。

本次活动不仅带领学生探索了大熊猫的奥秘,加深了学生对大熊猫的认识与喜爱,还让学生更加明白今后应如何更好地爱护、保护它们。同时,教师在活动中教授了学生科研考察的技能和方法,锻炼了学生的意志品质,培养了学生的合作探究能力。

七 研学评价与反思

本次研学旨在通过综合性实践活动,有效地促进了学生综合能力的发展。在研学中,课堂生态发生变化,从学科素养走向核心素养,从正面教学走向体验学习,让学习充满生机与活力。本着"五育并举,五力共育"的理念,教师不断提升学生的综合实践能力,同时也促进教师形成"以德为先,知行合一"的教育理念。

巴中光雾山
研学设计

★

陈小平

四川省雅安中学

一 研学主题

赏光雾美景,感古道历史,寻"植物活化石"。

二 研学目标

通过对光雾山古道文化、蜀汉文化、红色文化的研学,引导学生走出校园,促进书本知识和生活经验的深度融合;帮助学生拓宽视野、丰富知识、了解社会、亲近自然;激发学生对中国共产党、对国家、对人民的热爱之情;增强学生热爱家乡的情感和立志振兴四川、建设家乡的责任感。

三 适用学段

七至八年级。

四 研学活动前期准备

(1)安全准备:全体初中地理组教师和班级家委会成员参与,制订安全预案,保证学生安全。

(2)学情分析与分组:七至八年级的学生,对课堂知识整体掌握较好,但大部分学生并没有真正外出研学的经验,缺乏实践能力。因此分组时尽量让组内性格外向和内向的同学搭配,有实践经历的学生与无实践经历的学生搭配,将全班同学分组(6人为1组)。

(3)知识准备:学生以小组为单位提前查阅资料,了解光雾山的古道文化、红色文化及"植物活化石"水青冈。提前设计研学线路,在同学们充分交流讨论后形成最终的研学方案。

五 研学活动课程实施

(一)考察实施安排

第1天:学生统一乘车前往光雾山住宿点。

第2天:7:30早餐;8:00集中上车出发,前往桃园景区——梦境光雾山,入住光雾山镇;19:00—19:30小组讨论考察成果;19:30集中进行小组考察汇报,学生汇报考察成果。

第3天:8:00集中上车出发,深度游玩米仓山大坝景区,参观巴山游击队纪念馆,感受米仓古道文化和红色革命文化;19:00—19:30小组讨论考察成果;19:30集中进行小组考察汇报,学生汇报为期两天的考察成果。

第4天:学生集中乘车返校。

(二)具体实施

考察点1:光雾山桃园景区。

任务一:咨询当地人,了解光雾山的名称由来。

任务二:利用植物识别软件寻找"植物活化石"水青冈,认识水青冈的生物特征。

考察点2:巴山游击队纪念馆。

任务一:参观纪念馆后,简单说说巴山游击队的故事。

任务二:参观完后,发表感想。

考察点3:米仓山大坝景区。

任务一:咨询当地人,了解米仓古道的名称由来。

任务二:利用手机或平板查阅资料,说说米仓山的地理意义。

任务三:多途径了解历史上米仓古道在军事和贸易上的重要性。

任务四：小组合作探究。米仓古道修建在悬崖峭壁上，在科技不发达的时代，人们如何能修建这么高难度的古道，从中感受古人的智慧。

总结任务：光雾山研学后，写一首赞美光雾山的诗。

六 研学成果与效果

(一)研学成果

(1)研学考察PPT，每个小组1份。汇报考察结果包括拍摄照片、视频。
(2)纸质研学报告，每位同学1份。
(3)光雾山诗歌集。

(二)研学效果

(1)通过欣赏光雾山的自然景观，提升学生的审美能力，增强学生对家乡大好河山的热爱与自豪之情。

(2)通过参观巴山游击队纪念馆，学生们感受到革命的艰辛，接受红色文化洗礼，学习革命先辈英勇顽强的斗争精神，立志报效祖国。

(3)通过亲自走访米仓古道，学习"萧何月下追韩信"的历史典故，产生对古人智慧的赞叹之情。

七 研学评价与反思

本研学设计兼顾历史、地理与生物学科知识，体现了学科的融合性和综合性。问题设置既符合初中生心理发展特点，又有一定的趣味性和探索性，能够激发学生的研学兴趣。但是，本次研学设计的主题思路还可以进行打磨，问题设置还可以更具有层次性，还可以增加研学线路的具体标注，力求研学设计呈现的思路更加清晰。

米易县颛顼龙洞
研学设计

舒 艳　温俊芳　王顺莉　陶 娅　张 畅　聂馨谊　李方兰　李应林　李代娟

米易县第一初级中学校　攀枝花市教育科学研究所　攀枝花市实验学校

攀枝花市外国语学校　攀枝花市十九中小学校

一 研学主题

探秘颛顼龙洞,体验人地和谐。

二 研学目标

(一)知识与技能目标

(1)学生通过实际操作,利用手表和星星在野外辨别方向,并验证这两种方法的可行性。

(2)通过地理实验,理解时差与地球自转的关系;掌握利用物体影子的长短确定正午时刻的方法;理解气温垂直递减的规律,并在实际生活中运用。

(3)通过实地考察,认识颛顼龙洞地区的自然地理环境;了解喀斯特地貌景观的形成过程;了解喀斯特地貌对农业生产的不利影响;了解颛顼龙洞旅游资源的开发与保护,并提出建议。

(二)核心素养目标

(1)通过地理户外实践,创设多样化的学习情境,培养学生关心并乐于探究现实生活中地理问题的意识,激发学生热爱祖国和家乡的情感,提升学生的地理实践能力。

(2)激发学生探索地理问题的兴趣,提高学生解决地理问题的能力,培养学生克服困难的意志品质,增强学生的野外生存能力。

三 适用学段

七至八年级。

四 研学活动前期准备

(1)学具准备:衣服、矿泉水、运动鞋、纸质手表模型、温度计、细木棍(就地取材)。

(2)知识技能:

①知识储备:通常情况下,海拔每升高100米,气温约下降0.6℃。

②器具准备:温度计、手持GPS(或手机下载GPS软件)。

③基础数据:以米易县第一初级中学校(以下简称"米易一中")为例,学校海拔为1080米。

④数据采集:20____年____月____日____时____分,所在地的海拔为____米。实测所在地此时气温为____℃。

⑤计算:已知学校海拔、气温和当地海拔三个条件下,利用气温垂直变化的规律计算得出当地气温约为____℃,并写出计算过程。

⑥验证:实测所在地此时气温为____℃。实测气温比理论计算气温____(高/低)____℃,实测气温和理论气温差异____(较大/较小)。如果较大,导致差异大的原因是什么。

(3)研学方法:小组合作探究、直观演示、地理实验、地理观测和考察。

(4)研学路线:从米易一中出发,乘车直达颛顼龙洞,路程约为25千米。

(5)研学时长:半天。

五 研学活动课程实施

需要在颛顼龙洞景区完成的研学内容如下。

(一)气温的垂直分布规律

研学地点:米易一中校园、颛顼龙洞出口广场。

教师活动:古诗云,"人间四月芳菲尽,山寺桃花始盛开",带领学生回忆气温垂直递减的规律。

根据气温垂直递减的规律,计算颛顼龙洞的海拔。(教师举例计算,提供米易一中的实时气温)

学生活动:出发前准备白纸(笔记本)和笔。测量、记录颛顼龙洞的气温。计算米易一中校园和颛顼龙洞的温差,计算颛顼龙洞的海拔。

设计意图:培养学生的地理观测能力和地理计算能力,在真实情境中理解气温垂直递减的规律。

(二)在野外利用手表辨别方向

教师活动:在险峻的深山里,在茫茫的沙漠里,如果迷路,如何确定方向?讲解、演示在野外利用手表辨别方向的方法:时针指向太阳,时针与12点的夹角平分线指向南方。分发纸质手表模型。学生操作时,教师巡回辅导。

学生活动:学生分组讨论。选其中一个或几个组向大家介绍本组的解决方法。(学生可能回答:利用地图、利用北斗导航系统、利用北极星、利用太阳、利用树木、利用积雪、利用房屋朝向、利用磁化的缝衣针……)分小组利用手表模型实践操作用手表辨别方向的方法。

设计意图:对真实世界中的地理事物和现象进行定位,掌握地理工具的使用方法,理解时差与地球自转的关系,掌握利用物体影子的长短确定正午时刻的方法。

(三)颛顼龙洞喀斯特地貌景观及其形成过程

教师活动:协助导游。

学生活动:实地观察、观测。

设计意图:感受喀斯特地貌景观之美。创设"在做中学"的情境,培养学生形成主动学习的良好习惯,增进学生的科学探究意识与科学精神。

(四)颛顼龙洞地区的自然地理特点

教师活动:出发前布置观察任务。

学生活动:观察沿线的地形、气候、水文、土壤、植被等自然地理特征。

📖 活动意图:学生通过观察、比较、分析等方法,认识地理事物和现象的自然特征及其时空变化特点,初步形成从地理综合的视角看待和分析问题的意识与能力。

(五)喀斯特地貌对农业生产的影响

教师活动:出发前布置观察任务。

学生活动:观察沿线的农业生产情况。

📖 活动意图:初步树立因地制宜的思想,培养学生形成人与自然和谐共生的观念。

(六)颛顼龙洞旅游资源的开发与保护

教师活动:出发前布置观察任务。

学生活动:实地观察、记录。为颛顼龙洞旅游资源的开发与保护提出自己的设想或建议。

📖 活动意图:学生运用所学知识,尝试解决实际的地理问题;鼓励学生了解家乡的发展规划,关注家乡的未来发展,树立热爱家乡、建设家乡的志向;培养学生形成绿色发展的理念。

(七)小组成果展示与评价

教师活动:组织。

学生活动:展示、解说。

📖 活动意图:总结、评价此次活动。

表1-10 2022—2023学年度研学活动地理评价标准

评价内容	评价标准	分值	自我评价	小组评价	教师评价	最终得分
获取地理信息的能力	能够自主、积极地收集、获取地理信息	20				总分=自我评价×40%+小组评价×30%+教师评价×30%
合作意识与能力	在团队中能够积极主动与他人交流、合作	20				
提出和解决地理问题的能力	善于运用同伴互助和向他人请教等多种方式提出地理问题、解决地理问题，具有求真和质疑精神	20				
地理工具的操作	能够学会运用地理工具(手表定方向)	20				
成果展示	能够完整展示整个研学活动的过程和收获,内容丰富,质量优美	20				
总分		100				

(八)填写研学过程

研学活动中的地理实践活动

垂直气温差的计算与验证

活动时间：_____年_____月_____日

活动地点：米易县颛顼龙洞

小组成员所在班级：_____级_____班

小组成员签名：_____

活动过程：_____

六 研学成果与效果

此次研学中,学生了解中华民族优秀的文化传统,掌握了溶洞的基本知识,激发了学生热爱家乡、建设家乡的情感。通过实践,学生能够自主、积极地收集、获取地理信息,在团队中能够主动与他人交流、合作,善于运用同伴互助和向他人请教等多种方式提出地理问题、解决地理问题,具有求真和质疑的科学精神。

七 研学评价与反思

本次研学旅行在知识、能力与情感层面成效显著。同学们通过实地观察洞穴与钟乳石,深入理解喀斯特地貌成因,将理论与实践结合;掌握利用手表与星体辨认方向的技能,并验证其可行性,提升生活实践能力;通过导游讲解,加深对家乡的了解,增强文化认同与热爱。

在意志品质与科学素养方面,同学们通过实验自主收集地理信息,在团队中积极协作,提升解决实际问题的能力,同时培养了严谨的科学态度与求真精神。

改进之处在于可增加探究性学习环节,鼓励学生提出开放性问题,激发独立思考;设计更具挑战性的团队任务,促进深度协作;完善研学后的总结与反思机制,帮助学生更好地内化与迁移知识。

武都引水工程研学设计

周德伟　刘　敏
绵阳南山中学实验学校　绵阳市开元中学

一　研学主题

水利助农,润泽绵州。

二　研学目标

　　研学活动的主要目标是把书本的理论知识与生活实际相联系,让学生走出教室、走进自然、走入社会,在生活中学习,在实践中求知。通过本次研学活动,让学生对地理探究活动充满兴趣与激情,从而引导他们用地理眼光认识和欣赏地理环境,有利于学生自信心的树立,责任感和团结协作精神的培养。通过对涪江流域地理背景的调查,了解武都引水工程(以下简称武引工程)的主要功能。同时,通过对建坝前后流域环境的对比,了解工程建设本身存在的利弊。因为文化自信是树立民族自豪感的基础,利用研学活动让学生了解我国从古代到现代的治水过程,感受我国劳动人民的伟大智慧,可以培养学生的文化自信,建立民族自豪感。同时,也让学生认识到在改变生存环境时要因地制宜、因势利导,要尊重自然规律,实现人与自然的协调发展,有利于学生地理核心素养的提升。

三 适用学段

七至八年级。

四 研学活动前期准备

为广泛动员参与,从学校、教师、学生、家委会和社会机构五个方面做好研学活动前期准备工作。

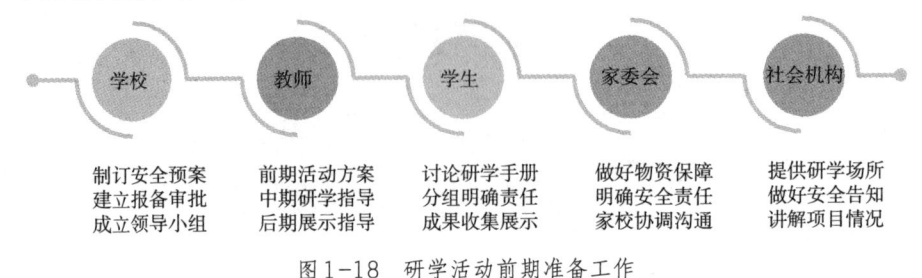

学校	教师	学生	家委会	社会机构
制订安全预案 建立报备审批 成立领导小组	前期活动方案 中期研学指导 后期展示指导	讨论研学手册 分组明确责任 成果收集展示	做好物资保障 明确安全责任 家校协调沟通	提供研学场所 做好安全告知 讲解项目情况

图 1-18 研学活动前期准备工作

(一)教师准备

教师实地走访,设计研学线路,确定具有代表意义的研学讲解点,并收集相关资料。制订《安全告知家长书》《学生安全责任承诺书》《野外安全预案》和《研学手册》等资料。同时,为帮助学生了解水利工程知识,设计《世界水利工程鼻祖——都江堰》《"国之重器"——三峡水利工程》等课程,帮助学生提前建立水利工程知识的理论基础。

(二)学生准备

学生认真学习《研学手册》中的活动要求,收集涪江的气候、地形和武引工程相关资料,建立理论基础,寻找自己的探究兴趣点,做好研学分工准备。

(三)家委会准备

家委会负责家校之间的协调沟通;联系武引工程指挥部和户外拓展公司;为参与人员购买人身意外险;并对交通、就餐等环节进行准备;做好后勤保障工作。

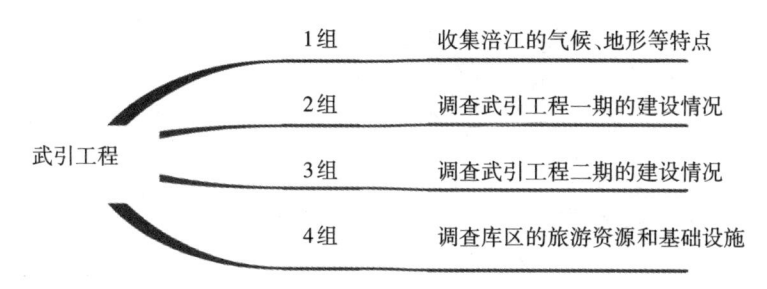

```
武引工程 ┬─ 1组 ── 收集涪江的气候、地形等特点
         ├─ 2组 ── 调查武引工程一期的建设情况
         ├─ 3组 ── 调查武引工程二期的建设情况
         └─ 4组 ── 调查库区的旅游资源和基础设施
```

图 1-19　学生研学分工图

五　研学活动课程实施

本次研学活动采用了"三阶段法",即前期的项目准备、中期的活动开展和后期的成果展示。

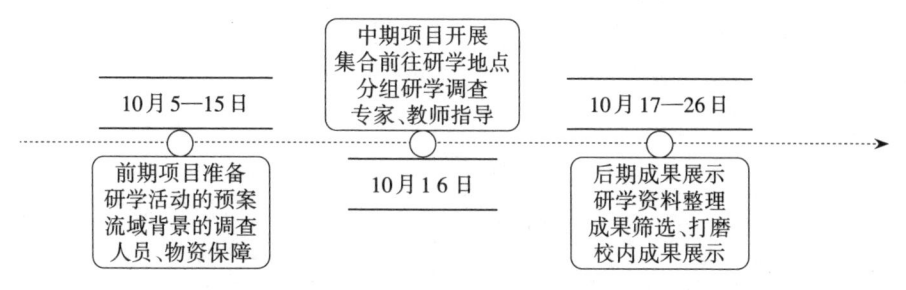

```
      10月5—15日              中期项目开展              10月17—26日
                            集合前往研学地点
                            分组研学调查
                            专家、教师指导

     前期项目准备               10月16日              后期成果展示
     研学活动的预案                                   研学资料整理
     流域背景的调查                                   成果筛选、打磨
     人员、物资保障                                   校内成果展示
```

图 1-20　研学活动"三阶段法"

参与人员包括学生36人、带队教师2人、户外拓展教练1人、向导1人、家长后勤员2人,具体流程如图1-20所示。

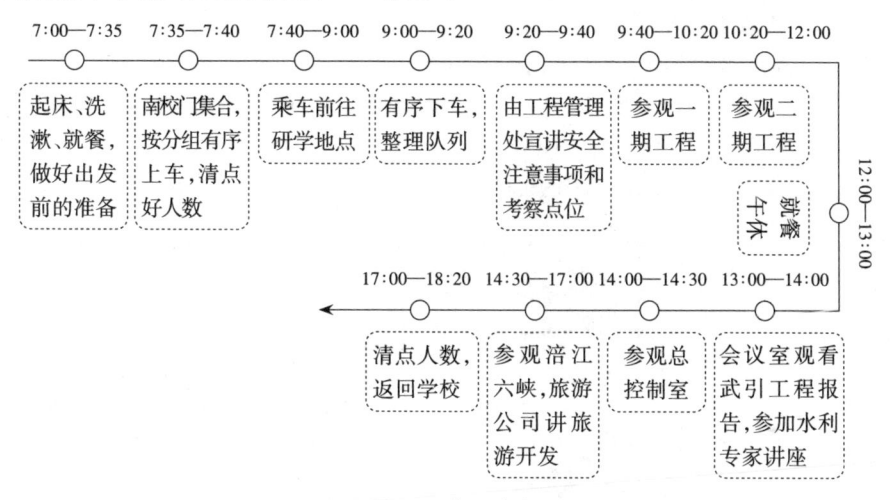

```
7:00—7:35  7:35—7:40  7:40—9:00  9:00—9:20  9:20—9:40  9:40—10:20  10:20—12:00
起床、洗     南校门集合,  乘车前往    有序下车,   由工程管理    参观一      参观二
漱、就餐,    按分组有序   研学地点    整理队列    处宣讲安全   期工程      期工程
做好出发    上车,清点                          注意事项和
前的准备    好人数                             考察点位
                                                                    12:00—13:00
                                                                    就餐
                                                                    午休

17:00—18:20  14:30—17:00  14:00—14:30  13:00—14:00
清点人数,     参观涪江     参观总       会议室观看
返回学校     六峡、旅游    控制室       武引工程报
             公司讲旅                  告,参加水利
             游开发                    专家讲座
```

图 1-21　研学活动流程图

表1-11 研学活动课程实施表

活动主题	研学任务	设计意图
背景调查	1.听取第1小组关于武引工程修建背景的介绍。 (1)观察并描绘武引工程所在地的地形特点。 (2)记录涪江流域2000年之前的旱涝情况。 (3)记录工程所在地气候特征。 (4)思考为何要修建武引工程？ 2.工作人员介绍武引工程修建的历史。	帮助学生明白水利工程建设的重要性。体会党和国家几代领导人所作的不懈努力，为人民谋福祉。
一期工程	1.听取工作人员对一期工程的介绍。 (1)观察并描绘一期工程的建筑特点。 (2)记录一期工程建设的主要目的。 (3)与都江堰的无坝引水做比较，有何异同？ 2.观察并记录闸机室的工作原理，思考一期工程是如何引水的。	通过对一期工程的观察和介绍，了解其引水的工作原理。了解下游连接段的主要作用，引导学生树立协调发展观。
二期工程	1.听取工作人员对二期工程的介绍。 (1)观察并描绘二期工程的建筑特点。 (2)比较一期和二期工程的差异，思考为何要修建二期？ (3)整理二期工程的主要功能。 2.观察并记录二期工程的工作原理。	

续表

活动主题	研学任务	设计意图
二期工程	(1)比较重力坝、土石坝、拱坝、支墩坝、橡胶坝之间的差异。 (2)思考武引工程二期选用重力坝的主要原因。 (3)记录并思考二期工程在修建过程中有哪些地质困难。 (4)绘制并思考水轮机的发电原理。 (5)思考二期工程是如何清理库区淤泥的。	通过二期工程的观察和介绍,让学生明白工程建设的难度,了解水利工程的综合效益,树立正确的价值观。
综合开发	1.观察"高峡出平湖"的景观。 2.观察"小三峡"——涪江六峡的景观。 3.第4小组汇报收集的景区其他旅游资源信息。 4.思考如果武引库区要发展旅游业,应该完善哪些方面的工作。	让学生观察库区景观,树立审美观。通过探究旅游业的开发模式,思考进一步提高水利工程综合效益的方法。

六 研学评价与反思

(一)效果评价

本次研学活动的设计注重提高学生在现象观察、问题探索与分析、团队协作、综合实践等方面的能力。同时,问题驱动探究是本次研学活动一大设计亮点。通过问题导学,可以激发学生的求知欲和探索欲,在解决问题的过程中,帮助学生自主思考,主动学习和了解知识。但需注意问题的设计必须由老师进行引导。教师提前对各考察点进行实地考察,提出了核心驱动问题,以此为基,引导学生积极提问(次级驱动问题),并通过调查、讨论去探寻答案,此过程至关重要。研学评价满分100分,其中教师评价占50%,学生自评占20%,学生互评占30%(如表1-12所示)。

表1-12 研学活动评价表

评价指标	水平等级	具体表现	赋分
收集信息能力	水平1	能收集到武引工程项目简介	0~2
	水平2	能收集到武引工程建设和作用信息	3~5
	水平3	能收集到武引工程完整信息,并简单筛选	6~7

续表

评价指标	水平等级	具体表现	赋分
	水平4	能收集到涪江上游自然环境和武引工程信息,并进行关联	8~10
小组协作能力	水平1	能部分完成小组安排任务	0~2
	水平2	能完整完成小组安排任务	3~5
	水平3	能完成本小组任务,对任务内容进行拓展	6~7
	水平4	能完成本小组任务,同时帮助其他小组	8~10
地理实践能力	水平1	知道一些野外考察知识和工具	0~2
	水平2	熟练应用一些野外考察知识和工具	3~5
	水平3	利用野外考察知识和工具,获取所需地理信息	6~7
	水平4	利用野外考察知识和工具,获取并加工有效的地理信息	8~10
探究运用能力	水平1	能联系教材知识	0~2
	水平2	能联系教材知识,并对其简单分析	3~5
	水平3	能联系教材知识,分析后提出自己的问题	6~7
	水平4	能联系教材知识,提出自己的问题后会想办法解决这些问题	8~10
组织表达能力	水平1	会陈述研学活动主要内容	0~2
	水平2	熟练陈述研学活动主要内容,并作口头表达	3~5
	水平3	熟练表达研学内容,并组织问题思考	6~7
	水平4	熟练表达研学内容,并提出可行性建议	8~10

(二)研学反思

通过本次研学活动,教师发现基于项目化学习的地理实践活动既可以培养学生合作、探究的学习能力,也可以锻炼他们的意志品质。这种寓教于乐的活动,是广大师生喜闻乐见的学习方式。但活动中也暴露出一些问题,如安全问题。对学生引导的干预程度和教师自身储备知识的情况等,都影响着活动效果。

主题二

人文之美

四川这片钟灵毓秀的土地,孕育了丰富多彩的人文景观:三星堆的"一醒惊天下",揭开了古蜀文明的面纱;都江堰的水旱从人,滋养了成都平原这片沃土;刘备、诸葛亮的传奇故事,诠释了蜀汉英雄的责任担当;乐山大佛的巍峨庄严,彰显了古代工匠的智慧与技艺;文学巨匠的不朽篇章,更增添了巴蜀文化的厚重底蕴……让我们一起走进四川,领略古蜀文明的神秘韵味,品味成都平原的繁荣与富庶,感受蜀汉英雄的传奇故事……

《"一醒惊天下"——探秘三星堆》教学设计

邱 骏　李春兰

德阳市青云山路小学校

一　教材与学情分析

本课是《可爱的四川》(四至六年级)主题二"人文之美"第四课的内容,主要由三大板块组成:第一板块主要介绍了三星堆得名的缘由,20世纪20年代至今三星堆的发现和发掘过程,三星堆的古城结构与先民的房屋结构等;第二板块重点介绍了青铜纵目面具、青铜大立人、青铜神树等文物的特点及象征意义;第三板块主要围绕三星堆遗址至今仍存在的许多未解之谜展开。

四至六年级的学生已经具备了一定的相关知识,且正处于对未知世界充满好奇、渴望探索的年龄段。三星堆的神秘将使学生产生浓厚的兴趣。然而,由于多数学生都没有去三星堆博物馆进行实地参观和考察,对于理解有着深厚文化历史底蕴的三星堆青铜器物存在一定的难度,这也是教学上的一个难点。

二　学习目标与核心素养

(一)学习目标

(1)了解三星堆遗址的发现过程,感受三星堆的发现所具有的重大意义。

(2)学生通过实地参观、查阅资料等方式,了解三星堆青铜器物数量多、造型奇、种类多等特点,感受古蜀文化的深厚内涵。

(3)学生主动探索三星堆的未解之谜,认识中华文明源流的重要意义。

(4)学生利用信息技术查阅有关三星堆的资料,并以备忘录的形式记录下来,培养自主探究的精神。

(二)核心素养

(1)综合思维:利用信息技术查阅资料,设计备忘录,深入了解三星堆文化。增强文化自信,热爱、继承和弘扬中华优秀传统文化,具有开阔的文化视野和一定的文化底蕴。

(2)审美情趣:通过欣赏和描述三星堆青铜器图片,获得丰富的审美体验,培养学生感受美、发现美和运用语言文字表现美的能力。

三 重难点与设计思路

本课的重点在于带领学生走进古蜀国,感受古蜀人民的生活,体悟其中的文化内涵。

难点在于揭开三星堆的未解之谜,深入理解中华文明源流的意义。

通过观看视频激发学生的学习兴趣,充分利用教材,遵循教材的编排逻辑,借助课件等多媒体手段将抽象的文字转化为生动的图片,从而让学生能更好地了解三星堆。

四 教学方法与用具

(1)教学方法:讲授法、体验法。

(2)教学用具:网络资源、多媒体课件。

五 教学过程

(一)第一课时

1.导入新课

教师活动:播放有关三星堆出土的视频。

教师过渡:"沉睡数千年,一醒惊天下。"神秘的三星堆究竟有哪些独特之处? 又有哪些未解之谜? 让我们一起走进三星堆、探秘三星堆。

💡 设计意图:通过视频激发学生的学习兴趣,从而引出与本课题相关的话题,在启发学生的同时也为后续教学做铺垫。

2.神秘的古蜀王国——三星堆的发现

教师活动:

(1)了解三星堆遗址。

①介绍三星堆的地理位置。

②引入三星堆名字的由来。

③20世纪20年代从三星堆发掘出不同寻常的玉器,它带来了怎样的秘密。

播放视频:有关发现三星堆的视频。

💡 设计意图:老师讲解和播放视频,帮助学生了解三星堆遗址的历史、名字的由来及其发现过程。

(2)人类探索三星堆的时间轴。

1929年,三星堆遗址首次被发现,起因是当地农民燕道诚在淘沟时偶然发现了一坑玉石器。

1980至1981年,考古工作人员清理出成片的新石器时代的房址遗迹,并出土了上万件标本。"三星堆文化"由此而得名。

1982年和1984年,考古工作者在三星堆地点西南和西泉坎分别进行了两次发掘,发现三星堆遗址最晚期的遗存。

1986年7月,三星堆祭祀坑相继出土,大量器形独特、精美的文物引起了海内外学术界对中国西南古蜀文化的广泛关注。

1988年,国务院单独就三星堆遗址组织评审,并在当年公布其为全国重点文物保护单位。

1989至1995年,三星堆工作站先后六次对"土埂"进行试掘,确认其为人工修筑的城墙,并划定了面积达3.6平方公里的三星堆古城范围。

1992年,三星堆博物馆奠基。

1997年,三星堆博物馆正式开放,其基本陈列于当年荣获"全国博物馆十大精品展"的称号。

2002年,三星堆出土的文物青铜树和玉边璋被纳入国家文物局印发的《首批禁止出国(境)展览文物目录》。

2012至2015年,三星堆考古发现青关山大型房屋基址以及多段城墙等重要文化遗存,三星堆古城墙合围。

📖 设计意图:通过学习人类探索三星堆的时间轴环节,帮助学生准确、清晰地把握三星堆的发现过程。

(3)三星堆古城区域划分。课件展示:三星堆古城遗址平面图。

📖 设计意图:通过呈现三星堆古城区的区域划分及三星堆古城遗址平面图,帮助学生形象、直观地感受三星堆的宫殿区、居住区、祭祀区以及城外的墓葬区的分布情况。

3."一醒惊天下"——神奇的青铜器物

教师活动:

(1)三星堆出土的哪些青铜器最为独特？三星堆出土了大量的文物,其中以青铜器最为精美。青铜纵目面具、青铜大立人、青铜神树最为独特。

(2)了解青铜纵目面具。青铜纵目面具通宽138厘米,高66厘米。其眼睛呈柱状向外凸出,口角深长上扬,露出神秘的微笑,一双雕有纹饰的耳朵向两侧充分展开,造型雄奇。这是目前考古发现的形体最大的青铜面具。

课件展示:青铜纵目面具图片。

(3)人们对青铜面具的多种想象。

教师过渡:参照课本中提到的人们对青铜面具的四种猜想,请思考并分享你同意哪种说法。

学生活动:赞同第三种。因为据考古工作者研究,它是古蜀国先民对于眼睛的崇拜。因为四川盆地经常有雾,人们的视线容易被遮蔽。为了追求清晰的视野,古蜀人产生了对眼睛的崇拜。此外,在出土的青铜面具中,要数青铜纵目面具最有特色,他的造型为人面、蛇身、直目,体现了古蜀人对祖先的崇拜。

(4)介绍青铜大立人雕像。

教师过渡:青铜大立人的手势有什么特殊的意义？他拿的是什么东西？

学生活动:手势象征权势。拿的可能是象牙、玉琮等。

(5)介绍青铜神树。

教师过渡:你觉得神树、鸟、龙的形象分别有什么寓意?

学生活动:神树是智慧与精神的象征;鸟象征着太阳的神鸟;龙象征权势。

💡 设计意图:通过学习本课,让学生了解三星堆遗址及神奇的青铜器物。

(二)第二课时

1.未解之谜——三星堆留下的悬念

教师活动:

(1)三星堆不仅出土了大量的青铜器,还出土了什么?

(2)三星堆出土的文物上刻画了一些符号,但至今仍未发现文字,还有很多很难破解的奥秘。

课件展示:黄金权杖及其饰纹图片。

教师过渡:想一想,黄金权杖上的符号有什么含义。

(3)现有对三星堆遗址的考古挖掘,只占据了三星堆遗址总面积的千分之二,这让我们对三星堆的探秘充满了更多的期待和想象。

(4)被誉为"世界第九大奇迹"的三星堆,它神秘在何处。

课件出示:

①神秘的北纬30°。

②与《山海经》的联系。

③黄金权杖的解读。

④三星堆留给我们的思考。

💡 设计意图:通过提出问题,让学生对三星堆遗址充满好奇,使学生更愿意去了解三星堆的神奇文物。

2.三星堆备忘录

教师活动:

(1)课件展示备忘录的特点。

(2)三星堆备忘录:

①以文章《昆虫备忘录》的形式为参照,制作三星堆备忘录。

②借助网络完成三星堆备忘录。(提供网络检索方法、搜索网址、公众号等)

(3)学生完成三星堆备忘录。

(4)展示评价。

💡 设计意图：设计备忘录增强学生对语文素养的综合运用能力，使他们对三星堆有更多的了解。

(三)作业布置

(1)了解金沙遗址。

(2)研学活动：走进三星堆博物馆。

💡 设计意图：让学生了解与三星堆相邻的金沙遗址，以及三星堆的未解之谜。

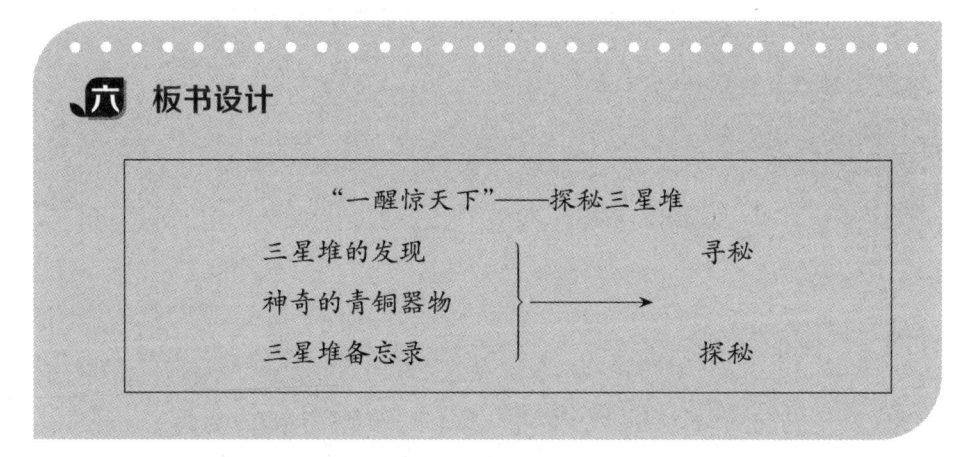

六 板书设计

```
        "一醒惊天下"——探秘三星堆
    三星堆的发现  ┐
                 │            寻秘
    神奇的青铜器物 ├──────→
                 │            探秘
    三星堆备忘录  ┘
```

七 教学反思

通过本课的学习，学生了解了被誉为"世界第九大奇迹"的三星堆文化。通过走近古蜀国，感受古蜀人的生活，体悟其中的文化内涵。此外，三星堆还有很多历史谜团等待人们去发现、破解。

在本课的教学中，两位教师共同探索出一种新的课程融合模式。面对集人文性、历史性于一体的内容，学生在缺乏相关知识积累的情况下，如果教师先将课本内容讲授清楚，再去融合语文、信息技术等学科的知识，时间上会很仓促,教学过程走马观花。教学过程中通过两位教师的分工与合作,将本次课程分为两节课,第一节课重点学习课本内容,第二节课重点进行学科融合。课堂上,将语文的备忘录知识、信息技术的查阅功能及美术的绘画技巧等有机融合,既拓展了课内知识,又培养了学生的动手能力、设计能力和信息技术运用能力,让学科融合的方式更多样化。

《世界水利工程的奇迹——都江堰》教学设计

李 勤 刘 浏

成都石室天府中学

一 教材与学情分析

本课是《可爱的四川》(四至六年级)主题二"人文之美"第五课的内容,是为四至六年级学生设计的阶段性课程,内容涵盖从都江堰水利工程的作用到工匠开凿玉垒山的过程,从解析都江堰水利工程的三大主体原理到展现劳动人民的智慧结晶。此外,课程还开放式地探讨了人类与自然的关系,以及阐述都江堰带给学生的深远启示,体现了科学性、探究性和启发性的课程特点。

此年龄段的学生对地方课程已有了一定程度的了解,部分学生也已经养成自主收集资料和进行课堂记录的良好习惯。在面对问题时,他们已具备提出假设、开展探究、梳理总结以及初步自主探究的能力。

二 学习目标与核心素养

学生通过了解都江堰水利工程的历史与文化,培养其人文底蕴;学生系统地认识和理解该工程的科学原理和工程方法,塑造其科学精神;通过探究都江堰玉垒山的开凿过程,教师引导学生乐学善学,使他们能正确认识创新的重要性;教师通过模拟"深淘沙,低作堰"的实验,激发学生学习掌握技术的兴趣和热情,进而提升学生的实践能力和创新能力。

三 重难点与设计思路

本课的重点在于：①归纳都江堰的自然地理特征，阐述该特征对当地人的生产和生活产生的影响；②分析都江堰"引水灌田，分洪减灾"的措施及其带来的影响；③了解都江堰水利工程对四川经济发展作出的贡献。

本课的难点在于分析都江堰"引水灌田，分洪减灾"的措施及其带来的影响。

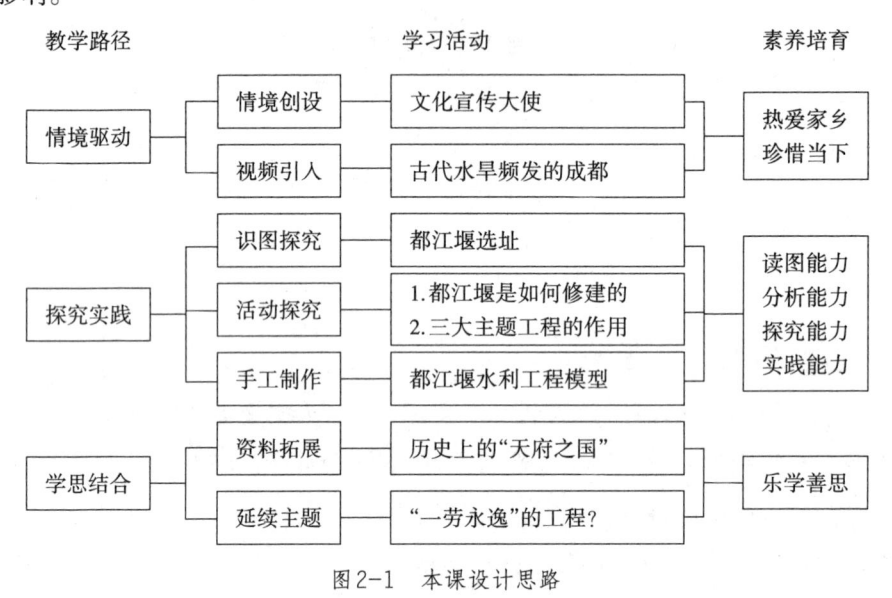

教学路径	学习活动	素养培育
情境驱动 → 情境创设	文化宣传大使	热爱家乡 珍惜当下
情境驱动 → 视频引入	古代水旱频发的成都	
探究实践 → 识图探究	都江堰选址	读图能力 分析能力 探究能力 实践能力
探究实践 → 活动探究	1.都江堰是如何修建的 2.三大主题工程的作用	
探究实践 → 手工制作	都江堰水利工程模型	
学思结合 → 资料拓展	历史上的"天府之国"	乐学善思
学思结合 → 延续主题	"一劳永逸"的工程？	

图 2-1 本课设计思路

四 教学方法与用具

(1)教学方法：创设情景、问题驱动、合作探究。

(2)教学用具：制作模型用的胶泥、纸板、学生实验模具。

五 教学过程

(一)导入新课

教师过渡：2023年，成都迎来第31届世界大学生夏季运动会，来自世界各地的大学生运动员齐聚成都。大运会的举办对成都而言是一次绝佳的宣传机会，运动员在比赛之余将会在成都参观游览，深入了解成都。作为成都的小学生,假如你是成都的文化宣传大使,你会推荐大学生们去哪里游玩呢?

学生活动:都江堰、青城山、宽窄巷子……

教师过渡:作为世界文化遗产,都江堰是不可忽略的推荐景点。那么,同学们了解都江堰吗?

📖 设计意图:通过情境设置激发学生的学习兴趣,从而引出与本课相关的话题,启发学生思考,为后续教学做铺垫。

教学环节一:为什么要修建都江堰水利工程

教师活动:(1)展示都江堰的自然环境。

(2)请学生看图说出都江堰水利工程所在的都江堰市的地形和气候特点:地形为平原,降水集中于夏、秋两季,降水丰沛。

(3)请学生思考在修建都江堰水利工程之前,成都平原是天府之国吗?

学生活动:学生观看关于古代成都水旱灾害严重的视频资料。古时候,在地形、气候等自然条件的作用下,成都平原水旱灾害严重。雨季来临时,成都平原泛滥成灾。而在旱季到来时,成都平原又因缺水遭受干旱,这对成都平原的发展造成了巨大的影响。

📖 设计意图:通过观看视频资料,激发学生探究问题的兴趣。

教师过渡:你知道后来成都平原为什么被称为"天府之国"吗?

学生活动:学生思考。那是因为得益于都江堰水利工程的修建。

教学环节二:在哪里修建都江堰水利工程

教师活动:展示都江堰的地理位置。请学生查阅电子地图,讨论并确定都江堰水利工程的位置。都江堰水利工程位于四川成都平原西北边缘,岷江出山口处。

教师过渡:都江堰工程的修建体现了古蜀人怎样的智慧?都江堰造福千年的密码是什么?让我们一起走进都江堰水利工程。

(二)深入探究

探究一:思考谁来修建都江堰,如何修建都江堰水利工程?

约公元前256年至前251年,李冰任蜀郡太守。其间,李冰治水,功绩卓著。他征发民工在岷江流域兴办了许多水利工程,其中以都江堰水利工程最为著名。

由于玉垒山的阻挡,每到雨季,西岸大片田地被岷江水淹没,东岸田地反而因缺水导致干旱。经商议,李冰决定开凿玉垒山,把江水引到成都平原。继玉垒山被成功开凿后,进而又修建了宝瓶口、鱼嘴、飞沙堰三大主体工程。

　　设计意图:让学生了解修建都江堰的任务和过程。

　　教师活动:组织学生讨论,当时火药尚未发明,工匠们采用什么方法来开凿玉垒山?

　　李冰采用"烈焰破山石"的方法。首先在石头上铺上干草并点燃,使石头被烧得滚烫,然后在石头上浇上冷水,石头随之裂开。"烈焰破山石"是运用热胀冷缩的原理,从而顺利地将石头凿开。

　　设计意图:让学生了解开凿都江堰宝瓶口的方法,感受古代工匠修建水利工程的艰辛。

　　探究二:鱼嘴、飞沙堰、宝瓶口都有何作用?

　　教师活动:引导学生在示意图中找到都江堰的三大主体工程:鱼嘴、飞沙堰、宝瓶口。根据示意图和正文介绍,说一说鱼嘴、飞沙堰、宝瓶口的作用。

　　宝瓶口(进水口):开凿玉垒山,把江水引流到成都平原,因为山口的形状酷似瓶口,人们给它取名为"宝瓶口"。

　　鱼嘴(分水堤):虽然宝瓶口被凿开,但岷江的地势东高西低,分水堤的作用是让水流入位于东岸的宝瓶口,同时具有排沙功能。

　　飞沙堰(溢洪道):鱼嘴把江分成了外江和内江。流入内江的水是用来灌溉的,必须控制水量。当内江水量超过宝瓶口流量上限时,多余的水便会从飞沙堰溢出到外江。飞沙堰能将江水中的沙石从堰口抛向外江,从而进一步确保内江通畅。

　　设计意图:让学生了解宝瓶口、鱼嘴和飞沙堰的作用。

(三)模拟都江堰分水实验

　　教师活动:让学生分组,每小组根据课前设计的都江堰分水装置,模拟都江堰分水的过程。学生每8人一组,每组配备一套实验装置,在教师指导下进行内外江分水实验。

　　(1)观察模型结构,说出都江堰分水原理。

教师过渡:同学们,仔细观察模型,说一说鱼嘴的作用是什么?

学生活动:把江水分成内江和外江。

教师过渡:内江和外江的作用分别是什么?

学生活动:分别回答内江和外江在丰水期和枯水期的作用。

教师过渡:在丰水期和枯水期,内外江的作用分别是什么?

学生活动:回答内外江在丰水期、枯水期的作用。

教师活动:引入四六分洪的概念,即在枯水期六分水引入内江、四分水引入外江。

(2)模拟实验。

教师活动:展示实验装置,组织、指导学生实验,引导学生思考如何实现内江和外江水流量的差异。

①第一次尝试(容器底部不作加高处理)。

学生活动:学生将水缓慢倒入容器中,观察水流特征,比较两侧水流量的大小。

教师过渡:在河床不变的时候,两侧水流量是相同的。

②第二次尝试(容器一侧底部加高)。

学生活动:学生将等量的水缓慢倒入容器中,观察水流特征,比较两侧水流量的大小。

教师过渡:通过对比刻度可以发现,容器底高的一侧要比低的一侧水量少,比例约在2:8。

③第三次尝试(容器一侧底部再次加高)。

学生活动:学生将与前两次等量的水缓慢倒入容器中,观察水流特征,比较两侧水流量的大小。

教师过渡:通过对比可以发现,容器底高的一侧要比低的一侧水量少,比例约在4:6。

教师过渡:同学们,通过这三次实验你发现了什么规律?请大家组内讨论,并回答老师的问题。

学生活动:组内讨论,回答教师提问。

《可爱的四川》教学活动设计

教师小结:通过实验,大家感受到"深淘沙、低作堰"六字治水真言的巨大作用,感受到了当时李冰父子和四川人民的智慧。

📖 设计意图:通过模拟实验,让学生了解"深淘沙、低作堰"的作用。

(3)小实践:

①感受前人智慧,制作都江堰水利工程模型。

②同学们根据都江堰水利工程的作用,制作三大主体工程模型。

③分享自己所感受到的前人治水精神及值得我们学习的地方。

④请同学们交流分享。

📖 设计意图:通过现场观察、制作模型、分享交流,让学生进一步认识都江堰水利工程。

拓展资料

查资料,了解我国历史上还有哪些地方曾被称为"天府之国"。

"天府之国"通常指最适宜人类生活的地方。古人常把形势险要、土地肥沃、物产丰富的地方称为"天府"或"天府之国"。在中国历史上,曾先后出现过九个"天府之国"。它们分别是关中盆地、北京小平原、成都平原、江南地区、太原地区、阆中地区、沈阳地区、武威地区和台东地区。

教师总结:通过本课的学习,我们了解了都江堰水利工程的位置、修建原因以及各主体工程的作用。作为文化宣传大使,我们也认识到都江堰水利工程并非是一个"一劳永逸"的工程,而是需要世世代代的人们共同地传承、维护。我们深深地被李冰不辞劳苦、不畏艰险、为民造福的精神所感动,也为中国人民继往开来的精神所震撼,作为中华儿女,我们也应肩负属于我们的历史责任,做一名有理想、有本领、有担当的新时代少年!

📖 设计意图:对本课主要内容进行总结梳理,并升华主题。

六 板书设计

世界水利工程的奇迹——都江堰

一、都江堰的自然环境

二、都江堰的地理位置

三、修建都江堰

1. 方法

2. 作用

七 教学反思

本堂课的学习中,学生通过查阅资料、读图分析、合作探究,进一步了解了都江堰水利工程。同时,通过实地考察都江堰水利工程,锻炼了学生的观察力、探究力和合作能力,提高了学生的学习兴趣。对于学生实地考察的总结,还需要进一步交流分享。

《"三国圣地"——成都武侯祠》教学设计

谢佳芸

绵阳科技城新区博雅学校

一 教材与学情分析

本课是《可爱的四川》(四至六年级)主题二"人文之美"第六课内容,共分为三小节:第一小节简要介绍了三国时期的历史背景,并指出成都武侯祠的世界地位;第二小节讲述汉昭烈帝刘备建立蜀汉政权的原因;第三小节讲述诸葛亮智慧、忠诚的精神品质与历史功绩。这三个小节以三国时期蜀汉政权的发展为核心,在波澜起伏的历史进程中,展示了四川的文化发展与四川人的精神风貌。

本课的教学对象是六年级学生,这个学段的学生思维活跃,课堂积极性高,对三国故事有着浓厚的兴趣。经过小学阶段六年的学习,学生对三国故事已有一定了解。但是,学生对于三国时期历史的了解往往受到虚构小说或游戏的影响,对于真实的三国时期巴蜀地区的发展情况以及历史人物的精神品质的了解还相对有限。

二 学习目标与核心素养

通过了解诸葛亮生平以及三国故事,培育学生的人文素养。通过"兴复汉室"的剧本对抗及小组合作,促进学生解决问题能力的发展。使学生在实践中体会到诸葛亮智慧、忠诚等特质，了解诸葛亮对四川历史的贡献，从而培育学生的人文情怀与国家认同感。同时，留下关于诸葛亮形象的问题供学生思考，引导学生带着问题与兴趣参与到后续的研学活动中，提高学生的学习能力。

三 设计思路

本课以"追寻蜀相"为主线，围绕"诸葛亮与四川"这一课程核心，设计了"入蜀""治蜀""访蜀"三个板块。分别向学生介绍三国鼎立的时代大背景、诸葛亮治蜀的具体措施，以及诸葛亮智慧、忠诚的特质。课程采用游戏化的设计理念，在尊重学生主体地位的基础上，增加学生在游戏中的收获感，提升课堂的趣味性。

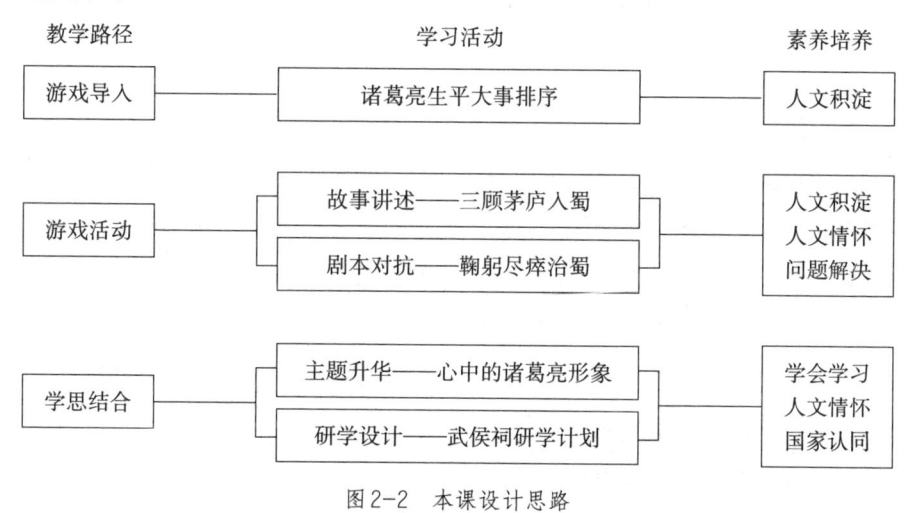

教学路径	学习活动	素养培养
游戏导入	诸葛亮生平大事排序	人文积淀
游戏活动	故事讲述——三顾茅庐入蜀 剧本对抗——鞠躬尽瘁治蜀	人文积淀 人文情怀 问题解决
学思结合	主题升华——心中的诸葛亮形象 研学设计——武侯祠研学计划	学会学习 人文情怀 国家认同

图 2-2　本课设计思路

四 教学方法与用具

（1）教学方法：情境讲授法、游戏化教学法、小组合作法。

（2）教学用具：学生剧本材料。

五 教学过程

（一）导入新课

教师过渡：三国时期，想必是同学们既熟悉又陌生的一个时期。之所以说熟悉，是因为你们已经知道了许多三国人物和三国故事；而说陌生，则是因为同学们了解到的三国人物和三国故事,不一定都是真实的。比如在《火烧赤壁》的故事中,那位借东风的先生,真的拥有通天之能吗?这位借东风的先生,大家知道是谁吗?

学生活动:回答"诸葛亮"。

教师过渡:是的,他就是智慧超群的诸葛亮。诸葛亮生活在东汉末年到三国鼎立的乱世之中。接下来老师请一位同学上台,在2分钟内清晰地整理出诸葛亮的生平。

学生活动:上台进行排序活动。

设计意图:六年级的学生还没有接受过系统的历史学习,对于历史时空观念十分模糊。通过简单的排序活动,引导学生快速了解诸葛亮的生平,并且能够区分出真实历史与小说剧情的差异。

(二)君臣共济——入蜀

教师过渡:从诸葛亮的生平中我们可以看到,作为一个山东人,诸葛亮的一生有二十七年都在我们可爱的四川度过。不过当时的四川并非一个省,而是由好几个州组成的大致的地理范围,它们以成都平原为中心散开,覆盖整个四川盆地以及汉中盆地。当时的成都也有着另一个名字——益州。诸葛亮是如何来到我们四川,又是如何在这里走完他波澜壮阔的一生?阅读课文,说说这是三国时期的哪个故事呢?

学生活动:阅读《三顾茅庐》的故事。

教师总结:刘备在三顾茅庐的最后一次,诸葛亮为刘备献上著名的《隆中对》。在这个计策中,诸葛亮三次提到了益州,这足以看出在东汉末年诸葛亮对巴蜀地区的重视,也显示出他将"兴复汉室"的希望寄托在四川的宏大理想。这些构想与刘备不谋而合,并且在第二年联合孙权在赤壁之下大胜曹操,夺取荆州后得到了实现。刘备的真诚与诸葛亮的远谋,让这一对君臣在乱世中同舟共济,共同开创了川蜀新的时代。

设计意图:以较为简单的历史材料作为背景,引导学生了解刘备的礼贤下士和诸葛亮的深谋远虑,为后续在武侯祠君臣合祀做铺垫。

(三)忠诚智慧——治蜀

教师过渡:相信很多同学都已经看到自己手中的剧本材料了。接下来,请抽到诸葛亮角色的同学走到教室中央,抽到其他角色的同学请原地不动。给同学们6分钟时间阅读手中的文本材料,随后由同学轮流发言。扮演诸葛亮的学生需要依靠手中材料一一解决问题或提拔人才,审时度势、宽严相济,努力实现对主公刘备的承诺——兴复汉室!

教师作为主持人主导活动进程,掌握活动时间,完善板书。

学生活动:阅读教材后进行剧本对抗。

教师总结:通过游戏,相信同学们理解了诸葛治蜀的不易,严宽相济方能长久,相信同学们对诸葛亮出文入武的全才形象有了更深刻的认识。

设计意图:游戏是学生提高兴趣、学习知识的有效途径。同时也是生本课堂理念的体现。教师只是课堂和活动的引导者、主持者,而非主导者和决裁者。学生通过自己阅读、自己理解、自己实践,加深对诸葛治蜀"严与宽"的理解,也在剧本对抗中体会诸葛亮治蜀的不易。

(四)千秋武侯——访蜀

教师过渡:诸葛亮严宽结合的治蜀政策,扭转了蜀汉政权在三国开局中处于劣势的情况,并凭借一州之力抗衡强大的曹魏政权。除了军事成就,诸葛亮在农业恢复、纺织业兴盛、商业铸币等方面的措施,让成都平原得到"天府之国"的美誉。千百年来,他的事迹在四川这片土地上广为流传,他的精神照耀着后来每一位蜀地百姓。那么,如果我们想要亲眼见一见诸葛亮,应该去四川的哪里追寻他的足迹呢?

学生活动:回答"成都武侯祠"。

教师过渡:成都作为蜀汉的政治、经济、文化中心,是研究三国时期蜀汉历史的必去之处。而成都武侯祠,作为中国唯一一个君臣合祀的祠庙,让本就精彩的三国故事更增添几分传奇色彩。如果我们也想要前往武侯祠,瞻仰丞相的风采,我们需要做哪些准备?请同学们以小组合作的形式,根据导学案的内容,完成一份研学计划书。

学生活动:完成导学案上的初步研学策划,包括路线规划以及交通工具选择等。

教师总结:对于皇帝来说,他是鞠躬尽瘁的忠臣;对于文臣来说,他是为政有序的智者;对于武将来说,他是进退自如的武侯;对于百姓来说,他是公正廉洁的贤相。那么,对于同学们来说呢?更多关于武侯的故事,我们暑假再续!

设计意图:通过剧本对抗,学生对真实的诸葛亮已经有了一定的了解,但每个人心中都有着不同的诸葛亮形象。"纸上得来终觉浅,绝知此事要躬行",学生带着不同的兴趣爱好,在小组合作讨论的背景下,对即将到来的研学活动进行初步设计,既是对课堂的总结,也是对课堂的延伸。

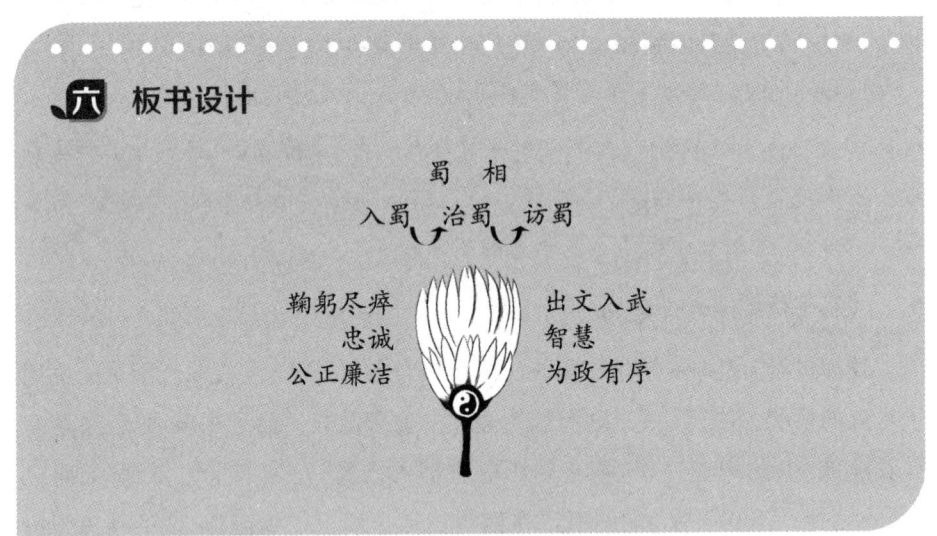

六 板书设计

蜀 相

入蜀　治蜀　访蜀

鞠躬尽瘁　　　　出文入武
忠诚　　　　　　智慧
公正廉洁　　　　为政有序

七 教学反思

本课创新了教学方式,突破了传统课堂的局限,让学生成为课堂的主人,沉浸式地参与到课堂活动中。在游戏中,学生逐步感受到历史人物的精神品质,当谜底揭开时,产生情感共鸣。但是,在实际操作过程中,教师对于课堂的管理以及游戏引导方面还存在不足,对于课堂时间的管理有一定的欠缺,特别在最后一个部分"初步研学"的引导上显得较为薄弱。

《天下第一大佛——乐山大佛》教学设计

★

胡丽英　沈　攀　魏　艳

四川省资阳中学

一　教材与学情分析

本课是《可爱的四川》(四至六年级)主题二"人文之美"第七课的内容,主要包括三个部分,分别从大佛之大、大佛之妙、大佛之护三个维度展现大佛之美。让学生从中感悟匠人的智慧,进而提升民族自信和文化自信。

四至六年级的学生正处于培养品格与关键能力的重要时期,他们对历史文化具有浓厚的兴趣。本课内容有助于激发学生对历史文化的学习兴趣,增强学生对家乡和祖国的热爱,培养学生的家国情怀。

二　学习目标与核心素养

感知美——形美:描述大佛的形态特征。

感受美——思美:阐述大佛的设计巧思,并分析大佛如何抵御风雨侵蚀,以及隔湿和通风的结构智慧,培养学生乐学善思的学习态度。

感悟美——情美:树立文物保护意识,增强民族和文化自豪感,强化文化自信,提升人文情怀和审美情趣。

三 设计思路

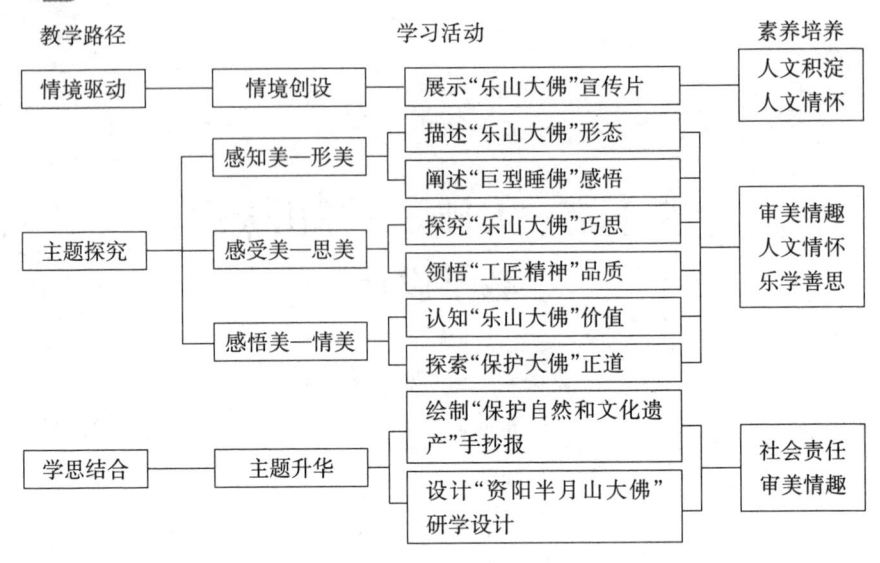

教学路径		学习活动	素养培养
情境驱动	情境创设	展示"乐山大佛"宣传片	人文积淀 人文情怀
主题探究	感知美—形美	描述"乐山大佛"形态 阐述"巨型睡佛"感悟	审美情趣 人文情怀 乐学善思
	感受美—思美	探究"乐山大佛"巧思 领悟"工匠精神"品质	
	感悟美—情美	认知"乐山大佛"价值 探索"保护大佛"正道	
学思结合	主题升华	绘制"保护自然和文化遗产"手抄报 设计"资阳半月山大佛"研学设计	社会责任 审美情趣

图 2-3 本课设计思路

四 教学方法

教学方法：主题探究法、讨论法、演示法。

五 教学过程设计

(一)导入新课

教师过渡：拥有1200多年历史的乐山大佛被誉为"天下第一大佛"。你知道乐山大佛有多高、多大吗？它是什么时间修建的？有哪些特点？在文化传承中发挥着怎样的作用？让我们一起探寻乐山大佛的奥秘吧！

教师活动：播放视频《乐山大佛宣传片》。

学生活动：认真观看视频，与同学交流，初步认识乐山大佛。

设计意图：通过观看视频激发学生的兴趣，引出与本课题相关的话题，启发学生积极思考，为课堂活动做铺垫。

(二)主题教学活动

1.感知美——形美

教师活动:设置"初见大佛知其貌,大佛形态我知道"主题活动。

自主阅读教材的内容,完成活动任务。

活动任务1:找一找。找出乐山大佛的位置、别名、地位、形态特征。

活动任务2:算一算。假如一个人的身高是1.7米。那么,乐山大佛的高度相当于有多少个身高1.7米的人叠加起来?

活动任务3:说一说。描述巨型睡佛的奇观。

活动任务4:猜一猜。"佛是一座山,山是一尊佛",巨型睡佛与乐山大佛是古代工匠有意为之,还是纯属巧合?

学生活动:自主阅读教材的内容,完成活动任务。

💡 设计意图:该部分内容难度较小,以学生自学的方式展开,既有效提高学生的课堂专注度,也可以让学生提高成就感,从而提高课堂效率。

教师总结:议一议,从游客发现巨型睡佛的故事中,你有什么感悟?

学生活动:学生积极展开小组讨论。

💡 设计意图:学生通过讨论故事引发思考,让学生在讨论中感悟要学会观察、善于观察,积极发现世界的美。这样既落实了对学生的美育培养,又有意识地培养了学生的优良品质。

2.感受美——思美

教师活动:设置主题活动"再见大佛知其妙,天才构想设计巧"。

自主阅读教材的内容,先自主思考,再小组合作讨论完成任务。

活动任务1:说一说。阐述大佛与山岩体融为一体的巧思。

活动任务2:找一找。找出大佛身体里面用于排水、除湿和通风的"机关"。

活动任务3:说一说。乐山大佛景区还有哪些其他石刻?

活动任务4:想一想。大佛的设计巧思和建造过程是怎样的?体现了怎样的工匠精神?

学生活动:自主阅读教材的内容,完成活动任务。

💡 设计意图:该部分内容难度较大,以学生自主阅读和小组合作的方式展开,通过分层设置问题,降低学习难度,培养学生的合作意识,完成课堂任务,推动课堂进程。

教师总结:议一议。作为当代青少年,我们应该从修建大佛的工匠精神中学习哪些品质?

学生活动:学生积极展开小组讨论。

💡 设计意图:通过讨论案例,引发学生思考,让学生在讨论中感悟成功并非一蹴而就,只有专注于目标、持之以恒、克服困难,方能收获成功。旨在培养学生的目标意识和钻研精神,激发学生对匠人智慧的钦佩之情。

3.感悟美——情美

教师活动:设置主题活动"又见大佛知其要,重视保护是正道"。

自主阅读教材第34至35页的内容,小组讨论完成活动任务。

活动任务1:想一想。闻名遐迩的乐山大佛经历了哪些沧桑巨变?

活动任务2:说一说。世界文化遗产专家对乐山大佛赞不绝口,请说出大佛对世界文化的意义。

学生活动:自主阅读教材第34至35页的内容,先自主思考,再进行小组合作讨论完成任务。

设计意图:让学生在阅读教材和完成活动的过程中,体会保护大佛的重要性,激发学生的情感认知,为后续的情感升华环节做铺垫。

活动任务3:画一画。以"保护自然和文化遗产"为主题,绘制手抄报。

学生活动:绘制手抄报,并进行作品展示。

💡 设计意图:绘制手抄报既将学生的情感认知进行内化,使保护自然和文化遗产的精神在学生的心中生根发芽,实现品质教育;又给学生提供展示自我的平台和机会,培养学生的表达能力,增强学生的自信心。

教师总结:乐山大佛的存在,不仅是一种文化传承和文化交流,更是一种文化自信和文化创新。坚定文化自信,让优秀传统文化焕发时代生机!

学生活动:强化对中华优秀文化的自信,增强民族自豪感。

💡 设计意图:通过情感升华,提高学生的民族自豪感和文化认同感,使学生深刻认知自己的文化身份,培养爱国情怀,并尊重和传承中华优秀传统文化。

(三)课堂小结

歌唱大佛

初见大佛知其貌,摩崖石刻要记牢;
三十宽来六十高,气势磅礴领风骚。
再见大佛知其妙,山岩融合设计巧;
抵御风雨抗地震,排水除湿通风好。
又见大佛知其要,重视保护是正道;
自然文化双遗产,中华文化光芒耀。

六 板书设计

天下第一大佛——乐山大佛
1. 感知美—形美—知大佛之大
2. 感受美—思美—知大佛之巧
3. 感悟美—情美—┬ 知大佛之护
　　　　　　　　├ 重文化保护
　　　　　　　　└ 强文化自信

七 教学反思

本课由情境导入、主题探究、学思结合三个部分组成,内容结构严谨完整,在层层深入的教学过程中不断培养学生的必备品格和关键能力。课堂从了解和保护乐山大佛出发,进一步延伸至保护自然和文化遗产,并通过让学生绘制手抄报的方式展示其核心素养,做到立意有高度,素养落地有力度。学生在学习过程中,经历了从感知美到感受美,再到感悟美的逐步递进过程,情感得到了升华,素养得到内化。但是,课例在趣味性方面有所欠缺,难以持续吸引学生的注意力。

《神秘辉煌的古蜀文明》教学设计一

宁 梨

南充高级中学

一 教材与学情分析

本课是《可爱的四川》（七至八年级）主题二"人文之美"第四课的内容，起着开篇启下的作用。教材以出土文物为落脚点，以教材活动为依托，引导学生对辉煌灿烂的古蜀文明进行感知、探索和推测。七至八年级的学生已具备一定的历史知识储备，对神秘的古蜀文明具有浓厚的学习兴趣。教师应利用学生的好奇心，精心设计符合初中生学情的教学活动，激发学生的内驱力，启发学生思维，进而提升学生的核心素养。

二 学习目标与核心素养

学生通过观看视频，初步形成对古蜀文明的印象，培养人文底蕴；通过感知古蜀人朴素的宇宙观及其与当时自然环境之间的关联，探秘古蜀最具代表性文物的造型、工艺及独特之美，培养学生的科学探索精神；通过演绎"古蜀人多彩生活"的情景剧，培养学生的健康生活核心素养，感受古今蜀地文化之美和发展之美，激发学生对家乡之美的热爱之情；通过举办"凝聚青铜时光，传承文化之美"活动，提升学生的实践创新核心素养，培养学生传承古蜀文明、热爱家乡、建设家乡的情感。

三 设计思路

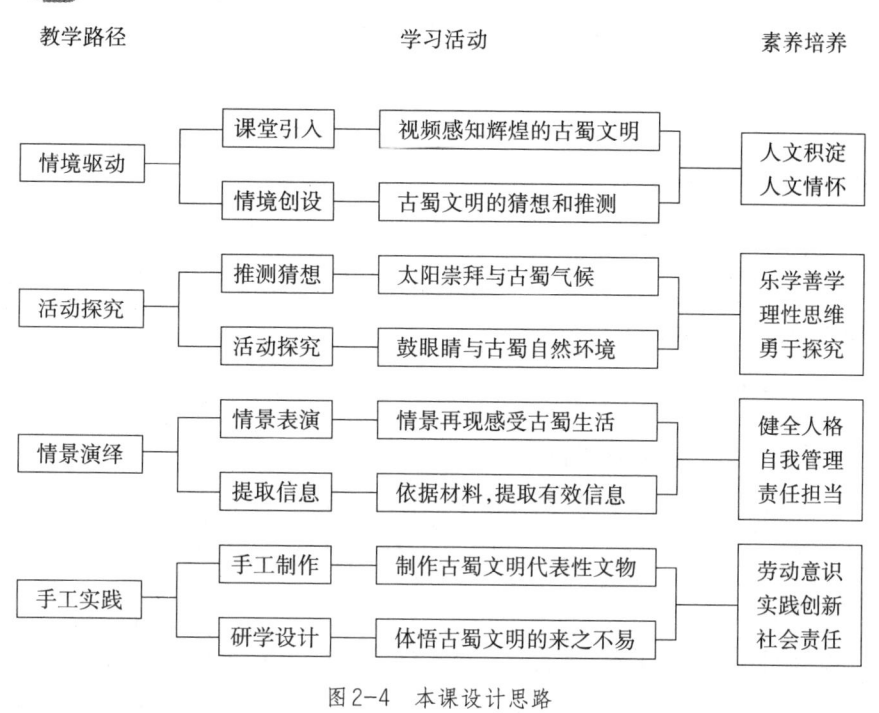

教学路径	学习活动	素养培养
情境驱动	课堂引入 — 视频感知辉煌的古蜀文明 情境创设 — 古蜀文明的猜想和推测	人文积淀 人文情怀
活动探究	推测猜想 — 太阳崇拜与古蜀气候 活动探究 — 鼓眼睛与古蜀自然环境	乐学善学 理性思维 勇于探究
情景演绎	情景表演 — 情景再现感受古蜀生活 提取信息 — 依据材料,提取有效信息	健全人格 自我管理 责任担当
手工实践	手工制作 — 制作古蜀文明代表性文物 研学设计 — 体悟古蜀文明的来之不易	劳动意识 实践创新 社会责任

图 2-4 本课设计思路

四 教学方法与用具

（1）教学方法:情境创设、问题驱动、合作探究。

（2）教学用具:情景剧剧本材料和陶泥手工材料。

五 教学过程

(一)导入新课

教师导入:巴蜀故郡,秦川锁钥;悠悠历史,灿灿文明;古誉天府,地广物博,人杰地灵。同学们,我们所生活的这片巴蜀大地,蕴藏着"沉睡数千年,一醒惊天下"的灿烂历史文化遗迹,这里出土了数以万计的稀世珍宝,它们是古蜀文明的典型代表。

教师活动:播放古蜀辉煌文明的视频。

教师过渡:歌曲中传唱的三星堆文明和金沙遗址是古蜀文明的典型代表,分别位于今天四川省成都平原的广汉市和成都市。"沉睡数千年,一醒惊天下",自1986年大规模发掘以来,共出土了两万余件文物。这些文物携带的远古密码,揭开了古蜀文明的神秘面纱。今天,就让我们跨越千年,一起去探索辉煌灿烂的古蜀文明。

视频中的文物承载了数千年的文明,老师特意选取了其中一些具有代表性的文物。请同学们根据左边的关键词,迅速猜出它们对应右边哪个文物的序号,并谈一谈你对它的第一印象。

(二)活动探究

1.活动探究:青铜色的猜想(7分钟)

教师过渡:经考古发现,遗址出土的众多文物中,有三件携带了古蜀人重要的崇拜密码。请小组合作探究找出这三件文物及其携带的崇拜密码。

学生活动:小组讨论。

教师过渡:通过探究,我们发现这三件文物反映了古蜀人对太阳的崇拜,而这种崇拜与当时四川盆地气候之间有着重要的联系。这些文物的制作也反映了古蜀人对干旱、暴雨、洪涝等极端自然灾害的无奈。其实近现代气象学家竺可桢先生也给出了科学数据,论证了这一点。所以,古蜀人通过制作青铜太阳轮、青铜神树、太阳神鸟来崇拜太阳、沟通人神,祈求风调雨顺,天地和谐。古蜀人究竟长什么样呢?让我们从三星堆出土的青铜人中去寻找线索吧。

2.活动探究:青铜人儿有话说(8分钟)

教师过渡:三星堆出土的众多青铜雕像中,大家最好奇的可能是瞪大眼睛的青铜雕像。它们就像好奇的孩子,瞪着大眼睛看着外面的世界。同学们,你们知道这种鼓鼓的眼睛叫什么?他们可能代表谁?请大家结合学案资料完成活动探究。

学生活动:结合资料进行活动探究。

教师过渡:没错,青铜纵目面具眼睛特别鼓、耳朵很大,代表的可能是蚕丛。而青铜大立人的眼睛鼓、耳朵大、脖子粗、身体瘦,代表的可能是集神、巫、王三者身份于一体的最具权威性的"领袖"人物,其实,青铜大立人是考古界公认的研究蚕丛形象的一个标本。

教师过渡:他们的眼睛为什么那么鼓?这就需要从古蜀人一日三餐吃的盐来探寻原因。生物学表明,盐含有人体必不可少的微量元素,主要来自土壤和岩层中。根据材料我们得知,近代地质工作者曾经多次考察过蚕丛时代的人们居住过的龙门山中的岷江河谷。他们发现,那一区域的岩层和土壤,不论年代,经过科学检测都明显缺碘。而我们在生物学中学习过,碘元素的缺乏会导致甲状腺出问题,表现出脖子肿大,眼睛凸起等生理特征。所以古书中所谓的蚕丛"纵目",很可能是碘元素缺乏所导致的地方病。

事实上,蚕丛时代的岷江河谷在近代也是碘缺乏病的高发区之一,而三星堆遗址所在的平原地区,却是碘缺乏病的低发地区。这样一来,《华阳国志》中仅提及山里的蚕丛"纵目",而在描述后来迁移出山的"次王"(柏灌、鱼凫等)时则不再提这个现象,这也就说得通了。同一个部落,在山中生活时,因长期食用缺碘的盐而患上了地方病。而生活环境改变后,病源消除了,这种病自然也就逐渐消失了。可见,自然环境的改变对人类生产生活的影响是巨大的。

教师过渡:从煮卤为盐的推测中,我们仿佛回到了古蜀国安静祥和的生活里。接下来,有请情景剧"演员"带我们去感受古蜀生活的烟火气吧。

3.活动探究:梦回古蜀——情景演绎多彩生活(10分钟)

学生活动:进行情景剧表演。

教师过渡:非常感谢这些极具表演天赋的"演员"。同学们,从刚刚"演员"演绎的生活场景中,我们可以感受到古蜀时期丰富热闹的生活气息:

(1)古蜀人已经开始种植水稻、黍、粟等多种粮食作物,产量富足,可为酿酒业的发展提供粮食。

(2)古蜀人同时进行栽桑养蚕、养猪等多种生产活动,并发展丝织业、手工制作等生产活动,发明了丰富多样的锅、碗、勺、盘、杯等日常生活用品。古蜀人已有较为繁荣的商业贸易活动,甚至跟较远的海边地区都有贸易往来。在印度古梵语文献中有相关记载,古印度人身穿的丝绸就来自古蜀地区。现在我们看着这些贝壳和海螺,仿佛能感受到他们上面还沾染着印度洋的海水,残留着波涛的回响。

4.活动探究:凝固青铜时光——传承文化之美(10分钟)

教师过渡:时光荏苒,古蜀人用紫土描绘成诗;岁月滔滔,古蜀人用青铜凝固成歌。为传承古蜀文化之美,请同学们前后两桌为一组,利用老师分发的小组材料,任选一个你最感兴趣的古蜀文物,加入创意元素,创作一件对话古今的蜀文化陶器。

学生活动:学生按小组利用材料进行蜀文化陶器制作。

教师总结:在这陶泥凝固的时光里,我们仿佛回到了那个用紫土描绘成诗的古蜀时代。在同学们绘声绘色的分享中,我们仿佛看到了古蜀时期铜与火的碰撞。在千年岁月的长河里,我们仿佛听到了古蜀文明的阵阵回响。纵使千年岁月更迭,古蜀文化的光辉永远闪耀。我们对古蜀文化的传承代代不息,中华儿女对中华文明的弘扬矢志不渝!

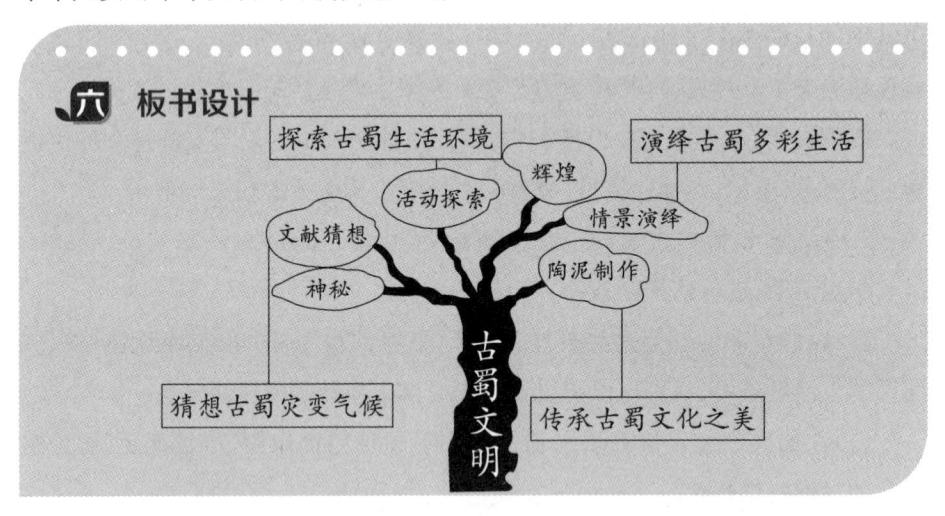

六 板书设计

探索古蜀生活环境　　演绎古蜀多彩生活
活动探索　辉煌　情景演绎
文献猜想　　　　陶泥制作
神秘
猜想古蜀灾变气候　　传承古蜀文化之美
古蜀文明

七 教学反思

在上课过程中,学生们的活动参与积极性比较高,尤其是情景剧演绎和陶泥制作。由于古蜀文物的内涵相对深奥,教师需要精心设计教学活动,对教材内容进行整合,以便让学生在学习相关学科知识的同时,能够感受古蜀文化之美、人文之美,进而激发学生对家乡的热爱之情,增强他们的自豪感。同时鼓励学生践行文明的传承与创新,热爱家乡之美,绽放家乡之美。

《神秘辉煌的古蜀文明》
教学设计二

程碧春

南充市高坪区教育科学研究所

一 教材与学情分析

本课是《可爱的四川》(七至八年级)主题二"人文之美"第四课的内容,以古蜀先民的智慧为专题,介绍了广汉三星堆遗址、成都金沙遗址以及郫都区望丛祠。教材中"端午赛歌祭二帝——望丛祠"部分主要介绍望、丛二帝为建立"天府之国"所作出的卓越贡献。部分初中学生对望丛二帝不了解,参观过望丛祠的学生也不多。此外,学生积累的与古蜀国传说相关的诗词也较为有限。基于上述学情,教师在教学时采用视频、图片、探究、研学等多种方式,旨在让学生了解中华传统节日端午节的起源,聆听古蜀国的神话故事,诵读与古蜀国传说相关的古诗词。通过这些活动,引导学生了解四川悠久的历史,感受古蜀国文化的独特魅力和创造力,从而增强学生作为四川人的自豪感和使命感。

二 学习目标与核心素养

通过自主学习和图片展示等教学设计,让学生了解古蜀文明的发展历程,培养其勇于探究的科学精神;通过观看视频,让学生深刻感知望、丛二帝泽被后世的千秋功业,确立责任担当和坚持不懈的精神;通过表演、探究和研学等教学环节,加强学科间的融合,提升学生的综合素养,增强其作为四川人的自豪感和建设四川、繁荣四川的使命感。

三 设计思路

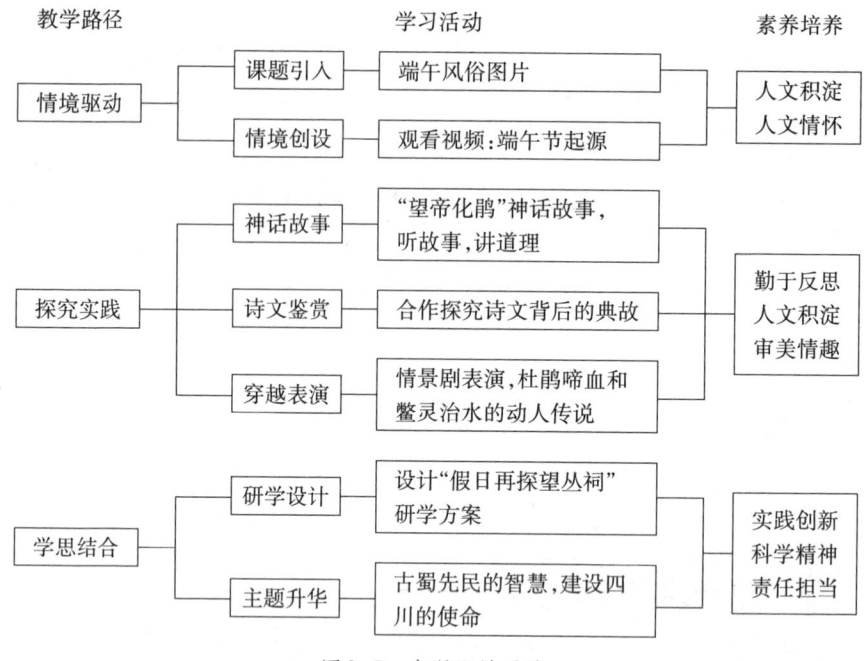

教学路径	学习活动	素养培养
情境驱动	课题引入 — 端午风俗图片 情境创设 — 观看视频:端午节起源	人文积淀 人文情怀
探究实践	神话故事 — "望帝化鹃"神话故事,听故事,讲道理 诗文鉴赏 — 合作探究诗文背后的典故 穿越表演 — 情景剧表演,杜鹃啼血和鳖灵治水的动人传说	勤于反思 人文积淀 审美情趣
学思结合	研学设计 — 设计"假日再探望丛祠"研学方案 主题升华 — 古蜀先民的智慧,建设四川的使命	实践创新 科学精神 责任担当

图 2-5　本课设计思路

四 教学方法与准备

(1)教学方法:情境教学法、问题教学法、启发式教学法、讨论式教学法。

(2)教学准备:

①学生查阅资料,了解端午节的起源及其风俗,了解望、丛二帝的卓越贡献。

②有条件的学生可以亲自探访望丛祠,以便更加深入了解望丛祠的文化内涵。

③收集与杜鹃鸟相关的古诗文。

④为情景剧表演准备服装和道具。

五 教学过程

(一)导入新课

学生活动:观看端午节风俗图片。

教师过渡:以上图片展示的是我国哪个传统节日的民间习俗?下面我们一起去详细了解有关端午节的起源与风俗。

学生活动:观看端午节起源与风俗的视频。

设计意图:唤醒学生的学习兴趣;活跃课堂气氛;培养学生的人文素养。

(二)自主学习

教师过渡:请大家根据视频资料和教材内容,进行自主学习,并思考以下问题:

(1)端午节只是为了纪念屈原吗?说一说你所知道的端午节。

(2)"端午祭屈原,岷阳朝杜主",你能说出古代"岷阳"指的是哪里?"杜主"是谁?

(三)学生成果展示

教师过渡:民间有以下传说:端午节是纪念为国投河(汨罗江)的屈原(流传最广的说法),还有为国投钱塘江的伍子胥,以及为父投江的孝女曹娥。每年农历五月十五的端午节(又称大端午、大端阳),人们在纪念屈原时,古蜀人会举行纪念望、丛二帝的望丛赛歌会,这是汉民族唯一保留下来的赛歌形式,也是宝贵的非物质文化遗产。

郫县(现郫都区)又称岷阳,因其位于岷山之东,是接近太阳的地方,故得此名。还有说法认为岷阳镇是甘肃省定西市岷县岷阳镇。

设计意图:教师通过创设问题情境,引导学生展示自学成果,培养学生乐学善学的习惯。

(四)小故事 大道理

教师过渡:望帝杜宇和丛帝鳖灵二帝究竟有什么功劳,能得到古蜀人以及今天四川人的崇敬呢?接下来,我们将详细了解望、丛二帝的千秋功业。

教师活动:播放望、丛二帝神话故事的视频。

学生活动:观看视频。

教师过渡:谈一谈《望帝化鹃》的神话故事给你带来的启发。无私为民和坚持不懈的精神。

学生活动:诗文鉴赏。

教师过渡:你能讲一讲下面诗文背后的典故吗?

李商隐的《锦瑟》中的千古名句"庄生晓梦迷蝴蝶,望帝春心托杜鹃"。

王令的《送春》中写道的"三月残花落更开,小檐日日燕飞来。子规夜半犹啼血,不信东风唤不回"。

往事虚幻,就像庄周天亮做梦,醒后扑朔迷离,不知是自己变成蝴蝶,还是蝴蝶变成自己,望帝把自己的幽恨托身于杜鹃。比喻世事无常,人生如梦,我哭问青天,命运为何待我如此之不公呀!

春天的花落了,明年依旧会开。屋檐下的燕子走了,还会回来。但那迷恋美好春光的杜鹃在午夜依旧苦苦啼鸣,它不相信把春天唤不回来。表现了诗人顽强进取,执着追求美好未来的坚定的信念和乐观精神。这首诗的子规(杜鹃)与以往大部分诗里借喻哀伤、凄切的含义较不相同,它带有比较积极的意义。

学生活动:穿越表演。

情景剧表演(群众演员4位、杜宇1位、鳖灵1位),让学生们穿越到望帝、丛帝时期,亲身演绎"杜鹃啼血"和"鳖灵治水"的动人传说。

设计意图:通过听故事、讲道理、诗文鉴赏、情景剧表演等教学环节,让学生对望丛二帝有更加深刻的认识和了解,培养学生勤于反思的能力,提升其人文素养、审美情趣等综合素养。

(五)初探望丛祠

教师过渡:为纪念望、丛二帝的千秋功业,古蜀人修建了望丛祠。下面,我们一起去了解望丛祠的建筑风格和文化内涵。

教师活动:播放介绍望丛祠的视频。

学生活动:学生合作探究。

教师过渡:望丛祠的大门设计颇有意思:正面无门,由一方照壁挡着。大门开在两旁,一朝西北,一向北方。请解释这一建筑布局的含义。

教师活动:展示望丛祠大门图片。

教师过渡:通常陵祠庙宇的大门,不是坐北朝南,便是坐东朝西。而望丛祠却单朝正北,且正面无门,由一方照壁挡着。大门开在两旁,一朝西北,一向北方。经过仔细揣摩,我们才能领悟到建祠人的匠心独具。望帝杜宇教民务农,丛帝鳖灵治水有功,二帝均功在田畴,后人对二帝也是同等敬仰。因此,"二陵一祠"正面不设大门,只从东西两边进出,实在是恰到好处的安排。

设计意图:通过初探望丛祠,让学生了解望丛祠的文化内涵;通过探究望丛祠的大门设计,让学生领悟建祠人的独具匠心,培养学生透过现象看本质的科学精神。

(六)研学活动

教师活动:设置并开展主题为"再探望丛祠,赛歌远名扬"的主题活动。

教师过渡:同学们,望丛祠就坐落在我们四川成都郫都区。对我们来说,它不仅是古蜀文化的重要遗迹,也是四川人的精神图腾,数千年未曾改变。2023年,郫都区举办第40届望丛赛歌会,同学们可以利用节假日再探"望丛祠",观赏赛歌会,拍摄照片和视频,和我们一起分享你的研学之旅。

设计意图:学生通过研学活动,既开阔了眼界,还提高了实践能力。

教师总结:同学们,虽时过境迁,沧海桑田,但望丛二帝的功勋却始终铭刻在四川人的心中。我们要勤奋学习,长大后无论从事什么职业,都要像望丛二帝那样为人民谋幸福。

六 板书设计

端午赛歌祭二帝——望丛祠

(一)小故事:望帝化鹃

大道理:望帝杜宇教民务农;丛帝鳖灵治水兴蜀

(二)初探望丛祠 古蜀文明地

(三)再探望丛祠 赛歌远名扬　研学活动

七 教学反思

本节课教师精心创设教学情境,通过视频观看、诗文鉴赏、穿越表演、合作探究、研学设计等教学手段,让学生深入了解望丛文化的内涵,感受古蜀文化的魅力和创造力,增强学生作为四川人的自豪感和使命感。同时培养学生的人文素养、审美情趣、实践创新和责任担当。但由于部分初中生对望、丛二帝了解较少,去过望丛祠的学生也不多,学生对望、丛二帝相关的诗文积累也较少,再加上部分学生课前也未查阅相关资料,因此在教学过程中,学生探究活动会有一定的难度,需要教师给予较多的点拨和引导。

《神秘辉煌的古蜀文明》
教学设计三

叶 玲

南充市高坪中学

一 教材与学情分析

本课是《可爱的四川》(七至八年级)主题二"人文之美"第四课的内容,教学内容聚焦望、丛二帝的功绩,让学生在已经学习了三星文化和金沙文化的基础上,对古蜀文明形成更加全面而清晰的认识。本课涉及内容的年代久远,学生的相关知识储备较少。但学生好奇心强,思维活跃,对古蜀文明的兴趣浓厚,乐于参与课堂活动,并积极思考课堂探究问题。

二 学习目标与核心素养

学生通过自主学习,了解望帝杜宇和丛帝鳖灵分别是第四代和第五代蜀王,建都于郫;通过观看有关望帝、丛帝功绩的视频,感受望、丛二帝的丰功伟绩,明白正是由于这两位帝王的贤明,才奠定了古蜀国的强盛,成就了今天"天府之国"的富庶;了解《望帝化鹃》的历史典故,并积累一些相关的诗句;了解望丛祠是中国西南地区唯一的一祠祭二主、凭吊蜀人先贤的最大的帝王陵冢;通过图文资料和视频,感受望丛赛歌会所展现的人文美。

三 设计思路

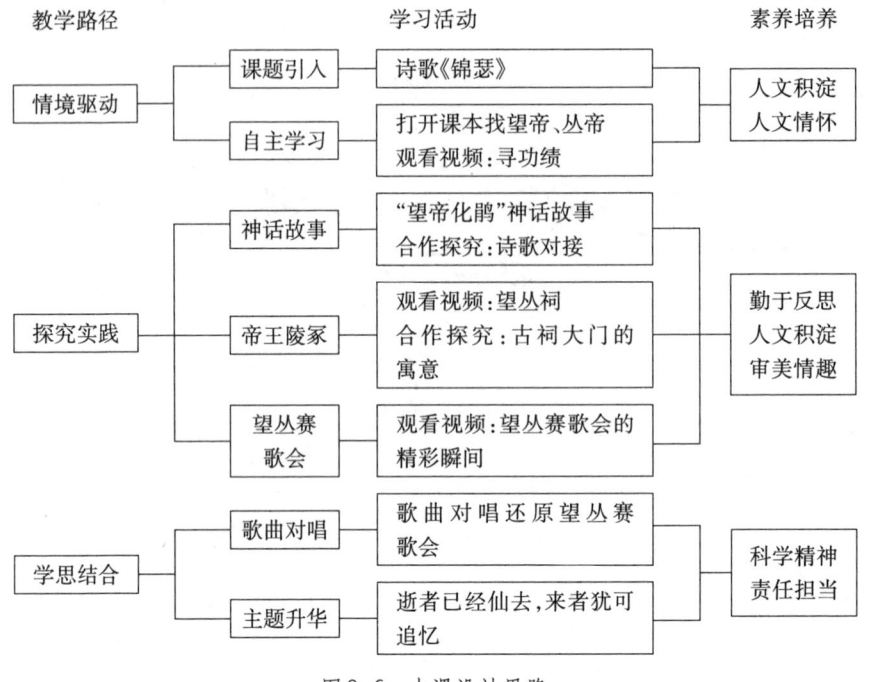

教学路径	学习活动	素养培养
情境驱动	课题引入：诗歌《锦瑟》 自主学习：打开课本找望帝、丛帝；观看视频：寻功绩	人文积淀 人文情怀
探究实践	神话故事："望帝化鹃"神话故事；合作探究：诗歌对接 帝王陵冢：观看视频：望丛祠；合作探究：古祠大门的寓意 望丛赛歌会：观看视频：望丛赛歌会的精彩瞬间	勤于反思 人文积淀 审美情趣
学思结合	歌曲对唱：歌曲对唱还原望丛赛歌会 主题升华：逝者已经仙去，来者犹可追忆	科学精神 责任担当

图 2-6 本课设计思路

四 教学方法和准备

（1）教学方法：创设生活情景教学、问题驱动式启发教学、视频体验式教学、小组合作探究式教学。

（2）教学准备：学生查阅资料，了解端午节的起源及风俗，了解望、丛二帝的千秋功业。收集与杜鹃鸟相关的古诗文。歌曲对唱准备。

五 教学过程

(一)导入新课

教师导入：中国古代诗歌浩如烟海，其中的名诗佳句多如繁星。人们或许并不知道它们出自何人之手，但却能熟记于心并千古传诵。现在，请随音乐欣赏李商隐最为经典的代表作《锦瑟》，然后全班同学带有感情地朗诵。

教师过渡:感谢同学们带来的精彩朗诵,诗句"庄生晓梦迷蝴蝶,望帝春心托杜鹃"中的望帝指的是谁?"望帝春心托杜鹃"出自哪个历史典故?今天,我们将走进"寻天府之源 弘望丛文化"的课题中寻找答案。

(二)自主学习:打开课本找望帝、丛帝

学生活动:阅读教材,回答"望帝杜宇是第四代蜀王,迁都到郫"。开明,即鳖灵,位号曰丛帝,为第五代蜀王。

教师过渡:望帝杜宇和丛帝鳖灵为我们四川的发展作出了哪些贡献?

学生活动:观看视频寻功绩。回答:"望帝杜宇教民务农,蜀地由此走上富足之路,他深受人民的爱戴。古时候,蜀人把杜宇尊为农神,春耕前要祭拜杜宇。丛帝鳖灵,开山治水、疏水导江,被古代蜀人称为水神"。

教师过渡:"开明肇其端,李冰集大成",成都平原自古以来就有"天府之国"的美称,这张骄傲名片的背后,不仅有兴修都江堰水利工程的李冰父子,追根溯源,还有劝民农桑的望帝杜宇和决山开峡、疏水导江的丛帝鳖灵。正是由于这两位贤明的帝王,才奠定了古蜀国的强盛,进而成就了今天"天府之国"的富庶。所以,今天的郫都区也有了"古蜀之都,天府之源"的美誉。请大家打开课本,了解相关传说。

学生活动:学生阅读课本,了解"望帝啼鹃"的传说。

学生根据课本介绍:相传望帝杜宇死后舍不得离开他的子民,其魂魄化作一种鸟,名叫杜鹃鸟。每到春天,杜鹃鸟四处飞翔啼叫,催促人们耕种,因为杜鹃鸟的口腔和舌头呈鲜红色,人们误以为是杜鹃鸟为了劝民耕种而啼出鲜血。杜鹃鸟又称子规鸟,所以留下了"望帝啼鹃""子规啼血"的美丽传说。

教师过渡:"闻子鹃之鸣,即曰望帝也"。自从杜宇化鹃的传说流传开来后,杜宇和杜鹃之间的关系成了不可分割的交织体。历朝历代感念杜宇的诗词数不胜数。李商隐在《锦瑟》一诗中写道:"庄生晓梦迷蝴蝶,望帝春心托杜鹃。"

(三)深入探究

1.合作探究一

教师过渡:接下来进行诗句对接,你还知道哪些关于杜鹃鸟、杜鹃花、望帝杜宇相关的诗句?

《可爱的四川》教学活动设计

教师举例:宋代王令的《送春》:"三月残花落更开,小檐日日燕飞来。子规夜半犹啼血,不信东风唤不回。"

学生活动:分为四个小组,每个小组派一名代表上台,将诗句对接的答案写在黑板上。

(1)蜀国曾闻子规鸟,宣城还见杜鹃花。

(2)万壑树参天,千山响杜鹃。

(3)十里楼台倚翠微,百花深处杜鹃啼。

(4)蜀帝何年魄,千春化杜鹃。

教师活动:点评。

教师过渡:古蜀文化,源远流长,造就天府之国如此魅力的历史渊源,就是古蜀望丛二帝开创的辉煌时代。农耕文化、水利文化以及与之相关的生活文化与休闲文化,都离不开望丛时代奠定的基础。为了感怀望丛二帝绵绵不绝的万代恩泽,我们来到了位于成都市郫都区的望丛祠。

学生活动:上台介绍望丛祠,根据播放的视频介绍望丛祠的主要景点。

2.合作探究二

教师过渡:原祠祠门不是单开单向,而是对称地开为南北二门,这样布局的寓意是什么?

学生回答后,教师指正并总结:望丛祠是一祠祭二主,所以祠门不是单开单向,而是对称地开为南北二门。

教师过渡:望丛祠比较正式的祭祀活动除了每年农历三月初三拉开春耕序幕和每年农历九月初九庆祝丰收外,还有两次比较正式的活动:一次是清明节,一次是农历五月初五的端午节。

"端午祭屈原,岷江朝杜主",农历五月初五的端午节祭祀活动,除了正式祭祀活动外,郫都的百姓也会自发来到望丛祠凭吊踏青、供奉三牲、上香叩拜。而最关键的是,大家都争相对唱山歌,这就是赫赫有名的望丛赛歌会。

望丛赛歌会是川西人民每年农历五月十五前后在郫都区望丛祠内举行的传统赛歌活动,至今已有1500多年的历史,它是汉民族唯一保留下来的赛歌仪式。传统的赛歌会在清代和民国时期最为鼎盛。

教师活动:播放望丛赛歌会的精彩视频。

视频中获取信息:2011年,望丛赛歌会被列入四川省非物质文化遗产保护名录,郫都也因望丛赛歌会的广泛影响,在2008年被文化部(现文化和旅游部)命名为"中国民间文化艺术之乡·郫县民歌之乡"。

教师过渡:望丛赛歌会的举办有什么意义?

望丛赛歌会是一个非常好的平台,一方面可以全面展示郫都区的人文地理、名胜古迹、历史名人、非遗项目以及城乡建设公共事业等;另一方面让来自四面八方的人们有机会了解当地人民的优良品格和文化精神。我非常期待今年即将到来的望丛赛歌会,希望赛歌会能赛出新风尚,唱出新风采。

教师活动:组织学生进行小组活动。学生以小组为单位,每个小组准备一首积极进取的歌曲中的高潮部分来展示。

学生活动:歌曲对唱。(还原望丛赛歌会)。

(1)准备时间:3分钟。

(2)以小组为单位,团结协作,轮流歌唱。

教师总结:成都平原的辉煌成就了蜀民心中的望丛祠,郫都,这座融合历史与现代、充满生机与奇趣的美妙土地,关于望帝、丛帝的这些朴素记忆,穿越时间,不仅见证了时代的变迁,更承载着属于郫都这片土地的独特荣耀,成为了我们心中永恒的情怀。同学们,通过今天的学习,我们明白了望、丛二帝是郫都人文精神的魂之所系,也是天府文化的奠基者。我们要发扬望丛文化,让望丛文化得以传承与延续。

六 板书设计

"寻天府之源　弘望丛文化"
端午赛歌祭二帝——望丛祠

一、寻天府之源
1.望帝丛帝　　　2.主要功绩
二、弘望丛文化
1.古蜀帝陵望丛祠　　2.望丛赛歌会

七 教学反思

教师在教学时,采用视频、图片、探究、研学等多种方式,让学生了解中华传统节日端午节,聆听古蜀国的神话故事,诵读与古蜀国传说相关的古诗词,感受望丛祠赛歌会的热闹氛围,体会亲手包粽子的乐趣。教师通过这些精心设计的教学环节,引导学生了解四川悠久的历史,感受古蜀国文化的独特魅力和创造力,从而增强学生对家乡四川的自豪感。

本课所涉及的知识点较新,对教师授课技巧以及激发学生的学习兴趣提出了更高的要求。因此,教师不仅需要通过精讲重点,创设教学情境来增强学生的学习动机,还要营造浓厚的学习氛围,提升课堂教学的整体效果。

《遍布四川的三国遗迹》教学设计

张 帆

绵阳中学英才学校

一 教材与学情分析

本课是《可爱的四川》(七至八年级)主题二"人文之美"第五课的内容。《遍布四川的三国遗迹》包含"三国圣地——成都武侯祠博物馆""猛将长眠地——阆中张飞庙"以及"剑门天下险——广元剑门关"三个子目。

从知识储备情况来看,七年级的学生对四川的三国遗迹虽有一定的了解,但大多仅限于粗略的印象,这些印象多源自平时观看的影视剧,因此亟需教师的正确引导。从该学段学生的思维方式与特点而言,七年级的学生对历史、地理学科的兴趣浓厚,他们自我表现欲强、形象思维活跃,并且乐于接受多媒体等现代教学辅助手段,对参与活动也充满热情。但是,学生的理性思维能力相对薄弱,语言表达能力尚显不足,导致情感态度与价值观目标的不易实现,以及将所学知识应用于解决实际问题有一定的难度。

二 学习目标与核心素养

了解成都武侯祠、广元剑门关及绵阳三国遗迹的文化底蕴;了解刘备"弘毅宽厚,知人善任,求贤若渴"的高尚品质;通过研读史料,探讨诸葛亮身上的优良品质;进一步理解三国文化中所蕴含的"为人之本、做事之根、治世之道的传统文化中的精神财富。本节课,教师将通过组织学生进行活动探讨及实地录制视频等方式,达到培养学生人文积淀素养的目标。

三 设计思路

通过对教材内容的精心整合,确立了本课的教学主线,带领学生踏上一场课堂研学之旅:首先沿金牛古道探寻三国遗迹,感悟三国文化的深厚底蕴;再沿金牛道从南边的武侯祠出发,到达北边的剑门关;最后返回家乡绵阳。

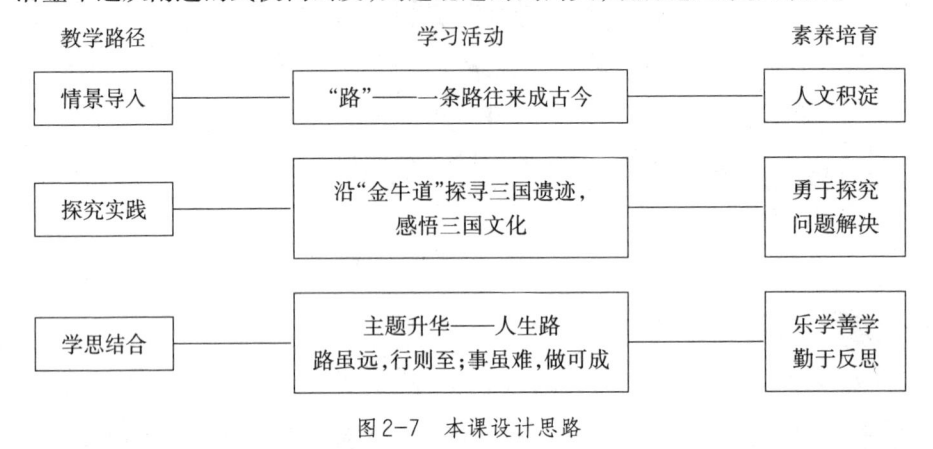

教学路径	学习活动	素养培育
情景导入	"路"——一条路往来成古今	人文积淀
探究实践	沿"金牛道"探寻三国遗迹,感悟三国文化	勇于探究 问题解决
学思结合	主题升华——人生路 路虽远,行则至;事虽难,做可成	乐学善学 勤于反思

图2-7 本课设计思路

四 教学方法与用具

(1)教学方法:图示法、活动探究法、问题教学法、讲授法、合作探究法。
(2)教学用具:地图、画板等。

五 教学过程

(一)导入新课

教师过渡:展示学校周围的道路网络图并提问:"学校周围道路的名字有哪些?"

学生活动:答出熟悉的街道名字。

教师总结:这些道路不仅是我们回家的必经之路,也是架起我们梦想和知识的桥梁。随后引入今天的课堂主线——沿金牛古道探寻三国遗迹,感悟三国文化。

💡 设计意图:从学生熟悉的生活场景入手,营造贴近历史的情境,拉近历史与现实的距离,激发学生的学习兴趣。

(二)观金牛道之南的武侯祠

教师过渡:三国时期是汉朝之后、晋朝之前的一个重要历史阶段。在这一时期,先后出现了曹魏、蜀汉、东吴三个主要政权。我们来看一下三国时期的地图。同学们知道四川有哪些著名的三国遗迹呢?

学生活动:小组探讨答案,给出武侯祠、剑门关、张飞庙等答案。

💡 设计意图:通过设问探讨与教师讲述相结合的方式,联系学生已有的知识,让学生整体感知在四川分布的三国遗迹,明确今天的课堂主线。

教师活动:总结学生的回答,并进一步介绍武侯祠博物馆。武侯祠博物馆主要包括四个景点,是纪念三国时期蜀汉皇帝刘备、丞相诸葛亮以及其他蜀汉英雄的重要遗迹,被誉为"三国圣地"。教师引入杜甫的诗句:"丞相祠堂何处寻,锦官城外柏森森。"同时,播放武侯祠的相关视频。在众多辅佐刘备的三国名将中,诸葛亮无疑是学生最熟悉的一位。教师展示诸葛亮的发明,并进行解说。

学生活动:结合视频感知武侯祠的三国文化,并动手制作诸葛亮的发明,如诸葛连弩、孔明灯等。

教师活动:出示有关诸葛亮的史料。

学生活动:分组探讨诸葛亮的精神品质。通过小组探讨可以得出诸葛亮具有为人诚信公正、恪尽职守、爱国爱民等品质。

教师总结:以诸葛亮为代表的三国英雄人物,他们身上所彰显的为人之本、做事之根、治世之道是三国文化的核心,也是中华优秀传统文化的组成部分,这些精神品质值得我们传承和发扬。

💡 设计意图:引入古诗词作为过渡,融入语文学科,进一步推进学科融合,丰富课堂内容。播放视频和讲述历史故事的方式,让学生更直观地感知三国遗迹和三国文化。从诸葛亮发明的角度入手去解读人物,激发学生的学习兴趣。通过设问探讨,让学生进一步了解诸葛亮的人物品质。运用史料进行问题探究,突破重点,了解诸葛亮身上彰显的精神品质,感悟三国文化,同时培养学生的历史史料分析能力。

(三)探剑门关的地理奥秘

教师过渡:刘备当年选择在四川建立政权,其中地理因素起到了重要作用。自古以来,四川盆地地势险峻,易守难攻,雄关遍布。广元剑门关就是其中之一,它有着"一夫当关,万夫莫开"的称号。可抵挡百万雄兵的剑门关究竟有着怎样的险峻地势和地理秘密呢?接下来观看剑门关视频。

学生活动:观看视频,感知剑门关蕴含的三国文化。

教师活动:补充讲解剑门关的三国文化。诸葛亮任蜀汉丞相时,见大小剑山之间有阁道三十里,又见大剑山中断处壁高千仞,天开一线,便在此垒石为关,以为屏障,称剑阁,又称剑阁关。后来,诸葛亮、姜维北伐中原,都曾经过此地。

设计意图:播放视频和讲述历史故事的方式,让学生更加直观地感知三国遗迹和文化。

(四)寻绵阳的三国遗迹

教师导入:从武侯祠到剑门关,自古就有"一条大路通剑门"的说法,而这必经之地就是古城涪县(今绵阳市)。绵阳的三国遗迹有哪些?

学生活动:回答"富乐山、西山公园和上马望蜀苑"等。

教师活动:总体介绍绵阳主要的几处三国遗迹,并播放授课教师实地录制的富乐山视频。观看视频后,教师设问:富乐山下,金牛道旁,人称"古蜀明珠"的是哪一座城市?

学生活动:观看视频并思考问题。

设计意图:播放教师实地录制的视频,让学生进一步了解富乐山这一三国遗迹的历史地理文化。

教师活动:播放绵阳最新的宣传片,对绵阳的历史文化进行讲解。绵阳历史文化积淀厚重,人文绚烂,风光旖旎。自汉置涪县始,迄今已有2200多年建城史,自古以来就有"金牛古道明珠""商业重地"及"军事要塞"之称。如今,绵阳科教发达,产业兴盛,是我国重要的国防军工和科研生产基地。绵阳的发展离不开世世代代人们的辛勤劳动,而今天绵阳的建设更需要我们进一步添砖加瓦。

📖 设计意图:观看视频,让学生进一步了解绵阳的古今之美,突破重难点,落实历史核心素养,培养家国情怀。

教师总结:今天,老师带着同学们沿金牛道探寻三国遗迹,感悟三国文化。同学们正在自己的人生路上书写着未来,路虽远,行则至;事虽难,做可成。鲜衣怒马少年时,不负韶华行且知。

📖 设计意图:以"路"结尾,紧扣主题,首尾呼应,进一步深化学生的情感。

教师活动:布置课后作业"我来做小导游",请为即将从其他城市来绵阳游玩的"三国迷"朋友设计一条科学、合理的三国文化研学活动线路。

📖 设计意图:设置创编探究型作业,促进学生多向交流,培养学生自主探索的能力,给学生更多展示的机会。

六 板书设计

遍布四川的三国遗迹

一、观金牛道之南的武侯祠

二、探剑门关的地理奥秘

三、寻绵阳的三国遗迹

七 教学反思

本堂课紧紧围绕"沿金牛古道探寻三国遗迹,感悟三国文化"的主线,以学校周围的道路为导入,在教学过程中,通过一系列有深度的设问探讨活动,将地理、历史、语文等诸多学科的知识、技能、方法结合起来,开展了一堂以学生为主体的综合探究研学课。本课贯彻了"五育并举,立德树人"的先进教育理念,知识的呈现方式丰富多样。本堂课将学科课程和"研学之旅"的活动课程进行了有效的融合与探索,但在细节处理上仍有待进一步提升。

《文星闪耀天府之国》教学设计

如玛她　俄松措　尚　地　泽让卓玛　求木措

若尔盖县纳木中学　阿坝藏族羌族自治州藏文中学校

教材与学情分析

本课是《可爱的四川》(七至八年级)主题二"人文之美"第六课的内容。自古以来,蜀中人文荟萃,名家辈出,涌现出李白、杜甫、"苏门三父子"、郭沫若等文坛巨匠。本节课主要学习并了解这几位名人的生平事迹,感受他们留下的脍炙人口的名篇佳句,进而了解四川的历史、文化及人文特色。

七至八年级的学生,通过之前学习的语文、历史等学科知识,已经对这八位名家有了初步认识。通过学习本课,让学生了解天府之国的文化背景、地理环境。通过鉴赏文坛巨匠的代表作品,深入理解诗歌的思想内容,从而体会作者的情感。

学习目标与核心素养

让学生了解四川的历史、文化及人文特色;认识李白、杜甫、"苏门三父子"及郭沫若的简要生平事迹,感受他们留下的脍炙人口的名篇佳句;了解中国古代诗歌创作的丰富的瑰宝,激发学生对祖国灿烂文化的热爱,培养学生的审美情趣和对地方文化的热爱之情。

三 设计思路

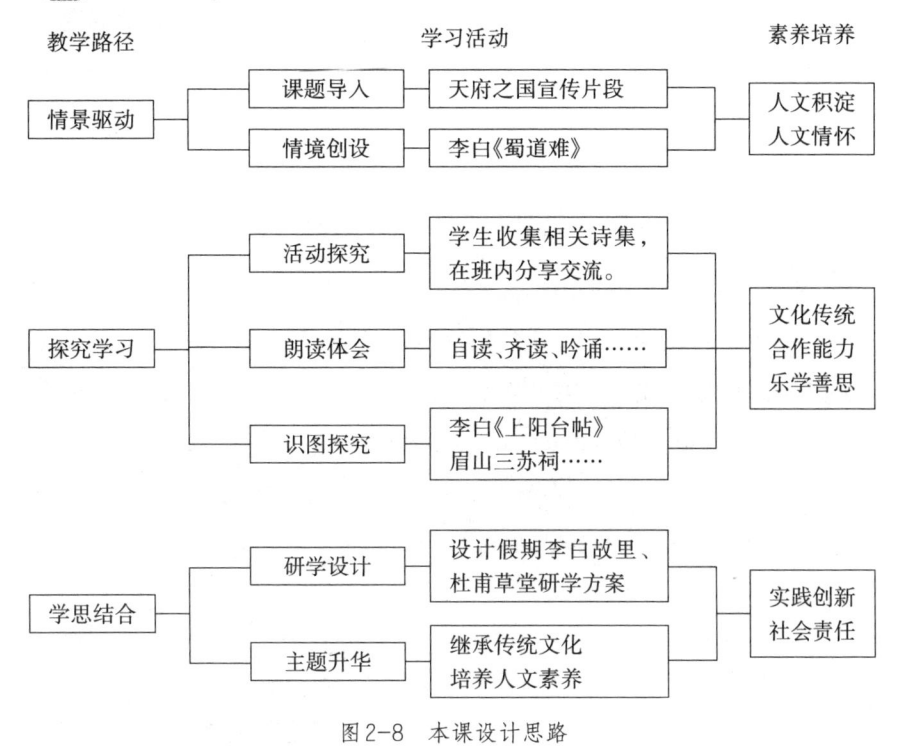

教学路径	学习活动		素养培养
情景驱动	课题导入	天府之国宣传片段	人文积淀 人文情怀
	情境创设	李白《蜀道难》	
探究学习	活动探究	学生收集相关诗集，在班内分享交流。	文化传统 合作能力 乐学善思
	朗读体会	自读、齐读、吟诵……	
	识图探究	李白《上阳台帖》眉山三苏祠……	
学思结合	研学设计	设计假期李白故里、杜甫草堂研学方案	实践创新 社会责任
	主题升华	继承传统文化 培养人文素养	

图 2-8　本课设计思路

四 教学方法与准备

(1) 教学方法：教师讲授、小组讨论、对比鉴赏、互动交流等方法相结合，利用图片、音频、视频等资料穿插整个教学过程。

(2) 教学准备：学生需要提前查阅四川的历史、文化及人文特色等资料。

五 教学过程

(一) 导入新课

教师活动：播放一段关于天府之国的宣传片，引导学生进入本课内容的学习。

1. "蜀道太白乡"

教师导入："蜀道之难，难于上青天。"李白的一首《蜀道难》，让蜀道的艰险为世人所知。今天,我们一起来看看李白跟这蜀道之间存在着怎样的联系?

教师过渡:目前对于李白故里的争议较多,有一种说法认为李白的故乡位于四川省江油市青莲镇。江油市青莲镇以其丰富的历史遗迹和文化内涵,吸引着无数游客前来探寻"诗仙"的足迹,感受中华文化的博大精深。接下来,请同学们分小组讨论。

学生活动:分小组讨论李白的生平简介。

拓展资料

李白(701—762年),字太白,号青莲居士。李白是继屈原之后中国最杰出的浪漫主义诗人,其诗风狂放炽热,想象丰富,语言率真自然,音律和谐多变。他善于从民歌、神话中寻找素材,创作出雄奇豪放、瑰玮绚烂的诗篇。

1962年,为了纪念李白筹建李白纪念馆,并对陇西院、磨针溪、洗墨池等遗迹进行了开发。1982年,改革开放的总设计师邓小平同志亲笔题写了"李白故里"。

教师过渡:关于李白的诗,你都知道哪些?

学生活动:列举李白的诗,如《静夜思》《黄鹤楼送孟浩然之广陵》《望庐山瀑布》《峨眉山月歌》等。

教师过渡:同学们的回答都很棒。李白的诗,既豪迈奔放,又清新飘逸,且想象丰富,意境奇妙,因此人们称他为"诗仙"。

为纪念"诗仙"李白,传承与弘扬中华优秀传统文化。江油市政府在李白故宅陇西院附近建造了一座气势恢宏的太白碑林。碑林中镌刻的内容主要是历代书法名家书写的李白诗歌,以及颂扬李白的楹联诗文。碑上的文字风格多样,极具观赏价值和艺术价值。

《上阳台帖》是李白所书的自咏四言诗,也是李白唯一传世的书迹。你能说出这是哪种字体吗?

学生活动:查阅资料并朗诵这首诗。

教师总结:《上阳台帖》是纸本墨迹草书书法作品,是国家一级文物中的"国宝",被称为"一级甲等文物"。《上阳台帖》共25个字,既描写了王屋山高耸峻拔之势和源远流长之水,又通过赞颂司马承祯的作品,抒发了作者对其的仰慕之情。全帖字迹苍劲雄浑而又气势飘逸,用笔纵放自如,法度不拘一格,一如李白豪放、俊逸的诗风。全帖结体亦参差跌宕,顾盼有情,奇趣无穷。

教师过渡:为什么《上阳台帖》上有那么多的印章?

学生活动:《上阳台帖》共盖有近百枚印章。它之所以如此珍贵,除了因为它是"诗仙"李白唯一的传世真迹外,还有一个重要原因,就是在它传世的一千多年里,它辗转于各朝各代帝王、名家之手,都被他们视若珍宝。字帖上密密麻麻的印章和注解背后,个个都是地位超然的大人物,除了有赵孟坚、贾似道等书法名家,还有宋徽宗和乾隆皇帝,这更从侧面说明了这幅作品的价值之高。随着时间的流逝,这些收藏者的题跋和注解本身也成了文物的一部分,使得本是绝世珍品的《上阳台帖》更加珍贵。

2."万里桥西一草堂"

教师导入:同学们,接下来让我们一起走进杜甫诗中的"万里桥西一草堂"。

万里桥,作为成都的一个重要地标,见证了无数文人墨客的足迹。而杜甫的草堂,就坐落在这座桥的西边,成为杜甫创作与生活的重要场所。在这里,我们可以想象杜甫当年在草堂中挥毫泼墨的场景,他用诗歌记录下时代的变迁与个人的情感。草堂不仅是他避风的港湾,更是他心灵的栖息地。在这里,他写下了许多脍炙人口的诗篇,表达了对国家、人民以及自然的深深关怀。据统计,杜甫一生流传至今的诗篇有一千四百余首,而他在草堂时期的创作就有二百四十余首,约占其诗歌总量的百分之二十。

学生活动:查阅资料,分别指出下列诗句(见表2-1)表达了杜甫当时怎样的心境。

表2-1 杜甫诗句

诗句	出处
会当凌绝顶,一览众山小。	《望岳》
国破山河在,城春草木深。	《春望》
好雨知时节,当春乃发生。	《春夜喜雨》
万里悲秋常作客,百年多病独登台。	《登高》

教师总结:《望岳》表达了诗人不怕困难、勇攀顶峰、俯视一切的雄心和气概,以及卓然独立、兼济天下的豪情壮志。《春望》表达了诗人忧伤国事,期望和平的美好愿望以及思念家人的深沉感情。此诗融情于景、借景抒情、托物言志。《春夜喜雨》表达了诗人对春夜细雨无私奉献品质的喜爱与赞美之情。《登高》表达了诗人长年漂泊、老病孤愁的复杂感情,慷慨激越,动人心弦。

学生活动:了解中国传统节日——人日。

拓展资料

人日,又称人节,是中国的一个古老的传统节日。传说女娲初创世时,在造出鸡、狗、猪、羊、牛、马等动物后,于第七天造出了人,所以这一天被视为人类的生日。汉朝开始有人日节俗,魏晋以后逐渐受到重视。到了唐朝,这个节日更加盛行。每至人日,皇帝会登高大宴群臣,仕女结伴出游,文人墨客登高赋诗。现在,全国保留人日活动的城市已很少见了。然而,成都因其深厚的文化和历史渊源,赋予人日与众不同的深刻内涵。每年农历正月初七,杜甫草堂举行的"人日"活动,已成当地春节期间一个特有的传统民俗文化活动。

学生活动:查阅资料,说出"人日"的历史典故。

教师过渡:说说假如你和同学去参加"人日"活动,你们可以通过哪些方式来凭吊"诗圣"杜甫?

示例:

祭拜仪式:参与庄重的祭拜仪式,向杜甫塑像鞠躬献花表达敬意。

诗歌朗诵:在草堂内朗诵杜甫的诗歌,感受其文学魅力。

赏梅祈福：在草堂的梅园中赏梅，寄托对杜甫的哀思与祝福。

参观展览：参观草堂内的杜甫生平展览，了解杜甫的生平事迹与文学成就。

3."一门父子三词客"

拓展资料

"中国诗书城"——眉山

眉山，古称眉州，是四川省辖地级市，位于成都平原西南部，岷江中游和青衣江下游的扇形地带，地处成都—乐山黄金走廊中段。气候宜人，四季分明，属于典型的温带气候。

三苏祠

三苏祠位于眉山市，是北宋时期著名文学家苏洵，苏轼，苏辙父子三人的故居。南宋时改宅为祠，祭祀三苏。明末毁于兵燹，仅存五碑一钟。清康熙年间在原址按明代规模重建，之后历代均有增益补修该祠于1980年7月被四川省人民政府公布为四川省重点文物保护单位。1987年，成立眉山三苏祠博物馆。

教师过渡：中国传统启蒙教材《三字经》有言："苏老泉，二十七。始发愤，读书籍。"这里的"苏老泉"便是指苏洵。他满腹经纶，却屡屡科举不第，但他乐观豁达，潜心治学，悉心培养苏轼、苏辙两兄弟。公元1057年，苏轼、苏辙兄弟二人同榜高中进士，名震京师。

在苏氏父子中，苏轼的成就最大。他在诗、词、散文、书法、绘画等方面均有极高的造诣。苏轼对词进行了大刀阔斧的开拓和变革，在词的发展史上留下了不可磨灭的贡献。苏轼打破了诗与词的界限，以词怀古、感旧、记游、说理，使词从"樽前""月下"走向广阔的社会。他的词清新俊逸，刚健豪放。其中，《念奴娇·赤壁怀古》《水调歌头·明月几时有》等作品都成为千古绝唱，为后人所传诵。

刚直方正、不阿权贵的个性注定了苏轼仕途多舛。然而，宦海有涯，行者无疆。磨难和挫折并未击垮颠沛流离中的苏轼，恰恰相反，政坛上的失意铸就了他文坛上的辉煌。

《可爱的四川》教学活动设计

学生活动：思考讨论是什么力量激励着苏轼屡遭挫折却逆流而上？苏轼被贬后，依旧洒脱，面对困境，是什么支撑着他努力活着？

拓展资料

苏轼年少成名，科举之路顺遂，但仕途却历经坎坷，曾多次被贬谪。作为普通人的他，面对困境也会心情压抑。但与常人不同的是，苏轼能在逆境中保持乐观的精神，在流放中寻找自我，领悟人生的真谛，从而留下了一首首传承千年的绝世佳作。

作为"豪放派"词人，苏轼凭借乐观的人生态度，活出了自己的潇洒人生。苏东坡刚被贬黄州时，心情郁闷，借酒消愁，以"小舟从此逝，江海寄余生"表达了自己明明满腹才华却落得获罪流放的苦闷心情。经过一段时间的调整，苏东坡慢慢转变心态，明白了挫折也是人生中宝贵的经历。他从贬谪的阴霾中走出来，开始展现积极乐观的人生态度。于是，他便以诗词告诉世人，当你能"一蓑烟雨任平生"时，人生便"也无风雨也无晴"了。

经历过人生大起大落的人中，总有一部分人能看淡许多东西，从而在接下来的人生中享受到怡然之乐。况且，是金子总会发光。在被贬期间，苏轼曾创办学堂，许多人不远千里来向他求学。人们一直把苏轼看作是儋州文化的开拓者、播种人，对他怀有深深的崇敬。

除了诗词上的造诣，苏轼还善于观察生活中的细节，他对美食也颇有研究。贬谪黄州时，他用邻居施舍的蔬菜做出了鲜美可口的蔬菜汤；在流放海南时，他也能品味出山芋的另一番风味。面对这样有诗词、有美食、有如画山水的生活，苏轼当然是会认真去享受，而不会因为贬谪就结束自己的一生！

教师总结：苏轼面对贬谪依然自由洒脱，面对困境从不惧怕退缩，这颠簸坎坷的人生里，支持苏轼坚持下来的关键因素就是他那乐观豁达的人生态度。

学生活动：朗诵苏轼的《定风波·莫听穿林打叶声》，体会苏轼当时的生活态度。

4."绥山毓秀,沫水钟灵"

教师导入:沿眉山南下,在距离三苏祠不到100千米的乐山市沙湾区,有一处背负绥山、面向沫水的故宅,它是一代文豪郭沫若出生和度过青少年时期的地方。

拓展资料

郭沫若是中国近现代史上一位学识渊博、才华卓著的文学巨匠和著名的社会活动家,生平著述甚丰。

位于乐山的郭沫若故居始建于清代嘉庆年间,是一座四进穿斗式木结构、小青瓦平房,集居室、商铺、家塾和园林于一体,至今依旧保持着古朴的风貌。该建筑2006年5月被国务院公布为第六批全国重点文物保护单位,2013年7月被旅游局(现文化和旅游部)批准成为国家4A级旅游景区,2014年11月被命名为四川省中共党史教育基地。

1919年的五四运动,如报春的惊雷,宣告一个新时代已经来临。1920年春,正在日本福冈市九州帝国大学医学部留学的郭沫若创作了新诗《炉中煤——眷念祖国的情绪》。

学生活动:说出诗中的"炉中煤"和"年青的女郎"分别比喻什么?"炉中煤"指作者,"年青的女郎"指的是祖国。黑色外表下的煤炭,为了自己心爱的女郎,不怕烈焰焚焚,只为了不负女郎的期望。煤的燃烧如烟花般绚烂却转瞬即逝,而这一切都是为了祖国。

教师过渡:郭沫若的作品我们都学过哪些?

学生活动:学生回答并朗读诗词《天上的街市》《静夜》。

教师总结:郭沫若不仅开辟了新诗的崭新时代,还在哲学、历史学、考古学、古文字学等领域的研究取得了卓越的成就。不仅如此,他还是中国杰出的历史剧大师。郭沫若一生创作了《卓文君》《王昭君》《屈原》《蔡文姬》等多部历史剧,这些剧作在思想内容和艺术形式上都达到了现代文学史上历史剧创作的高峰。

学生活动:情景剧表演,与同学一起表演历史剧《屈原》中的一个片段。

六 板书设计

文星闪耀天府之国

李白故里　　　江油

杜甫草堂　　　成都

三苏故里　　　眉山

郭沫若故居　　乐山

七 教学反思

同学们通过本课的学习,掌握了李白故里、杜甫草堂、眉山三苏祠、乐山郭沫若故居的知识,体会到名篇佳句的独特魅力,同时也深入了解了四川的历史、文化及人文特色。整堂课以学生为主导,需要学生在课前多做准备,因此要为学生预留充足的课前预习时间。在小组活动中,部分学生参与度不高,下次应更注重小组合作的实效性。在以后的课程中,应更多地鼓励学生进行独立思考和创新,让他们切实感受并真正领略到四川人文之美的独特魅力。

《独具特色的民居民俗》
教学设计一

温立伟

绵阳中学英才学校

一 教材与学情分析

本课是《可爱的四川》(七至八年级)主题二"人文之美"第七课第一课时"川西民居典范——成都大邑安仁古镇"的内容。相较于后两个课时所涉及的丹巴碉楼和桃坪羌寨来说,本课时的内容对于学生而言相对较为熟悉,因为学生在日常生活中能接触到较多的相关信息。七至八年级的学生已经掌握了一定的地理、历史学科知识,并且具备一定的分析问题能力。

二 学习目标与核心素养

通过观看图片、视频,让学生认识安仁古镇,并比较它的景观与现代建筑的差异。通过对比描述安仁古镇的景观特征及其变化,让学生理解其形成和发展与当地环境的关系。最终,帮助学生树立正确的人地观,并懂得保护传统民居的重要意义。

三 设计思路

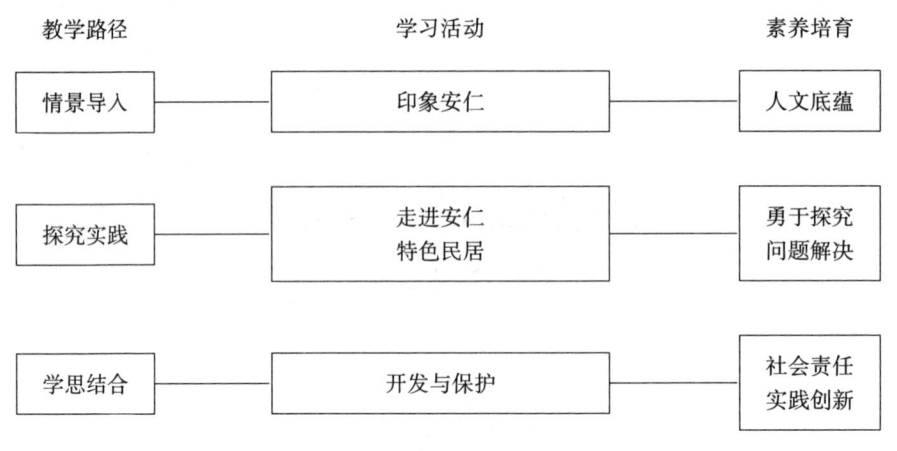

教学路径	学习活动	素养培育
情景导入	印象安仁	人文底蕴
探究实践	走进安仁特色民居	勇于探究 问题解决
学思结合	开发与保护	社会责任 实践创新

图2-9 本课设计思路

四 教学方法

教学方法：讲授法、小组讨论、情境创设法。

五 教学过程

(一)导入新课

教师导入：同学们，上周末我们开展了"家乡的传统民居"地理实践活动，老师把大家发的照片制作成一个视频，我们一起去看看大家的家乡吧！

教师活动：播放视频《我和家乡合个影》，请简单介绍一下家乡的传统民居。

学生活动：介绍家乡情况。根据自己的旅行体验和搜集到的资料，分享自己见到过的特色民居。

教师过渡：在我们四川，有很多独具特色的传统民居。本节课，我们就一起来学习第七课《独具特色的民居民俗》，重点了解安仁古镇。

设计意图：让学生通过图片对聚落有初步的印象，感知聚落丰富的人文底蕴。重点突出当地自然环境和聚落的形态，把地理实践与教学相联系，增加学生的学习兴趣，增强学生的生活体验表达能力，感受生活中的地理知识。

(二)新知讲解

1.走进安仁

教师活动:播放视频,介绍安仁古镇的位置,以及安仁的地形、河流、土壤、气候等方面知识。

教师过渡:聚落的形成必须要有便利的交通、充足的水源、进行农业生产的肥沃土壤、丰富的自然资源和平坦的地形。这些都是保证人们基本生活与生产的必要条件。

学生活动:学生分小组讨论、总结安仁的自然条件,并根据地理课上学习的聚落形成条件,分析安仁能够形成聚落的有利条件。(提示关键词:河流、地形、人口、历史)

设计意图:利用视频激发学生兴趣,通过讨论安仁古镇的成因,培养学生的综合思维能力。

2.特色民居

教师活动:在人类数千年的历史长河里,世界各地的人们将当地的自然环境与他们的勤劳智慧相结合,创造了不同的聚落,形成了各具特色的聚落文化。通过多媒体展示安仁古镇民居的图片,并分析这种民居的特色。引导学生观察并分析民居的构造和自然环境的关系。

学生活动:通过观察民居的形态、构造,分析出其所用建筑材料大多为木材、石灰、砖瓦。这与当地木材、石灰岩资源丰富有关。同时,房屋坡度较大,屋檐前倾面积大,室内宽敞通透,这与当地夏季炎热潮湿,冬季温和的气候特点有关。

设计意图:通过分析古镇民居选材、形态背后的知识,培养学生跨学科分析问题的综合思维能力。

3.开发与保护

教师过渡:目前,世界上很多地区都面临一个同样的问题:由于自然和社会的原因,一些具有鲜明特色的乡村聚落正在逐渐减少。在钢筋水泥的"城市森林"里,有文化特色的传统民居也被一些高楼大厦所代替。因此,如何保护好聚落中有价值的纪念地、建筑群和遗址,处理好聚落发展与保护之间的关系,成了聚落发展的核心问题。

每年来到安仁古镇旅游的游客络绎不绝,他们给当地带来了旅游收入,但同时也不可避免地产生了一些问题。

学生活动:

①分小组讨论安仁旅游发展过程中可能遇到的问题。

②当有些传统聚落的位置影响了城市发展,应该如何处理。

③如何看待利用现代建筑方式修复传统的聚落。

📝 设计意图:通过分析安仁古镇的现状,培养学生多角度思考问题的能力,培养学生的人地协调观,培养学生尊重自然,热爱家乡。

六 板书设计

川西民居典范　成都大邑安仁古镇

安仁古镇 ⎰ 走进安仁
　　　　　⎨ 特色民居
　　　　　⎩ 发展与保护

七 教学反思

本课主要发挥了多媒体的教学优势,利用直观的图片、视频来丰富课堂内容和课堂形式,同时强化启发引导,让学生真正成为课堂的主体,从而增强学生的成就感,点燃学生的学习积极性,活跃课堂气氛。但是,由于学生的知识储备和认知能力有限,课堂活动的开展也受到知识面的限制,因此需要教师提前整合资料,梳理知识点。

《独居具特色的民居民俗》
教学设计二

李 敏

绵阳中学英才学校

一 教材与学情分析

本课是《可爱的四川(七至八年级)》主题二"人文之美"第七课第二课时"'羌族建筑艺术活化石'——理县桃坪羌寨"的内容。本教材作为地方课程,是对国家课程的延续和补充,具有综合实践活动课程的性质。七年级的学生初步具备一定的分析问题、合作探究的能力,但实践机会相对较少。针对七年级学生的实际情况,本课的设计并非仅仅侧重知识点的讲解,而是引导学生走出校园,在与日常生活不同的环境中拓宽视野、丰富知识、了解社会、亲近自然、体验生活。通过这些活动,让学生感受祖国的大好河山、中华传统美德、革命光荣历史和改革开放的伟大成就,培养学生热爱家乡、热爱祖国的情感。

二 学习目标与核心素养

学生通过课堂学习和走出校园参与实践,在了解四川传统建筑的同时,认识巴蜀文化的特点和精华,感受巴蜀文化的吸引力和创造力,增强学生的自豪感和使命感;学生在动手动脑的过程中,逐步形成科学精神和实践创新能力;通过实践活动,提升学生亲近自然、了解社会、解决问题的能力;培养学生热爱四川、热爱家乡的情感,并树立责任担当意识;帮助学生初步形成正确的世界观、人生观、价值观,树立为家乡和祖国的社会主义现代化建设做贡献的人生理想,努力成为德智体美劳全面发展的社会主义建设者和接班人。

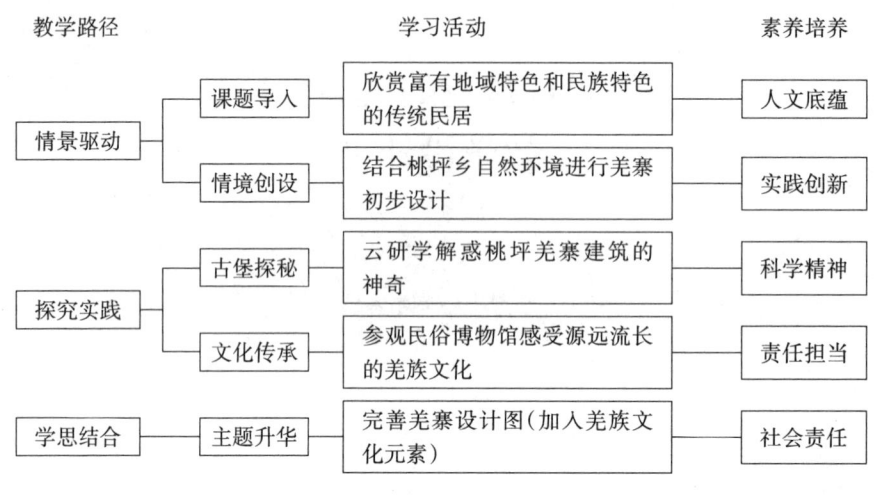

三 设计思路

教学路径		学习活动	素养培养
情景驱动	课题导入	欣赏富有地域特色和民族特色的传统民居	人文底蕴
	情境创设	结合桃坪乡自然环境进行羌寨初步设计	实践创新
探究实践	古堡探秘	云研学解惑桃坪羌寨建筑的神奇	科学精神
	文化传承	参观民俗博物馆感受源远流长的羌族文化	责任担当
学思结合	主题升华	完善羌寨设计图(加入羌族文化元素)	社会责任

图2-10 本课设计思路

四 教学方法与用具

(1)教学方法:小组合作、观看视频、实验操作等。
(2)教学用具:桃坪羌寨白石头、白纸、彩笔、视频资料等。

五 教学过程

(一)导入新课

教师导入:在我们幅员辽阔的祖国大地上,分布着众多富有地域特色和民族特色的传统民居。从汉族地区规整式布局的传统合院式建筑——北京四合院,到以土墙做墙体的客家人集体建筑——福建土楼;从具有鲜明的徽州文化特色的历史传统村落——皖南古村落,到适合游牧民族生活的典型帐幕式住宅——蒙古包;从土家族、苗族等南方少数民族特有的古代干栏式建筑——湘西吊脚楼,到哀牢山上与巍峨的山峰、变幻的云海、多姿的梯田形成美妙画卷的哈尼族蘑菇房,它们无一不是我国上千年文化的积淀和传承。

今天,老师将和同学们一起,以研学的形式走进一座羌寨,去感受羌族源远流长的文化。

(二)教学环节

教师过渡:在四川的西北部,青藏高原边缘的岷江上游,这里背靠群山,地势陡峭,高山深谷纵横交错,面朝岷江支流杂谷老河,在河谷与山坡的交界处有一小片地势较为平缓的区域,这就是理县桃坪乡——羌族的聚居地。这里属于高原山地气候,海拔比绵阳高出1000米。

现在,同学们对理县桃坪乡有了一个初步的认识。接下来,我们一起来开启今天研学的第一个环节。

1. 研学初体验——我是小小建筑师

学生活动:以简笔画的形式为桃坪乡的羌族朋友设计特色建筑——羌寨。

以小组为单位,每位同学参与绘制。可结合当地的自然环境和自己的所见所闻,以简笔画的形式完成初步设计,本节课的研学活动结束后再进行完善。

教师过渡:跟着同学们的画笔,我们眼前出现了一座座独具羌族特色的建筑。接下来,请同学们带着自己设计的羌寨简图(如图2-11、图2-12所示),跟随老师开启一场云研学之旅——走进桃坪羌寨。

> **拓展资料**
>
> 桃坪羌寨始建于公元前111年,已有2000多年的历史。它是世界上保存最完整的、至今仍有人居住的碉楼与民居融为一体的建筑群。其完善的地下水网、四通八达的通道以及碉楼与民居合一的迷宫式建筑艺术,是自然与民族智慧的完美结合,被中外学者誉为"羌族建筑艺术活化石"和"神秘的东方古堡"。

图2-11 学生绘画过程　　　　　图2-12 学生绘画图

2.云研学——神秘的"东方古堡"

教师过渡：老师在桃坪羌寨中发现了几种神秘的现象：家家户户的屋顶都供奉白石头；每家每户的外墙上遍布着孔洞；这里的地下水网十分发达；空中、地面、地下立体交叉的道路网和防御系统让老师感觉如入迷宫；大门旁边的方孔居然是用钥匙开门的地方；经历了多次雷击和地震，羌寨却依然安然无恙。接下来，请同学们以小组合作的方式，结合教材的内容和平板电脑，开启我们的云研学之旅，解密神奇的"东方古堡"。

学生活动：云研学——古堡探秘。思考并回答以下问题：

（1）为什么家家户户在屋顶供奉白石头？

（2）羌寨外墙上的孔洞有什么作用？

（3）地下水网的功能是什么？

（4）羌寨的空中、地面、地下三种立体交叉道路网和防御系统有何奇特之处？

（5）为什么羌寨的木锁使用寿命长，有"一把木锁用千年"的说法？

（6）桃坪羌寨为何能屹立千年而不倒？（从取材、结构等方面分析）

小组抽签决定探讨内容，使用平板电脑查阅资料、讨论分析、记录要点。

小组派代表发言解释所探讨的问题。

教师过渡：刚才同学们都解释得非常棒，让我们对桃坪羌寨有了更深入的了解。接下来，请继续跟随老师的步伐，去实地感受一下"东方古堡"的神秘魅力。

教师活动：播放视频，解答问题。

教师过渡:这次去桃坪羌寨,老师化身为一名羌族教师,有幸采访了多次亮相央视节目的王嘉俊老先生。王老先生创建了一座桃坪羌寨博物馆,馆内收藏了上千件羌族民俗文化珍品,这些藏品涵盖了从石器时代的石制工具到羌族人的服饰、农具、乐器、炊具等各个方面。谈及收藏的文物,王老先生如数家珍,每一件文物都承载着难忘的故事和厚重的历史背景。王老先生不仅向我们讲述了羌族悠久的历史,还解释了白石的神秘传说,展示了羌族农具的使用方法和神奇的木锁,介绍了咂酒的酿造工艺和饮用方式,还让我们现场体验了一把白石打火的神奇过程……王老先生借着羌笛吹奏的歌曲《东方红》告诉我们,改革开放后,羌族的文化得到了更好的保护和传承。在与王老先生的交流中,我们深刻感受到了他高尚的情操,更为他对羌族文化的传承和发扬所付出的毕生精力而深感钦佩。

学生活动:体验白石打火。

3.研学进行时——传承千年的羌族文化

教师过渡:如果说桃坪羌寨是一部厚重的羌族历史,那么绵阳的石椅羌寨、吉娜羌寨以及北川巴拿恰就是"大爱"的新生。相信很多同学都曾去过这些地方,请大家分享自己了解到的羌族历史和文化。

接下来,让我们跟着几位研学小导游的脚步,一同走进我们身边的羌族民俗博物馆,去深入感受源远流长的羌族文化。

教师活动:播放学生介绍羌族文化的视频。

教师过渡:通过研学活动,我们对羌族的建筑、历史和文化有了更进一步的了解。请同学们结合这堂课的所感、所知、所思,继续完善我们刚才绘制的羌寨简图。

4.研学新体验——我是创意设计师

学生活动:共同完善羌寨设计图(如图2-13、图2-14所示)。

可以为设计图着色,可以加入羌族文化元素,还可以发挥自己的创意,进行推陈出新的设计等,限时3分钟。完成后,由小组代表展示并解说设计图,每组不超过1分钟。

图2-13 学生设计图　　　图2-14 学生设计图

教师总结：同学们的创意让我们深切感受到羌族文化在我们身上的传承和发展。羌族是甲骨文中记载的中国最古老的部族之一。历经千年的发展，其文化依旧源远流长。对于民族文化的传承与保护，任重而道远。读万卷书，行万里路。我们要有发现"美"的眼睛，感悟"美"的心灵，发扬"美"的行动，在生活中发现美，在探究中感受美，在感悟中传承美。虽然我们的课堂探索即将结束，但我们对生活的探索永不止步。期待在下节课看到同学们展示精彩的研学方案，更期待我们能带着自己设计的标志去开启桃坪羌寨的研学之旅！

学生活动：以小组为单位开展课外探究，设计暑假去桃坪羌寨研学的具体方案。方案可从需要携带的物品、交通方式的选择、交通路线的规划以及研学过程中需要探索的内容等方面进行设计。同时，请为桃坪羌寨设计具有民族特色的标志或吉祥物。

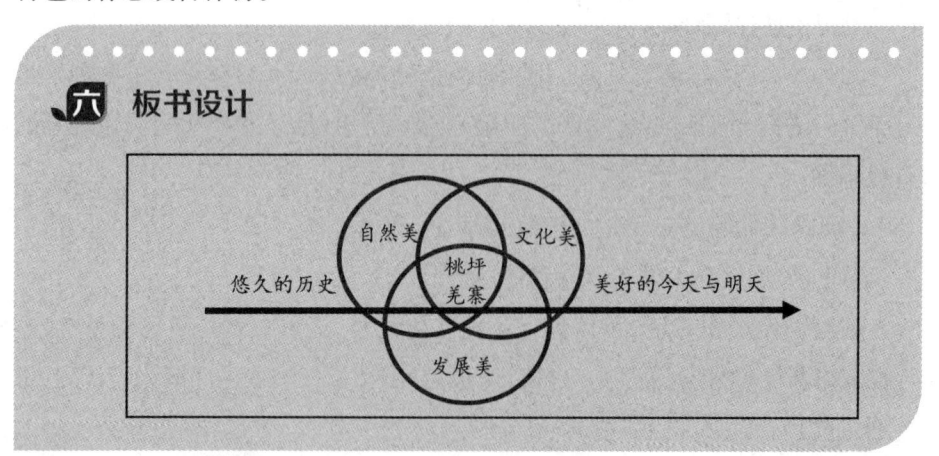

六 板书设计

悠久的历史 —— 自然美 / 文化美 / 发展美 / 桃坪羌寨 —— 美好的今天与明天

七 教学反思

本课立足乡土资源，选取真实情境，基于课程标准进行设计。学生在探索羌族建筑特色和文化特色的过程中，不仅提升了其搜集资料、分析问题、合作探究、实践创新等能力，还通过实践活动，学会了发现美、感受美、传承美、发展美，从而增强学生传承民族文化的责任感。遗憾的是出于时间和安全因素考虑，没能带领学生前往桃坪羌寨实地研学。因此，在本课结尾部分设计了一个课外探索环节，鼓励学生以小组为单位，共同设计桃坪羌寨的研学方案。希望学生们能亲自走进桃坪羌寨，实地领略"东方古堡"的神秘魅力，感受源远流长的羌族文化。

《独具特色的民居民俗》
教学设计三

杨 偲

绵阳南山中学双语学校

一 教材与学情分析

本课是《可爱的四川》(七至八年级)主题二"人文之美"第七课的内容。重点突出了四川的"三九大"地域特点,详细介绍了四川的美。本教材既是学校综合实践活动课程的配套教材,也是校外研学活动实践基地教学的主要参考教材。

在八年级学生已经学习了一年地理学科知识的基础上,本节课将教学与身边的地理现象紧密结合,旨在提高学生的地理综合素养,使学生能够发现身边的地理现象,解决地理问题,并培养良好的地理思维。

二 学习目标与核心素养

学生应结合自己身边的地理现象,运用所学的地理知识进行分析,了解并认识丹巴碉楼的基本地理因素。同时,利用当地的实际地理情况,分析建筑结构、材料,并与当地的自然灾害相结合,分析原因。本课旨在培养学生的地理信息获取能力、地理思维能力、区域认识能力及地理情感等核心素养,让学生学会尊重自然、顺应自然,做到人与自然的和谐相处。

三 设计思路

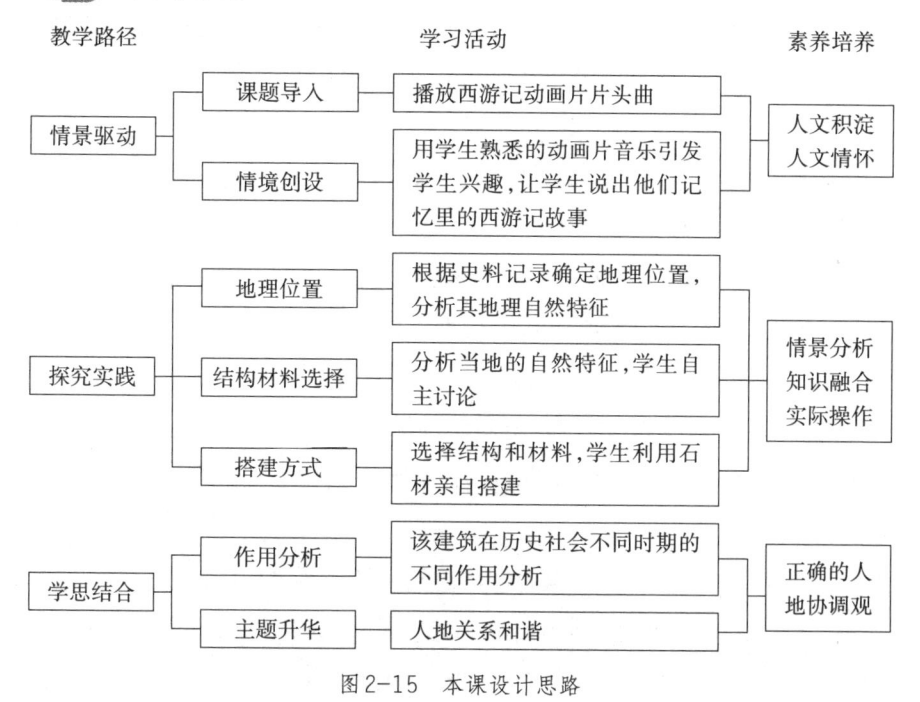

教学路径		学习活动	素养培养
情景驱动	课题导入	播放西游记动画片片头曲	人文积淀 人文情怀
	情境创设	用学生熟悉的动画片音乐引发学生兴趣,让学生说出他们记忆里的西游记故事	
探究实践	地理位置	根据史料记录确定地理位置,分析其地理自然特征	情景分析 知识融合 实际操作
	结构材料选择	分析当地的自然特征,学生自主讨论	
	搭建方式	选择结构和材料,学生利用石材亲自搭建	
学思结合	作用分析	该建筑在历史社会不同时期的不同作用分析	正确的人地协调观
	主题升华	人地关系和谐	

图2-15 本课设计思路

四 教学方法与用具

（1）教学方法:讲授法、小组讨论法。

（2）教学用具:多媒体、大小不一的石头、藏寨彩色结构图、碉楼图。

五 教学过程

(一)导入新课

教师活动:以《西游记》动画片的片头曲为导入,抓住学生的兴趣点,让学生对后续教学内容产生兴趣。学生通过歌曲得知这是《西游记》动画版的片头曲。

(二)教学过程

教师过渡:在我国四大名著之一的《西游记》中,耳熟能详的故事不胜枚举。同学们,《西游记》里的哪一个故事让你们记忆最深刻?

教师活动:学生回答后,教师根据学生的回答,肯定故事的精彩内容,并借由近些年多次登上大银幕的电影来引出"女儿国"的故事。在现实生活中,真的存在"女儿国"吗?经过大量查阅史料记载,教师在《大唐西域记》《后唐书》里找到了现实生活中对"女儿国"的记录。

教师展示文字记录:"此国境北大雪山中……即东女国也,世以女为王,因以女称国……东接吐蕃国,北接于阗国,西接三波诃国"。"东女国,西羌之别种,以西海中复有女国,故称东女焉。俗以女为王。东与茂州、党项接,东南与雅州接,界隔罗女蛮及白狼夷。其境东西九日行,南北二十日行。在大小八十余城,其王所居名康延川"。

学生活动:阅读文言文,并结合自己前期查找的资料,通过古时地域名称与现在地域名称的对比,确定现在"女儿国"所在的大致位置范围,并在地图上展示。

教师活动:展示《后唐书》里对"女儿国"女性服饰的详细记录:"其王服青毛绫裙,下领衫,上披青袍,其袖委地。冬则羔裘,饰以纹锦。为小鬟髻,饰之以金"。

学生活动:与地图限定范围内的少数民族进行对比,最终确定故事里的"女儿国"位于现在四川省甘孜藏族自治州的丹巴县。

通过观看图片和前期地理知识的学习,学生自主分析丹巴县城的自然地理环境,包括地形地势、气候特征。

教师活动:展示《后唐书》中相关记载:"其国代以女为王,王姓苏毗,字末羯,居九层之楼,在位二十年。女王之夫,号曰金聚,不知政事。国内丈夫唯以征伐为务"。

对学生提问,书中"居九层之楼"说明当时人们的生活居住环境如何?丹巴碉楼能千万年屹立不倒的原因是什么?

学生活动:学生结合所学的知识、分析世界火山地震带图以及观看丹巴县地质环境的介绍视频,了解这里频发的自然灾害——地震。

教师活动:进行跨学科知识拓展。给学生提供图片选择,让学生从碉楼的结构(将和物理学科中的形状受力结构产生联系)、材料(就地取材、因地制宜)、搭建方式进行讨论和分析。教师在此过程中进行引导和启发。

学生活动:搭建碉楼模型。明确结构和材料后,教师给学生提供大小、形状不同的石块,分小组让学生利用所学到的知识,发挥动手能力,展开想象,亲自动手搭建模型,实践搭建方法。并请小组的学生代表向全班同学介绍他们小组的搭建技巧和方法。

教师活动:播放讲解丹巴碉楼搭建方式的视频。

组织学生进行跨学科学习。丹巴碉楼是由石材修建外围结构,内部由木材建构梯子等用具。木材建造这一点需将丹巴碉楼与当地的气候条件进行分析,展示丹巴县的降水图,要求学生自主分析,在多雨湿润的南方地区,为什么内部结构为木质的碉楼可以常年不腐?解答原因是贡嘎山,阻挡湿热气流。

这些碉楼的建筑形式多种多样,从形状上可分为四角碉、五角碉、六角碉、八角碉、十三角碉,以四角碉为主。通过图片展示说明,角越多,代表碉主人在当地的地位越高。从建筑科学角度看,碉的角多了,迎风面减少,从而起到分散风力、延长使用寿命的作用。丹巴县拥有世界上现存的唯一一座十三角碉楼。关于碉楼的功能,让学生利用自己已掌握的知识进行大胆猜测,并播放视频验证学生的猜想。

(三)课堂小结

教师总结:对于大自然而言,人类是渺小的。我们无法改变大自然,只能顺应自然,与自然和谐相处。就像丹巴人民一样,正是因为他们尊重自己生活的土地,才能创造出被誉为"东方金字塔"的丹巴碉楼。

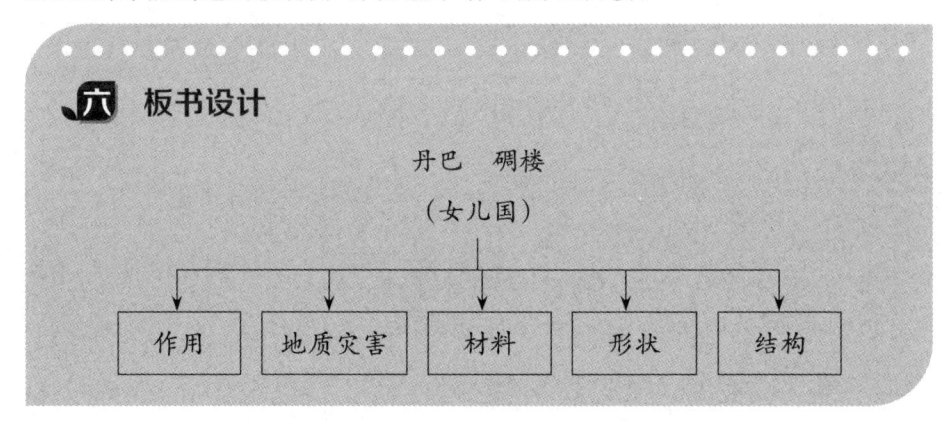

六 板书设计

丹巴　碉楼
（女儿国）

| 作用 | 地质灾害 | 材料 | 形状 | 结构 |

七 教学反思

由于大多数同学没有去过丹巴县，也没有切身实际地感受过当地的自然环境和人文情况。因此，在本课讲解的过程中，部分内容对学生而言是比较陌生的。所以，教师选用了学生耳熟能详的名著《西游记》里"女儿国"的故事作为导入，以最大程度激发学生的学习兴趣。整节地理课通过《后唐书》中的语句将地理知识点串联起来，但因《后唐书》里用文言文表述古时的地名及一些专业词汇，对于初二的学生而言可能会存在理解困难的情况。需要教师在课前做好充分的准备，抓住关键点进行解析和说明。

《独具特色的民居民俗》
教学设计四

黄乾柱　邓舒阳
宜宾市叙州区坤泰实验学校　宜宾市叙州区北城实验学校

一 教材与学情分析

本课是《可爱的四川》(七至八年级)主题二"人文之美"第七课的内容。让学生在了解四川独特的民俗文化的基础上,感受各族人民创造出的独具特色传统民居。其中,丹巴碉楼就是其中一颗璀璨的明珠。七至八年级学生已积累了一定的地理、历史文化知识,同时他们也具备一定的艺术审美能力。

二 学习目标与核心素养

学生通过查阅资料、观看视频、交流分享,对丹巴嘉绒藏族文化有初步的了解。让学生在感受祖国大好河山的同时,增强学生对坚定文化自信的理解与认同。

学生通过播放视频、展示图片的方式,感受丹巴地区的风景美、人文美,培养学生认识美、爱好美、创造美的能力,有助于学生形成正确的世界观、人生观、价值观。

学生通过本节课的学习,培养热爱四川、热爱家乡的情感,树立为家乡和祖国的社会主义现代化建设作贡献的人生理想。

三 设计思路

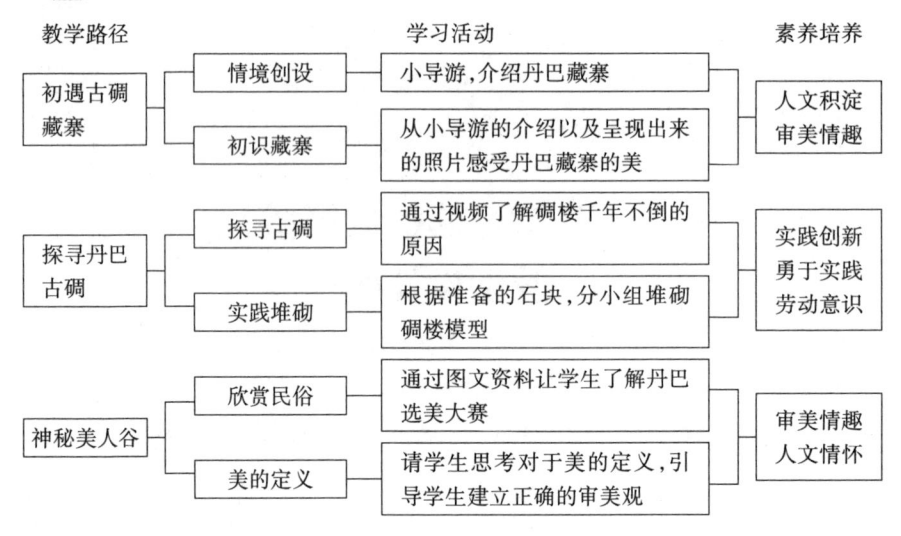

教学路径		学习活动	素养培养
初遇古碉藏寨	情境创设	小导游,介绍丹巴藏寨	人文积淀 审美情趣
	初识藏寨	从小导游的介绍以及呈现出来的照片感受丹巴藏寨的美	
探寻丹巴古碉	探寻古碉	通过视频了解碉楼千年不倒的原因	实践创新 勇于实践 劳动意识
	实践堆砌	根据准备的石块,分小组堆砌碉楼模型	
神秘美人谷	欣赏民俗	通过图文资料让学生了解丹巴选美大赛	审美情趣 人文情怀
	美的定义	请学生思考对于美的定义,引导学生建立正确的审美观	

图2-16 本课设计思路

四 教学方法与用具

(1)教学方法:讲授法、小组合作法、调查法。

(2)教学用具:多媒体设备、教学图片和视频等。

五 教学过程

(一)导入新课

教师导入:"一方水土养一方人",乐观、进取的四川各族人民在追求美好生活的过程中,创造了多姿多彩的民居建筑。今天,这些特色民居已成为令人引以为豪的文化遗产,也成为人们休闲娱乐、访古幽思的好去处。

今天就让我们跟随老师的脚步,一同来探寻古碉、藏寨和美人谷。

(二)教学过程

1.初遇古碉藏寨

教师活动:请学生观看丹巴县旅游宣传的视频。

教师过渡:丹巴县旅游文化资源丰富,有甲居藏寨、墨尔多神山、党岭、古碉等景点,被誉为"中国历史文化名村""中国景观村落""东女国故都"。通过预习,发现同学们对丹巴的神秘古碉、藏寨民居和美丽的美人谷特别感兴趣。已经有小组自告奋勇地想要来当我们的导游,下面就请他们带领大家走进丹巴、了解丹巴。

2.探秘甲居藏寨

学生活动:作为导游介绍丹巴。大家好!我是今天第一站的导游×××,欢迎大家来到甲居藏寨参观。(课件展示景区大门及藏寨美景的图片)

甲居藏寨位于四川甘孜藏族自治州丹巴县境内,距县城约8千米,是丹巴最具特色的旅游景区。2016年9月,这里正式获批成为国家4A级旅游景区。"甲居"在藏语中意为百户人家。藏寨从大金河谷层层向上攀缘,一直伸延到卡帕玛群峰脚下。整个山寨依着起伏的山势,迤逦连绵。在相对高差近千米的山坡上,一幢幢藏式楼房散落在绿树丛中,或星罗棋布,或稠密集中,或在高山悬崖上,或在河坝绿荫间。不时可见炊烟袅袅、烟云缭绕,与充满灵气的山谷、清澈的溪流、皑皑的雪峰共同构成了田园牧歌式的画卷,以一种艺术品的形态展示在人们眼前。这里世代居住着嘉绒藏族,他们在这里繁衍生息,用勤劳的双手将美丽的自然景观与独具特色的建筑和民族文化完美结合。2005年,由《中国国家地理》杂志组织的"选美中国"活动中,以甲居藏寨为代表的丹巴藏寨入选"中国最美的六大乡村古镇",且位列首位。

教师过渡:谢谢这位小导游用心准备的导游词和精彩的介绍。同学们,参观完甲居藏寨,大家都有什么感想呢?

学生活动:发表观点。

教师活动:总结学生观点,引导学生表达"这里的建筑独具特色,风景美不胜收,想实地去看一看"的感想。

教师过渡:在欣赏甲居藏寨的时候,不知同学们有没有注意到那些巍然屹立在藏寨之间的一座座"城堡"?它们自远古而来,拔地擎天、坚如磐石。你们一定想不到,它们竟是用一块块乱石堆砌而成的。下面,我们就跟随第二位导游一起去揭开它的神秘面纱。

3.制作丹巴古碉

学生活动:介绍丹巴古碉。大家好!我是你们的导游×××,通过预习,我们组对神秘古碉很感兴趣。丹巴有着"千碉之国"的美称,古碉形式多样,具有军事、宗教和居住等功能。请欣赏视频,一起来探寻古碉千百年来屹立不倒的原因。(播放介绍碉楼堆砌技法的视频)

教师过渡:谢谢这位可爱的小导游。看完视频,你们是否也想尝试一下堆砌碉楼呢?下面请各小组按照要求,利用分配的材料进行碉楼制作。

桌子上已经为大家准备好了道具(每组一袋各种形状大小的石块、彩泥、小木棒),请同学们根据视频中碉楼的堆砌手法,小组合作完成堆砌。比比看,哪个小组堆得更整齐、更高、更稳固,时间为5分钟。堆砌结束后,小组派代表对碉楼的"工程质量"进行评分,代表通过比较碉楼的外观和高度评判作品的美观程度,并轻轻摇晃桌子检验碉楼的稳固程度。最后,评选出"最美碉楼设计组"和"最稳碉楼建设组"。

教师过渡:刚刚两位小导游带着我们领略了藏寨与古碉交相辉映、如诗如画的美景。而在丹巴,除了山美、水美,其实人更美。下面有请第三位导游为我们介绍丹巴美人谷。

4.说出心中"美人"

学生活动:介绍丹巴美人节。大家好!我是你们的导游×××,现在请随我进入丹巴风情节的重头戏——丹巴选美大赛。每年五月,丹巴女孩们会身着艳丽的藏族服饰,在蓝天白云的映衬下宛如朵朵飘逸的彩云,她们挥洒才艺,耀眼夺目。(播放丹巴美人节图片)

教师过渡:听完小导游的介绍,一定激发了大家对美的各种感受。古往今来,人们对美的定义不尽相同。那么,何为美?何为美人?我想听听你们心中的声音。(每组发放四张卡片,小组讨论后写上各自观点)

学生活动:小组讨论后,进行展示。

教师总结:引导学生不仅要看到外在美,更要注重内在美和心灵美。

从同学们的眼睛里,我看到了你们对丹巴的向往,想要亲身去探寻它、感受它的心开始蠢蠢欲动。就让我们行动起来,一起来规划我们的丹巴之旅吧!

教师活动：布置课后任务，制订丹巴研学方案，包括研学任务、研学路线、研学规则、研学安全等内容。

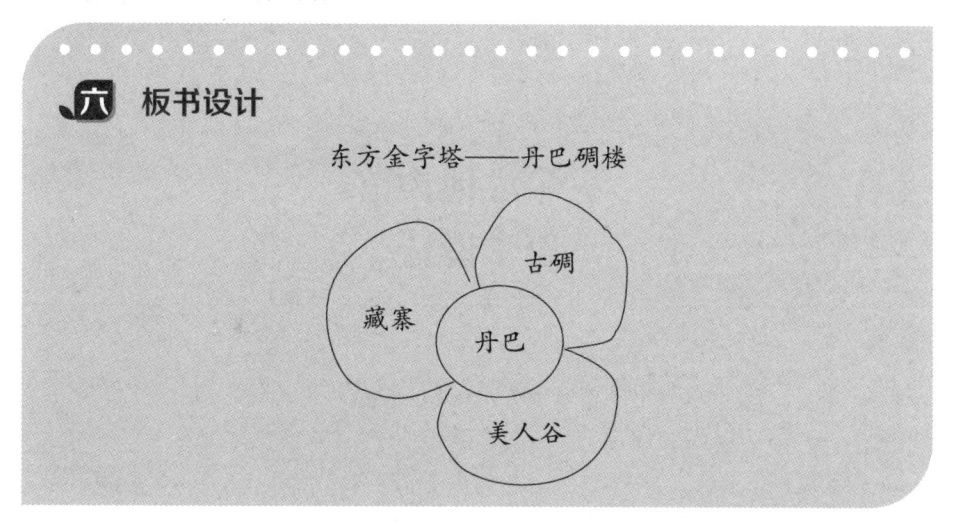

六 板书设计

东方金字塔——丹巴碉楼

藏寨　古碉　丹巴　美人谷

七 教学反思

本节课以"初遇藏寨""探寻古碉""神秘美人谷"三个活动为主线。课前要求学生查阅相关信息并准备相应材料，课上由学生扮演小导游的角色，逐一呈现各个活动的主要内容。教师适时提出问题，并引导学生积极思考。在这个过程中，培养学生的审美情趣、人文积淀、人文情怀、热爱家乡等综合素养。鉴于本节课对学生前期资料收集的要求较高，教师需要给予学生一定的指导。此外，教师需对"堆砌碉楼"这一课堂小组活动的时间进行合理把控。

三星堆博物馆研学设计

王 娇

德阳市青云山路小学校

▤ 研学主题

"一醒惊天下",探秘三星堆。

▤ 研学目标

(1)了解三星堆遗址,认识发现三星堆遗址的重大意义。

(2)了解古蜀先民的智慧,观察他们的生活痕迹。

(3)了解三星堆主要的青铜器物,探索其中的文化内涵。

(4)探索三星堆的未解之谜,认识其对中华文明源流的意义。

▤ 适用学段

四至六年级。

▤ 研学活动前期准备

(1)教师事先对活动地点进行实地考察,明确学生活动的具体地点、详细路线,并制订完善的安全预案。

(2)确定研学时间和制订详细的行程路线。

(3)进行安全教育工作:

①加强对带队老师的安全教育培训。

②增强学生的组织纪律性,重点强调人身安全及其他注意事项。

③活动前的抗挫教育。

④活动前的环保教育。

⑤制订带队人员安排表(见表2-2)。

表2-2 带队人员安排表

班级	带班教师(1)	带班教师(2)	负责人
×班	××	××	××
×班	××	××	
×班	××	××	××
×班	××	××	
总负责人:××			

(4)时间规划:明确从学校集合出发的时间、乘车时间、到达三星堆博物馆集体拍照的时间、参观游览的时间(包括学生分组游览,组长担任小导游进行介绍)、午餐午休时间、乘车返校的时间以及作业(任务型)提交和总结的时间安排。

(5)分组安排,重点介绍几个经典的青铜器物。

①青铜纵目面具组:青铜纵目面具,通宽138厘米,高66厘米。其眼睛呈柱状向外凸出,口角深长上扬,露出神秘的微笑,一双雕有纹饰的耳朵向两侧充分展开,整体造型雄奇,是目前考古发现中形体最大的青铜面具。

②青铜大立人雕像组:青铜大立人,人像高度180厘米,通高262厘米,重约180公斤,其形象高大凛然、气度威严,是同时期考古发现中形体最大的青铜人物雕像。

③青铜神树组:青铜神树共有8棵,其中一棵经修复后神树残高近4米。这棵神树由底座、树体和树旁的龙三部分组成,底座可能象征的是一座神山,树干共有三层,每层有三根枝条,共有9根树枝,每根枝头上都站立着一只形态

生动的鸟。枝条上缀着果实,树的一侧铸有一条头朝下、尾在上的龙,使神树显示出非凡的魅力。

五 研学活动课程实施

(一)课前研学

(1)自主调查:三星堆知多少。

(2)教师布置课前学习任务。

教师导入:关于三星堆博物馆,你了解哪些?

学生活动:利用数字化学习工具与资源,自行搜索查询资料,进行数据挖掘,填写《三星堆研学任务单》,并绘制思维导图,使数据可视化。

设计意图:学生利用数字化学习工具与资源,自行搜索查询资料,进行数据挖掘,完成研学任务单,并适当绘制思维导图,使数据可视化。

(二)课堂研学

1.交流分享:三星堆"我来说"

三星堆距今已有3000—5000年的历史,是我国西南地区迄今所知规模最大、延续时间最长、文化内涵最丰富的古城、古国、古蜀文化遗址。三星堆遗址被誉为"20世纪人类最伟大的考古发现之一"。

教师过渡:同学们,课前大家已通过网络搜索、资料查询等方式了解了三星堆,现在请各小组根据前期的信息收集进行汇报。

2.分享三星堆博物馆相关信息

学生活动:学生在校外学习调查的基础上,通过视频展示、资料讲述等形式,了解到三星堆博物馆坐落于德阳的广汉市,分为旧馆和新馆。旧馆于1997年10月建成开放,新馆则在2023年7月28日正式开馆,这一天恰好成都也在举行第31届世界大学生夏季运动会的开幕式。

"三星堆"是考古专家根据挖掘现场的三堆黄土小山包命名的,意为形似三星分布的土堆。三星堆里有很多历史文物,如青铜大立人、青铜面具、青铜太阳轮、青铜神树等。

教师过渡:看来课前大家对神秘的三星堆已经有所了解,其实三星堆还有很多神秘有趣的故事等着我们去探寻。你还想知道哪些三星堆文物的故事呢?下面就跟着老师一起到三星堆一探究竟吧!

设计意图:明确研学内容,学习三星堆博物馆的基本知识。以语文表达中记叙、说明的表达形式展示课前学习成果,培养学生解决问题的核心素养。

(三)馆内研学

1.实地探究:走进三星堆博物馆

教师过渡:三星堆博物馆新馆建筑面积约5.5万平方米,展陈面积约2.2万平方米。该馆不仅是西南地区最大的遗址类博物馆单体建筑,也是第一批全国中小学生研学实践教育基地。

教师活动:分组研学,探秘三星堆。

学生活动:在教师的带领下,分组参观了解三星堆博物馆并进行讲解实践。

2.世纪逐梦展区

学生活动:第一小组讲解世纪逐梦展区。了解并分享与三星堆的发现相关的资料。

教师过渡:刚刚我们听到了第一小组的同学分享的研学成果,相信大家感触颇多,请大家分享你的感受。

学生活动:分享个人感受,如被丰富的文物所震撼,对考古工作的神秘性表示感叹,对考古工作者严谨细致的工作态度表示钦佩。

3.巍然王都展区

学生活动:第二小组讲解巍然王都展区。学生了解并分享高柄豆、陶三足炊器、青铜大立人相关信息。

教师过渡:在参观了巍然王都展区后,哪件文物给你留下的印象最为深刻?谈谈你的想法。

学生活动:学生通过展示三星堆与其他地区之间的文化交流,体会其作为多元一体中华文明重要组成部分的包容性与创新性。

教师活动:小组讨论,猜猜大立人手上可能拿着什么?

4.天地人神展区

学生活动:第三小组讲解天地人神展区。学生了解并分享青铜纵目面具、龟背形网格状器、太阳神树的相关信息。

教师过渡:参观完最重要的天地人神展区,看到了这么多的文物,大家有何感受?谁能来说一说?接下来是集体体验阶段,请认真聆听工作人员的讲解,有问题及时提问。

学生活动:集体体验,讲解员答疑解惑,跟随讲解员的步伐,共同深入学习。

教师活动:教师跟踪问题,并及时反馈小结。

📖 设计意图:通过了解古蜀国的历史人文和时代特点,学生感受到三星堆古蜀先民惊人的想象力和非凡的创造力。通过对古蜀人精神世界及其文化源流的解读,揭示了古蜀文明的密码,该密码表现了中华民族的信仰与精神根脉,能够培养学生的多种核心素养。同时,让学生领略三星堆博物馆文物的魅力。

(四)课堂活动

1.制作档案:国宝我守护

教师过渡:同学们,我们今天在三星堆博物馆见到了这么多珍贵的历史文物,相信它们给你留下了非常深刻的印象。请选择一件令你印象最深刻的文物,完成《"画"说国宝》作业,将璀璨耀眼的三星堆文化分享给更多的人。

学生活动:进行交流评价,全面总结从研学活动开始到成果展示的全过程,并将优秀的体会记录下来与全班同学分享,如《三星堆国宝档案》、研学视频资料、图片资料、研学手抄报及《研学成果评价表》等。

2.分享档案

学生活动:学生在研学课后完成国宝档案作业单,在课堂上讲解国宝(三星堆文物的相关信息),创设国宝展馆,成立讲解员小组,争做国宝守护人,推广国宝知识。

教师过渡:请同学们回顾本次研学活动,谈一谈你的收获和反思。

教师总结:同学们,今天我们走进三星堆,不仅走进了一个远古的文明,更像是走进了一个巨大的谜团。对这个谜团的每一次揭秘,都让我们觉得充满惊喜,并且有非凡的意义。三星堆文明向我们证明了中华文明的源远流长,它告诉我们,中华文明一直以来就像点点繁星一样,在中华大地的各处诞生、发展,并绽放光彩。

设计意图:在寻找、收集、探究、讲解的过程中,培养学生的博物意识,将文物所传承的文明与中华文化不断延续。同时,在研学中总结经验,为下次开展研学活动提供便利。

(五)作业设计

教师活动:请学生在课后完成延伸活动,继续做国宝守护人。

(1)为三星堆博物馆拟定一份保护倡议书。

(2)设计一幅三星堆文创作品。

(3)走进社区,向周围的人宣传三星堆文物。

(4)模拟一次三星堆文物发掘活动,体验文物发掘工作。

(5)进行一次三星堆遗址的田野调查。

(6)创编一部以三星堆为主题的小型音乐剧。

设计意图:强化学生的主体性,增强课程的趣味性,为学生提供延展的实践空间,提高学生综合运用不同学科知识和方法解决实际问题的能力。

(六)学习评价

学习评价贯穿整个研学活动,分为行前、行中及行后三个阶段,自评、互评、师评三个层次,对研学活动进行过程性评价和总结性评价量表设计。行前和行中的评价采用定性评价,涉及生活、学习、心理、安全、自理和体验等维度。行后评价采用定量评价,对分值的范围进行等级划分,以综合评估学生的研学效果。

六 研学成果与效果

学生通过前期学习和实地考察学习,深入了解三星堆遗址及其区域分布;通过了解三星堆主要的青铜器物,深刻体悟了其中的文化内涵;通过实物参观、情境教学法、谈话法等教学方式,有效增加学生对源远流长的中华文明的了解,增强学生的民族自豪感。

七 研学评价与反思

此次研学分为课前研学、课堂研学、馆内研学、课堂活动、课后延伸活动五个环节。在教学内容上跨越历史和现代，空间上跨越课内和课外，学科上跨越语文、数学、美术、信息技术等学科。旨在通过跨学科主题式学习，综合使用多学科方法，促进学生的全面发展，提升学生的综合素质和能力，是一堂成功的跨学科融合研学课程。

成都武侯祠
研学设计

★

刘 琦

绵阳育才学校

研学主题

追寻蜀汉——成都武侯祠。

研学目标

实地参观使学生初步掌握参观历史景点的正确方法与意识。深入了解体现诸葛亮智慧和忠诚的重要事迹,提升学生的人文积淀与人文情怀素养。领悟诸葛亮一生鞠躬尽瘁、死而后已的精神,让学生感受四川悠久的历史和巴蜀文化的魅力,进而认识四川独特的人文之美,增强学生作为四川人的自豪感及建设四川、繁荣四川的使命感。学生通过参观游览武侯祠的沉浸式实践体验,培养团队合作意识,锻炼其动手能力与创造力,同时提高其审美情趣、劳动意识以及实践创新能力。

适用学段

四至六年级。

四 研学活动前期准备

(一)知识准备

武侯祠是民众对蜀汉丞相诸葛亮鞠躬尽瘁、死而后已精神崇高赞誉的载体,同时也是纪念刘备等蜀汉英雄的场所。它是全世界影响最大的三国遗迹博物馆,也是享有盛誉的"三国圣地"。那么,三国时期是什么样子呢?让我们跨越历史长河,回到千年前的益州,结识大名鼎鼎的诸葛丞相,从这里开始,认识三国,了解蜀汉。武侯祠内的三国人物塑像、碑文对联,都是探寻历史的重要线索。在武侯祠谈笑三国故事,回想"桃园三结义""三顾茅庐""草船借箭""白帝城托孤"等精彩片段,将是一次生动而特别的历史体验。

武侯祠位于四川省成都市武侯区,它是中国唯一一座君臣合祀祠庙,也是国内久负盛名的诸葛亮、刘备等蜀汉英雄的纪念地,更是全国影响最大的三国遗迹博物馆。1961年被国务院公布为首批全国重点文物保护单位,2008年被评选为首批国家一级博物馆。针对四至六年级学生的知识结构,研学前将分别对"蜀汉英雄纪念地""三顾茅庐传佳话""忠诚与智慧的化身"这三部分进行知识准备。

(二)行程规划

经过教师多次往返绵阳、成都两地进行测算,需7:00乘校车从学校出发,按照同景区商议规划的游览路线:大门—唐碑—明碑—文臣武将廊—汉昭烈庙—武侯祠—三义庙—红墙夹道—惠陵—三国文化陈列室进行研学活动,15:00集合返程,并于车上进行研学总结。

五 研学活动课程实施

教师活动:在前往武侯祠途中,由带队老师向同学们叮嘱安全注意事项。

学生活动:认真听取安全注意事项并做好笔记。

设计意图:强调出行安全,落实安全预案,保障研学顺利进行。

教师活动:带队老师讲解武侯祠博物馆的相关知识。

学生活动:在认真听取老师讲解的同时,通过上网查询、向工作人员提问和采访路人等方式了解自己感兴趣或者疑惑的部分并进行记录。

📋 设计意图:了解体现诸葛亮智慧与忠诚的重要事迹,领悟诸葛亮一生鞠躬尽瘁、死而后已的精神,学习武侯祠的历史文物知识。

教师活动:带领学生按照游览路线的顺序进行参观。

学生活动:在参观的同时,对自己感兴趣或者疑惑的部分通过上网查询、拍摄影音、向工作人员提问和采访路人等方式进行了解并记录。

📋 设计意图:培养学生参观历史景点的正确方法与意识,从整体上把握三国时期的历史、重大事件、主要人物特点和历史贡献。

教师活动:组织小小讲解员现场讲解诸葛亮事迹,要求能体现其鞠躬尽瘁、死而后已的精神。

学生活动:按照分组推举出小小讲解员,现场讲解诸葛亮的故事。

📋 设计意图:培养学生公众演讲的能力,帮助学生逐步学会表达对三国历史的理解和对历史人物的认知。

教师活动:带领学生在武侯祠博物馆内开展三国脸谱文创活动。

学生活动:学生描绘出自己心中的诸葛亮、刘备等蜀汉英雄的脸谱形象。

📋 设计意图:培育学生的团队合作意识,同时锻炼其动手能力与创造力。

教师活动:组织学生进行小组成果展示,并进行总结互评。

学生活动:学生展示成果内容包括口述武侯祠所见、对诸葛亮等历史人物的评价,以及自己制作的脸谱或者拍摄的影音资料。

📋 设计意图:通过学生自己的理解,介绍武侯祠这一四川历史名片。

教师活动:组织学生合影留念。

学生活动:在武侯祠门前合影。

📋 设计意图:结束研学活动,培养学生的研学仪式感。

教师活动:返程回校途中,带队老师带领学生回顾研学过程并做总结。

学生活动:学生回顾研学过程并做总结。

📋 设计意图:培养学生的研学意识,总结研学方法。

(六) 研学成果与效果

通过生动有趣的三国研学课程,激发学生学习三国知识的兴趣。行走在武侯祠中,目之所及皆能引发学生的兴趣和思考。立于祠内栩栩如生的三国英雄人物塑像,老师娓娓道来武侯祠的前世今生,耳熟能详的成语故事,以及引人入胜的人物典故都能让学生沉浸其中。老师与学生一起感受桃园三结义的忠肝义胆,敬仰三国英雄的运筹帷幄,感叹汉昭烈帝的丰功伟绩,并从《出师表》中了解诸葛亮对刘禅的良苦用心,从《戒子规》中了解做人的道理。

此次活动不仅让学生初步了解三国历史背景和三国文化,还让他们深刻理解了诸葛亮千百年来受到人民爱戴的原因,初步培养了学生心系天下的家国情怀。学生在实地参观中亲身感受和理解知识,通过沉浸式体验掌握与课程相关的内容,初步建立起参观历史景点的意识。同时,在研学过程中,学生得以充分发挥自己的想象力和创造力,提高学习的自主性和积极性。

七 研学评价与反思

"读万卷书,行万里路",本次研学活动根据小学生的认知特点和心理特点,创新性地采用了"先学后研"的模式。学生在参观武侯祠的过程中,并非简单地走走看看,而是结合学科教学内容,让学生在游中有所学,在行中有所思,真正践行了知行合一的教育理念。

资阳半月山大佛研学设计

沈 攀 魏 艳 胡丽英 李 玲

四川省资阳中学

一 研学主题

"读万卷书,行万里路"——资阳半月山大佛研学。

二 研学目标

被称为"半月山大佛""资阳大佛"的半月山摩崖造像,因其坐落于形似下弦月的半月山而得名。它位于四川省资阳市雁江区,是四川省内第三大坐佛。此次研学活动让学生认识半月山大佛的形态特征和巧妙设计,培养学生的民族自豪感和文化自信心。观察游客在半月山大佛景点中的不文明行为,树立学生保护文物的意识。引导学生运用独立思考、小组讨论、集体探究等方法解决研学活动中的问题,提升学生的自主学习能力和合作探究能力,同时培养其实事求是的态度和勇于克服困难的品质。

三 适用学段

七至八年级。

《可爱的四川》教学活动设计

四 研学活动前期准备

（1）时间：1天。

（2）地点：资阳市雁江区丰裕镇半月村半月山大佛景区。

（3）线路：本次研学线路设计为从景区山麓至山顶的单线游览。主要包括3个研学点：山麓仰望大佛、佛前近观大佛、山顶游览大佛。具体线路如图2-17所示。

图2-17　研学线路图

（4）注意事项。

①安全第一。学生须听从带队研学老师的指挥，服从管理，严禁私自行动。

②团队集合需做到快、齐、静，严禁迟到；在研学游览中过程，以小组为单位进行活动。

③请妥善保管好个人的研学物品及财物。

④认真完成研学活动，善于探究和发现，认真听取专业老师的讲解。

⑤保护环境，行文明事，做文明人。

⑥如遇突发情况，请第一时间报告给带队的研学老师。

⑦学习用品准备：笔记本、素描纸、铅笔、手机（需安装"GPS海拔高度"应用程序）、测量大佛底座宽度的工具（根据选择的方法自行准备）、大号垃圾袋、火钳子（用于夹取垃圾）、纸板（废弃的包装箱）、大号马克笔、绳子、1米长的小竹竿（或棍子）。

五 研学活动课程实施

你知道半月山大佛的高和宽吗？它是什么时候修建的？有哪些特点？在文化传承中发挥着怎样的作用？让我们一起探寻半月山大佛的奥秘吧！

本次研学活动按照研学内容主要分为三部分，分别是：算一算，知大佛之大；议一议，体大佛之巧；做一做，护大佛之净。

(一)算一算，知大佛之大

1.活动：学习半月山大佛的历史

教师活动：回顾半月山大佛的历史，重点讲述其历史渊源、建设选址和建设原因；指导学生在素描纸上绘出大佛的外部轮廓形态草图。

学生活动：认真聆听半月山大佛的历史，并在笔记本上记录关键词；在素描纸上画出大佛的外部轮廓形态。

设计意图：通过聆听半月山大佛的历史，使学生了解大佛与当地居民的关系，明确大佛是当地少有的保存至今的文物古迹，从而增强学生对家乡的自豪感。同时，通过勾勒大佛外部轮廓形态，初步感知大佛的外部特征，为后续测量大佛的活动做铺垫。此外，通过感知大佛之大和修建的不易，培养学生对古代工匠的钦佩之情。

2.活动："算一算"

教师活动：简述半月山大佛的形态大小，指导学生完成"算一算"活动，并解释测量结果的误差原因。

学生活动：以小组为单位，借助卷尺、标尺等测量工具，在大佛底部测量其底座的宽度，并将所得数据记录在草图中。随后，各小组利用"GPS海拔高度"应用程序分别测量佛顶、佛底的海拔，通过计算得出大佛的高度，并将所得数据记录在草图中。

设计意图：此次测量活动，旨在突出劳动教育、数学学科知识、地理信息技术在生活实践中的运用，培养学生利用学科融合解决实际问题的意识。同时，该活动也培养了学生合作探究的学习能力，以及实事求是、勇于克服困难的意志品质。

(二)议一议,体大佛之巧

教师活动:讲述半月山大佛的建造工艺、现状以及近年来实施的保护措施。

学生活动:认真倾听讲解并思考以下问题:半月山大佛上身段与下身段受到侵蚀的差异及原因;大佛顶窟的作用;修建半月山大佛的原因;目前大佛面临的突出问题及解决措施。

📖 设计意图:学生通过小组讨论的形式,进一步提升自主学习、合作探究的学习能力;通过探究对比半月山大佛上身段与下身段的侵蚀差异,锻炼其比较性思维;通过探究大佛顶窟的作用,感悟古代匠人的聪明智慧,培养其对古代工匠的钦佩之情;通过探究大佛面临的突出问题及解决措施,培养其树立人与自然和谐共生的观念和对文物保护的责任感。

(三)做一做,护大佛之净

1.活动:游览半月山大佛景区

教师活动:带领学生游览半月山大佛景区,引导学生发现并记录景区存在的主要问题,如乱扔垃圾、乱涂乱画等。

学生活动:游览景区的同时,发现景区存在的主要问题,如乱扔垃圾、乱涂乱画等。

📖 设计意图:学生通过游览景区,在实践中发现问题,培养其善于发现、实事求是的态度。

2.活动:清理景区垃圾

教师活动:带领学生分组清理景区垃圾,指导学生制作环境保护指示牌。

学生活动:利用自带的卫生工具清理景区垃圾,小组合作制作环境保护指示牌。

📖 设计意图:学生通过清理景区垃圾,培养其吃苦耐劳的精神及增强环境保护意识;通过制作环境保护指示牌,树立环境保护,人人参与的责任意识,激发其创作灵感。

六 研学成果与效果

在本次研学中,学生通过勾勒大佛轮廓、测量大佛尺寸、倾听设计大佛背后的故事及参加保护大佛环境等活动,深刻领悟了古代劳动人民勤劳、勇敢、智慧的精神,以及了解人与自然和谐共生的可持续发展理念。研学结束后,同学们开展组织学生以"创作半月山旅游词"为主题的活动,介绍半月山的旅游发展,鼓励学生树立热爱家乡、建设家乡的远大理想。

七 研学评价与反思

本次研学活动旨在利用历史、地理、艺术和文学等知识,通过综合性实践活动,促进学生多场景、多维度地探索大佛之美与大佛建造、保护等相关故事和知识,从而培养学生综合能力的发展。在研学过程中,学生通过搜集资料、发现问题并提出问题,运用探究学习策略从多种途径解决问题,培养了学生积极探索的创新精神和小组合作探究的能力。通过对半月山大佛的学习,学生不仅得到了传统文化的滋养,还激发其对民族文化的自信心和自豪感,并且鼓励学生将这份感情延伸到其他领域,成为传承传统文化的践行者。

广元剑门关
研学设计

苗婧舟
绵阳市教育科学研究院

一 研学主题

跨学科融合,探秘天下第一雄关。

二 研学目标

根据跨学科学习的目标要求,本案例制订以下具体目标,如表2-3所示。

表2-3　广元剑门关研学目标

研学目标	跨学科核心素养培育
通过收集整理广元剑门关历史资料,初步了解广元剑门关的基本情况,加强对该地区的区域认知。	区域认知、地理实践力、综合思维(地理)、历史知识、历史意识和价值(历史)。
初步了解我国生态文明建设的总体布局,树立人与自然和谐共生的观念,养成环境保护的责任意识和良好习惯,提高健康生活的能力。	人地协调观(地理)、政治认同、责任意识、道德修养(道德与法治)。
通过实地考察,将所收集的资料运用于实践,感受广元剑门关的自然景观、红色文化和历史文化氛围,增强学生的人文底蕴;在实践过程中,学会发现并解决实际问题,增强学生的创新意识。	区域认知、地理实践力、综合思维(地理)、审美判断、文化理解(美术)。

续表

研学目标	跨学科核心素养培育
通过整理、分析实地考察和社会调查所收集到的资料,以小组为单位编制手抄版的考察报告,培养学生形成热爱家乡、建设家乡的观念,增强建设家乡的责任担当意识。	综合思维、人地协调观(地理);家国情怀(历史)、责任意识(道德与法治)。

三 适用学段

七至八年级。

四 前期准备与研学路线设计

(1)学生收集关于剑门关的气候、地形、历史、人文、军事等资料。

(2)研学方式:学生通过实地考察、调查与实验等方式,相互协作完成研学任务。

(3)研学路线:剑门关地质博物馆—鸟道和猿猱道—剑门关城墙—剑门关博物馆—石笋寺。

五 研学活动课程实施

在研学内容的选择方面,要在满足多学科交叉的研学内容基础上,选择质量高、基础设施和安全保障条件优良的研学资源,开展形式和风格多样的研学活动。本次研学内容如表2-4所示。

表2-4 研学活动内容

研学地点	研学内容	融合学科	核心素养
剑门关地质博物馆	观察并记录剑门关的地质特点,分析不同时期地质特点。	地理 历史	培养唯物史观和历史解释能力,培养综合思维能力。
鸟道和猿猱道	欣赏自然景观,感受人与自然融为一体的和谐之美。	地理 历史 道德与法治 美术	提高审美感知能力,启迪心智、健全人格,增强热爱祖国河山的强烈情感。
剑门关城墙	欣赏古城墙景观,了解古代军事的整体防御布局。	地理 道德与法治	加强区域认知,提高地理实践力,增强政治认同、责任意识。

续表

研学地点	研学内容	融合学科	核心素养
剑门关博物馆	欣赏矿物化石标本，了解剑门关丹霞地貌地质发展过程。	地理历史	提高审美感知、历史解释、综合思维能力以及地理实践能力。
石笋寺	欣赏佛寺建筑，深入了解佛教文化。	地理历史	提高审美感知、综合思维及历史解释能力，树立正确的价值观。

六 研学成果与效果

本次研学活动的地点位于四川省广元市剑阁县城南的剑门关，通过让学生走进剑门关景区，从不同学科角度深入了解该地的历史文化、自然、经济、社会等情况，在真实的情境体验中，向学生传播可持续发展理念，进一步强化学生的环境保护意识，使学生树立人与自然和谐共生的观念，并提高他们的综合实践能力。对于研学效果的评价，采取过程性与终结性相结合的方式，本研学评价设计如表2-5所示。

表2-5　研学活动学生评价表

评价方式	科目	评价标准	分值	得分
过程性评价	历史	能够解释剑门关丹霞地貌地质发展过程，提高史料实证、历史解释能力。	10	
		能够理解重要史实的意义，运用唯物史观做出合理的解释与评价。	10	
	道德与法治	认同国家的环保政策、生态文明建设总体布局，坚定正确的政治方向和法治观念。	10	
		初步树立环境保护的责任意识。	10	
	美术	能够识别绘制简单地图、示意图和图表，提高艺术表现、创意实践能力。	10	
终结性评价	地理	能够秉持区域协调发展的观点，针对人地关系问题，提出问题并思考解决问题的方案。	15	
		手抄考察报告结构完整、逻辑清晰、图文并茂。	15	
		能够语言流畅熟练地进行研学成果展示。	20	

七 研学评价与反思

此次研学活动紧密围绕广元剑门关的历史、自然、经济、社会等情况展开探究,引导学生在运用多学科知识解决实际问题的过程中,促进知识整合与重构。基于跨学科学习的地理研学活动,提高学生综合运用不同学科知识和方法解决实际问题的能力,培养学生从不同学科角度思考问题的意识和习惯,进而提高学生的综合思维能力,培养学生的地理核心素养。

绵阳富乐山
研学设计

周彩霞

绵阳市东辰学校

📕 研学主题

探寻富乐山,悟三国文化。

📕 研学目标

组织学生开展校外研学活动,为学生提供自己动手实践的场所、自我表现的舞台和超越自我的空间,培养其创新精神、团队精神与实践能力。让学生走进生活、融入团队、体验生活、感受自然,从而提高学生的动手能力,拓展学生的思维空间,促进学生的个性发展,帮助其健康成长。在自然中探究自然,在生活中磨炼生活,最终达到提升学生综合素质的目标。组织学生进行三国文化研学活动,通过实地走访、设计活动,让学生们感受绵阳的"人文之美"。讲演三国人物故事,让学生在交流中切磋琢磨、学思结合,进一步领悟三国文化的精髓和魅力,传承三国优秀文化,从而学会思辨,懂得为人处世,塑造健全的人格、优秀的品质,努力成为新时代好少年。

📕 适用学段

七至八年级。

四 研学活动前期准备

绵阳,古称涪县,被誉为"蜀道咽喉",是三国时刘备取川的据点,也是蜀汉后期的战略指挥中心。富乐山被誉为"绵州第一山",也是当年初入川的刘备与时任益州牧的刘璋相会之处,他们在涪城相会的故事千古流传。因此,富乐山也是著名的"三国文化圣地"。

富乐山原名东山,又称旗山,被誉为"绵州第一山"。这里环境幽美,古迹众多,融三国文化和人文景观于一体,步移景异,园中有园。既具有皇家园林的豪华气派,又不失江南山水园林的清秀典雅。绵阳富乐山地处剑门蜀道南段,绵阳市区城东2千米处。据宋《方舆胜览》记载:汉建安十六年(公元211年)冬,昭烈入蜀,刘璋延至此山,望蜀之全胜,饮酒乐甚,刘备欢曰:"富哉!今日之乐乎!"此山因之而得名。

研学当天,学生在学校集合后,统一乘车前往富乐山。游览顺序为:桃园三结义—正大门—豫州园—汉皇园—绵州碑林—富乐阁—富乐堂。游览结束后,学生统一乘车返回学校。

五 研学活动课程实施

1.活动:研学启动仪式

教师活动:研学启动仪式。强调研学纪律与研学内容。

学生活动:认真聆听并做好笔记。

设计意图:培养学生的责任意识、安全意识;明确研学任务,做到有的放矢。

2.活动:了解研学路线及研学内容

教师活动:于桃园三结义雕塑处整队集合,在富乐山导览图中展示研学路线。教师手持地图详细描述富乐山的地理位置,并介绍其在古涪县的具体范围,指出古涪县"蜀道咽喉"的地位,从而引出对古金牛道的介绍,指出其主要经过的现代地点,以及概述成都至广元一线的地形变化及典型地点。

学生活动:再次明确研学路线及研学内容。学生根据在绵阳生活的体验,结合对富乐山的实地观察,收集有关富乐山的气候、土壤、植被特点的信息。

设计意图:增强学生活动的目标意识。富乐山地处绵阳,绵阳古称涪县,可以通过对比古今富乐山和涪县的位置来了解其地理方位的变化。学生通过了解金牛道,激发学习兴趣。再次以绵阳为例,引导学生探寻地方气候、土壤、植被特征,从而提高学生的地理实践能力。

3.活动:了解富乐山公园背后的故事

教师活动:带队老师带领学生进入正大门,介绍富乐山公园的建造历史。

学生活动:认真聆听,记录关键信息,了解政府对历史文化的保护与重视。了解刘璋与刘备在东山相会时所处的历史阶段。小组长讲解自东汉末年以来的时代背景,了解农民频繁起义和军阀割据的社会状况。了解三国鼎立使分裂的中国走向局部的统一。由各小组学生根据研学前收集的资料对富乐山名称的来源作概括和讲解。

设计意图:研学活动让学生了解文化传承需要历史记忆和现实需求的融合。讲述富乐山得名的时代背景,旨在帮助学生明确探寻的三国遗迹所处的历史阶段,清楚三国政权的更迭情况,这也是《义务教育历史课程标准(2022年版)》中对三国时期内容教学的明确要求。

4.活动:参观豫州园和汉皇园

教师活动:组织学生参观豫州园和汉皇园,了解刘备生平及其重要事件。

学生活动:分享刘备定江山于蜀地的缘由;分享刘备入川路线;展开历史想象,叙述刘备入川的心路历程;分享自己所欣赏的刘备身上的特质。

设计意图:通过走近三国名人,让学生体会英雄人物的生活时代及个人选择,汲取英雄人物的精神营养。同时教师应从思政教育的层面对学生进行价值观念的引导。

5.活动:走进绵州碑林,欣赏书法艺术

教师活动:带领学生走进绵州碑林,欣赏书法艺术,并讲述浮雕《涪城会》的历史细节。

学生活动:小组成员讲述浮雕《涪城会》的历史细节;欣赏书法之美,选择临摹书法拓片;了解《涪城会》的故事脉络,绘制三国人物脸谱。

设计意图:通过书法鉴赏,激励学生规范日常书写;朗诵碑林诗文,帮助学生理解诗文含义,提高其对文言文的翻译能力,并从诗文含义中体悟三国文化。提升学生的审美能力、语言组织能力和动手能力。

6.活动:学习汉代礼仪

教师活动:带领学生登顶富乐阁,饱览绵州山水美景;在广场进行汉代礼仪教学。

学生活动:观绵州美景,学汉代礼仪,拍研学合影。

📖 设计意图:通过知行合一的方式,让学生真切感受地方美景,同时培养研学仪式感。

7.活动:重回历史现场

教师活动:带领学生来到富乐堂,重回历史现场。组织学生观看川剧或参与表演历史情景剧《涪城会》。

学生活动:参与表演历史情景剧《涪城会》;化身小导游在"五虎上将""蜀汉四英"等雕塑处讲述三国故事;解读"涪城相会千古传,蜀汉霸业从此兴"的历史意义。

📖 设计意图:让学生融入历史情境,深刻感悟历史。

8.活动:创作研学作品

教师活动:带队返校,组织学生制作研学报告的图文或视频;回顾并总结研学所得。

学生活动:小组合作,共同创作研学原创作品。

📖 设计意图:从学生视角展示研学收获,总结研学经验。

9.活动:推广绵阳的三国文化

教师活动:带领学生查询相关资料,完善绵阳三国遗迹地图;指导学生制作明信片或设计研学路线,向更多人推荐绵阳的三国文化。

学生活动:开展"寻迹三国"主题活动,查询相关资料,完善绵阳三国遗迹地图,制作明信片并分享明信片。补充富乐山公园的历史价值、人物故事、游玩路线等方面的内容,并进行推荐分享。开展"我们身边的三国遗迹"主题活动,学生参观蒋琬墓、营盘嘴、御营坝和上马望蜀苑,了解历史典故,走访遗迹,重回历史。学生根据实践活动设计研学路线,共同守护"三国记忆"。

📖 设计意图:绵阳的三国文化名片,需要大家共同守护。

六 研学成果与效果

绵阳富乐山是三国文化的闪亮名片，本次研学核心是从体悟绵阳三国文化，再到传播三国文化。在研学过程中，教师充分调动学生的积极性，让学生圆满完成研学任务，并深刻领会刘备、刘璋等人在为人之本、做事之根、治世之道方面的精神品质。此次研学活动中，师生齐心协力，创新多样方式，共同传播富乐山及绵阳的三国文化。教师充分利用身边的历史课程资源，从不同层面和角度为学生提供了丰富的学习和理解历史的素材，不仅充实了教学内容，还极大地提高了学生的学习兴趣。

七 研学评价与反思

本次研学活动以集体活动的形式展开，旨在帮助学生开阔眼界、增长见识、探讨学习。在教师的帮助指导下，学生基于个人兴趣，在"学中做"和"做中学"的过程中主动获取知识、应用知识、解决问题。这种研学模式有利于引导学生主动适应社会，促进书本知识与社会实践深度融合，从而培养创新人才，推动素质教育全面实施。

"天府之国文化寻踪"
研学设计

★

如玛她　俄松措　求木措

若尔盖县纳木中学　阿坝藏族羌族自治州藏文中学校

一 研学主题

追寻古人足迹,品味名人故里。

二 研学目标

让学生了解四川的历史、文化及人文特色。简要了解李白、杜甫、白居易三位唐代诗人的生平事迹,赏析他们在四川成都留下的脍炙人口的名篇佳句,了解中国唐代诗歌创作的丰富瑰宝,从而激发学生对祖国灿烂文化的热爱,培养学生对伟大诗人高尚情操的景仰之情。进而提高学生的审美情趣,培养学生热爱地方文化。

三 适用学段

七至八年级。

四 研学活动前期准备

(1)教师确定研学日期,确认游览人数,通过网络或电话与杜甫草堂工作人员取得联系,并了解杜甫草堂的历史、文化等相关信息。

(2)教师讲解杜甫和杜甫草堂的相关资料,也可以与学生一起探究杜甫及其作品。

(3)研学路线:四川成都杜甫草堂—四川江油李白故里—四川眉山三苏祠—四川乐山郭沫若故居。

五 研学活动课程实施

1.活动:游览杜甫草堂

教师活动:带领学生出发前往参观杜甫草堂博物馆。在专业讲解员的带领下,参观博物馆的各个展厅,了解杜甫的生平和诗歌创作历程。

学生活动:游览杜甫草堂(路线为大廨—诗史堂—花径—柴门—少陵草堂碑亭—工部祠—茅屋,以及茅屋正北面的唐代遗址陈列馆),顺带游览梅园和文化服务区。游览期间,学生完成研学活动记录表。

设计意图:了解杜甫草堂的历史与地理背景,感受伟大诗人的足迹,理解他的心境,感悟他的诗歌,从而更加深刻地让学生领略中国古代文学的魅力。

2.活动:参观十二园区

教师活动:带领学生参观诗歌碑林园、清风明月园、登楼摘星园、陇西家风园等十二园区。让学生在巨碑广场聆听《蜀道难》《将进酒》等传世经典讲解。

学生活动:在李白塑像前齐诵《行路难》,并积极分享自己的感受。

设计意图:通过参观李白故居,让学生更加深入地了解李白的诗歌创作和精神内涵,同时也使学生加深了对中国传统文化的认识和理解。

3.活动:文化体验

教师活动:带领学生参观三苏祠(分为苏洵祠、苏轼祠和苏辙祠三个部分进行参观),每个部分由专业导游或相关专家进行介绍,讲解其相关历史背景和文化内涵。

学生活动:参加文化体验活动。

书法体验:学习简单的宋代书法技巧,体验中国书法的魅力。

绘画体验:提供纸笔和相关教材,引导学生尝试以苏轼、苏辙为题材创作一幅画作。

读书分享:组织学生分享苏轼或苏辙的作品,讨论作品中的文化内涵和时代背景。

品味美食:品尝当地美食,了解当地的饮食文化。

总结与反思:学生分组进行小结,分享自己的收获和体会。

设计意图:通过参观三苏祠,让学生感受传统文化的魅力,同时激发学生对中国古代文化的兴趣和热爱,增强学生的历史意识和文化自信。

4.活动:参观郭沫若故居

教师活动:带领学生参观郭沫若故居,介绍故居概况及陈设。

学生活动:参观郭沫若纪念馆,了解故居的结构布局,欣赏郭沫若书法碑廊,了解沙湾文化特色,最后在纪念馆前合影留念。

设计意图:郭沫若是我国近现代文学艺术史上的杰出人物,他的故居不仅是历史建筑,更是重要的文化遗产。通过观察和研究故居,可以让学生更好地了解历史和文化,并从中获得精神滋养。

六 研学成果与效果

(一)深入了解天府之国的文化和历史

通过参观博物馆、文化遗址和历史古迹,学生对天府之国的文化和历史有了更加深入的了解。他们不仅亲眼看到了丰富的历史文物和文化遗产,还通过讲解员和教师的讲解,深刻认识到天府之国在中国历史和文化中的重要地位。

(二)提升学生的综合素质

这次研学活动不仅让学生了解了天府之国的文化和历史,还通过参加各种实践活动,培养学生学会与他人合作、自主探究问题、表达自己的观点和想法,并提高其团队合作、自主探究等能力,从而提高学生的综合素质。

(三)培养学生的爱国情感和民族自豪感

通过了解天府之国的文化和历史,学生更加深入地认识自己的祖国和民族。他们看到中国悠久的历史和灿烂的文化,感受到中华民族的伟大。

(四)提高学生的语言表达能力

在研学活动中,学生们需要用普通话进行交流和表达。这种语言实践,不仅使他们的普通话水平得到提高,同时也有助于提升他们的语言表达能力和沟通技巧。

此次研学活动不仅让学生深入了解了天府之国的文化和历史,还提升了他们的综合素质和团队协作能力,这些成果将对他们未来的学习和工作产生积极的影响。

七 研学评价与反思

此次研学以"追寻古人足迹,品味名人故里"为主题展开,是一次成功的研学活动。不仅让学生了解了更多的中国传统文化和历史,帮助学生拓宽视野,丰富知识,更重要的是提升了他们的综合素质和团队协作能力。对于参与者和组织者来说,这是一次难得的经历和体验。通过这样的研学活动,将会有更多的学生对中国文化和历史产生兴趣和热爱,也将会有更多的学生为传承和弘扬中华文化而努力奋斗。

雅安上里古镇研究学设计

陈　静　陈小平　李雪艳

雅安市教育科学研究院　四川省雅安中学　雨城区实验小学

一　研学主题

文化里的古镇，山水间的上里。

二　研学目标

通过研学活动，建立所学知识与生活现象的深度关联，培养学生自主发现问题并解决问题的能力，以跨学科知识的融合来促进学生综合思维的养成。学生通过观察、调查、探索问题与分析，参与交流讨论，团队协作等多种研学方式，不断提升综合实践能力。在沉浸式体验中感受生活，放松身心，加深对家乡的了解，感受红色教育的意义，从而增强学生热爱家乡的情感和建设家乡的社会责任感。同时，促进对学生的人文积淀、审美情趣、劳动意识、社会责任等中学生发展核心素养的培育。

三　适用学段

八年级。

四 研学活动前期准备

(一)教师准备

(1)教师查阅资料并实地走访,精心设计研学方案,规划研学路线。

(2)制订安全预案,对学生进行安全教育。

(3)综合考虑学生性格、知识储备、野外实践能力、性别等,将学生合理分组,确定小组长和组内安全负责人。

(4)根据研学课程制作学生研学手册。

(二)学生准备

(1)学生根据研学手册的要求准备研学物资。

(2)提前通过网络或书籍等方式查阅上里古镇,对上里形成初步认识,发现感兴趣的现象问题,记录在研学手册上,形成个人行前资料。

五 研学活动课程实施

整个研学活动由行前准备、现场研学、汇报交流三大环节组成。现场研学实践的时间为1.5天,其中,古镇印象和古镇文化研学时间为1天,古镇发展研学时间为0.5天。汇报交流环节可以在现场研学结束后的一周内完成。具体行程安排如表2-6所示。

表2-6 古镇自然环境研学内容

主题	研学任务	设计意图
古镇印象	古镇的自然环境: 观察并描述古镇所在地的地形特征; 观察并描述上里古镇的聚落分布形态,分析该形态的成因; 通过实地考察,从自然环境角度探究上里古镇选址的合理性。 在研学手册的相应位置绘制上里古镇景区示意图,从整体上欣赏古镇山、水、房屋等自然与建筑浑然一体的和谐之美。 古镇民居: 观察上里古镇古街上民居的整体布局特点,了解该布局特点形成的原因。	通过观察、测量等方式了解古镇的自然环境特点,并能运用相关资料描述某区域的自然地理特征。

续表

主题	研学任务	设计意图
古镇印象	通过调查走访,了解古街建筑形成楼下商铺、楼上居住这种房屋格局和生活方式的原因。 观察古镇典型房屋不同部位的建筑特征,分析其与自然环境的关系。	通过观察、走访、感受和了解古镇民居,分析自然环境与地方文化景观之间的关系。
古镇文化	寻找上里古镇的红军石刻标语或革命口号遗迹,将其标注在绘制的上里古镇示意图上。 通过调查走访,了解红军长征在古镇驻扎的时间、事件和产生的意义,进行记录与分享。 通过与当地人交流,收集当地发生的红军故事,结合个人的感想进行记录和分享。	通过探寻上里古镇红色文化遗迹与故事,将绘图与讲述相结合,感受古镇红色文化,培养爱国情怀。
古镇发展	游览古镇,化身侦探发现古镇中的历史遗迹与珍贵文物,并将位置标注在绘制的古镇景区示意图中;选择一到两个你最感兴趣的遗迹或文物深入了解,将其绘制在研学手册的相应位置,并与同学交流分享。 古镇探店,走进古镇不同类型的特色小店,感受古镇特色,品尝地道风味小吃,体验当地民俗。 走访古街居民与店主,了解古镇旅游业发展给当地人的生产生活带来的影响。 根据对旅游业的体验与调查,选择其中一个任务完成:结合上里古镇实际情况,为其设计文创产品;结合上里古镇实际情况,设计和开发旅游项目和活动;结合当地旅游业发展现状及存在的问题,为当地优化旅游业发展献计献策。	通过实践体验、走访调查等方式,了解古镇旅游业发展,并举例说明其对当地生产生活的影响;通过开发旅游项目、设计文创产品等活动,为促进当地旅游业发展献计献策。

六 研学成果与效果

本次研学以系列问题链的探究为核心,旨在建立所学知识与生活现象的深度联系,并通过跨学科知识的融合来促进学生综合思维的养成。通过观察测量、调研走访、实践体验、合作探究等多种研学方式,帮助学生全身心参与研学,培养学生的观察、调查、问题探索与分析、交流讨论、团队协作等综合实践能力。在活动设计上,除了让学生研有所学,也让学生通过古街探店、赏当地民俗、尝风味美食等活动,在沉浸式体验中感受生活,放松身心。根据课程设计思路,本次评价采取过程与成果相结合的评价方式,如表2-7所示。

表2-7 研学活动学习评价量表

评价项目		自评	组内互评	教师评价
过程评价	问题解决	能够主动发现和提出研学问题(10分)			
		调动运用所学知识多角度分析、解决问题(10分)			
		有创新性的独立见解(5分)			
	团队协作	组内分工明确,合作有效(5分)			
		具有大局意识,主动担当,服从任务安排(5分)			
		积极主动与人进行有效沟通,能接纳合理意见建议(5分)			
	纪律意识	根据研学手册要求,行前准备充分(5分)			
		遵守研学纪律,维护集体荣誉(5分)			
		有安全防范意识,环保意识(5分)			
		能理解尊重当地文化特色(5分)			
	实践能力	能借助工具收集和获取信息(5分)			
		积极完成实践探究任务,不轻言放弃(10分)			
成果评价		认真完成研学手册填写,字迹工整,内容翔实(10分)			
		研学汇报内容丰富,有图片、视频等不同呈现形式(10分)			
		汇报交流流畅,交流分享反馈效果好(5分)			
总分					

七 研学评价反思

此次研学活动,学生在到达上里古镇后,根据研学任务自主确定研学线路和选择研学实践点,进行研学实践探究。这种安排给予了学生较大的自由度,有助于培养学生主动探索的精神。但是,由于上里古镇景区相对较为开放,因此在管理上存在一定的安全隐患。为保障学生安全,应适当增加随队指导教师和带队教师的数量。另外,出行前要查询当地天气预报,避免在暴雨过后前往该地,以避免洪水、泥石流、滑坡等灾害带来的安全隐患,确保研学活动的顺利实施。

绵阳郪江古镇研究学设计

任建玲

绵阳中学英才学校

一 研学主题

探秘四川古镇,走进三台郪江。

二 研学目标

(1)通过查询郪江古镇相关资料和走访当地居民,增强学生的动手动脑能力和人际交往能力。引导学生走出校园,了解社会,亲近自然,激发学习热情。

(2)通过郪江古镇研学活动,在教师的引导下,学生将深入了解四川历史、文化名人、传统建筑,认识巴蜀文化的特点和精华,感受巴蜀文化的吸引力和创造力,进而增强学生作为四川人的自豪感和使命感,最终达到了解家乡、热爱家乡的目的。

三 适用学段

七至八年级。

四 研学活动前期准备

(1)调查学生对古镇的了解和喜爱程度,设计有针对性的研学活动。

(2)教师设计前置课程的问卷调查(见表2-8),学生可在家中或学校查阅、搜集郪江古镇的相关资料。

(3)出发前,学生须签订《郪江古镇研学活动安全责任告知书》,并购买一日保险。

(4)学生需准备一到两件个人闲置物品,于出发当天带上,用于体验"古代易物"。

(5)教师准备研学手册(见表2-9)、照相摄像设备,并规划从绵阳出发沿国道G247直达郪江古镇的行程,车程约为2小时20分钟。

表2-8

特色民居

——郪江古镇研学前置课程问卷调查

1.你知道四川有哪些古镇?

2.你通常是通过哪些途径了解到四川古镇的?(可多选)

☐杂志　　　☐网络　　　☐新闻报道　　　☐广告

☐纪录片　　☐宣传单　　☐朋友介绍　　　☐其他

3.你在去古镇旅游之前,希望得到哪些收获和体验?(可多选)

☐欣赏当地古建筑之美

☐了解和考察当地历史文化

☐体验不同地域的民俗风情

☐放松身心,出游散心

☐品尝当地特色美食小吃

☐开阔眼界,增长见识

☐其他

4.古镇里的什么特色最吸引你?(可多选)

☐特色文化　　☐特色美食　　☐民俗风情　　☐人文关怀

☐自然奇景　　☐节庆活动　　☐其他

5.你最想通过什么方式去探索古镇?(可多选)

☐自驾游　　☐旅游团　　☐亲子游　　☐与同学出游　　☐其他

6.你认为古镇旅游过程中应具有哪些服务设施？(可多选)

□旅游解说导览设施(书面/电子/解说标识牌/导游等)

□景区经营管理设施(安全、卫生、服务、硬件设施)

□高质量服务

□景区休闲环境氛围(乘船、泡茶等体验活动)

7.你认为古镇旅游对古镇的保护有影响吗？

□轻微影响　　　　□中度影响　　　　□严重影响

8.你认为游览古镇的时间多长最为合适？

□一日游　　　□2—3天　　　□4—5天　　　□大于5天

9.下列古镇你更愿意选择哪一种？

□已开发且发展较好的古镇

□刚刚开发的古镇

□未开发但无人居住的古镇

□未开发且有当地常住居民的古镇

10.你去过的古镇有哪些？

11.让你印象最深的古镇是哪一个？为什么？

表2-9

鄞江古镇研学手册

【探秘鄞江历史】

1.咨询当地居民

2.查询资料

【共赏鄞江美景】

地理要素	类型/特点
地形	
气候	
植被	
河流	

【记录建筑特点】

1. 建筑特色

2. 花纹样式

3. 采访木工匠人

【传承巴蜀文化】

1. 共赏川剧节目
2. 关于川剧我知道

【体验古代易物】

用自己的闲置物品换取需要的东西。

【郪江发展】

关于郪江古镇的发展，说说你的看法。

五 研学活动课程实施

本次研学活动首先通过研学前置课程让学生通过网络、书籍等相关资料了解郪江古镇。实地研学活动将围绕郪江的历史、建筑、自然和文化等方面展开，学生可据此对自己收集的资料进行分类。研学共设计五个教学环节：探秘郪江历史、共赏郪江美景、赞赏精美建筑、传承巴蜀文化、体验古代易物。

1. 探秘郪江历史

教师导入：各位同学，大家好！现在我们已经到达研学目的地——三台郪江古镇。三台历史悠久，文化底蕴深厚，在唐朝时与成都齐名，为蜀地第二大城，享有"川北重镇，剑南名都"之美誉。相信你一定听说过或者去过一些古镇，每一个古镇都有一段独特的历史印记。今天，就让我们从郪江的源头说起，跟着几位小导游一起走进郪江古镇。

学生活动：利用前置课程收集的关于郪江古镇的历史资料，结合现场采访当地居民所收集的郪江历史，整理出较详细的郪江古镇历史资料，最后由探秘历史组的学生代表进行讲解。

郪江，原名千子公社、千子乡，后更名为郪江乡，位于绵阳三台县。1992年被命名为四川省历史文化名镇。这座古镇已有2000多年的历史，曾经是春秋战国时期诸侯国郪国王城所在地。远古时期，四川诞生过许多部落小国，到春秋战国时期，境内仅存三大古国，分别是巴国、蜀国、郪国。巴国统治了东部嘉陵江流域和川东长江一带，蜀国占据了四川盆地西部的岷江一带，而郪国则凭借郪江流域山高岭峻、易守难攻的特点，在巴蜀两国的夹缝中生存了下来。

💡 设计意图:古镇的独特之处多在于其历史和遗留的人文环境。郪江古镇的名字较为特别,可引起学生的兴趣。通过前置课程让学生对郪江古镇形成基本认识,从源头了解郪江古镇,再通过与当地居民交流,一来可以保证信息的准确性,二来可以补充自己已查阅到的信息,三是提高学生自主动手以及与人沟通的能力。

2.共赏郪江美景

教师活动:引导学生从地形、气候、河流、植被等方面观察郪江古镇的自然环境特征。

教师过渡:郪江古镇的历史如此悠久,一定离不开适宜的自然条件。这里的气候、地形、河流有什么特点呢?

学生活动:学生观察周围植被叶子的颜色、大小等特征;观察土壤颜色及湿润情况,推测农业状况;跟当地居民了解四季的气温变化、降水特点等气候情况;通过地形图查询当地地形类型,再到山上观察地势起伏及不同的地形部位。此外,基于观察的结果,判断郪江的气候类型、气候特点、河流流向、流量大小等水文特点。

学生活动:判断郪江的气候类型、气候特点、河流流向、流量大小等水文特点。郪江古镇位于四川盆地中部,南邻郪水,东滨锦江,面向狮子山,背靠金钟山。这里夏季高温多雨,冬季温和湿润,四季分明,年平均温度17℃,年降水量890毫米,是典型的亚热带季风气候。

💡 设计意图:自然环境是聚落形成的重要条件。郪江古镇已有2000余年的历史,这与当地适宜的自然环境密不可分。通过为学生创设真实的情境,带领学生到山上观察植被,到田地观察土壤,到河边观察水量、流速、流向,既可以让学生将理论知识与生活实际紧密联系,又可以让学生体验学习地理学科的乐趣,养成科学的学习态度。

3.赞赏精美建筑

教师活动:引导学生观察郪江古镇的房屋外观结构和建筑特点。

教师过渡:走在郪江古镇的青石板上,仿佛时间倒流,回到了2000多年以前。木匠师傅正在做门框,孩子们嬉戏打闹,"当当"的打铁声好似在街道上响起的音律。郪江留下了哪些让后人传唱至今的特别文化呢?

学生活动:走进郪江古镇,学生观察街道建筑、房屋结构、木雕工艺、绘图用色等,赞叹工匠技艺,感受工匠精神,分析特点。

郪江的建筑为典型的川西民居,房屋多为穿斗式建筑。街道两边的房屋都是木结构黛瓦平房,屋檐向街心伸出,用木柱支撑,在门前形成一条遮阳避雨的走廊。古街尽头是地祖宫,人们也称"地祖庙",其建筑外观最为考究。临街牌楼为歇山顶,万年台建在背面,从台下进去就到了院里,最里面供奉的是地藏王菩萨。此外,走进地祖庙能看到一个戏台,学生向当地居民咨询了戏台的作用、演出时间、演出事由,从而了解传统文化川剧的特点。

设计意图:郪江古镇的建筑风格独具特色,其走廊宽敞,以圆木支撑,为居民提供了一个遮阳避雨的通道。学生通过仔细观察当地建筑特色,并与现代建筑进行对比,总结郪江古镇的建筑特点及其与现代建筑的差异。同时,引导学生思考在古镇的建筑工艺方面应该传承哪些精华。

4.传承巴蜀文化

教师活动:带领学生走进郪江古镇最具有文物价值的金钟山汉代崖墓群,细致观察崖壁上的刻画,引导学生发现身边的戏曲文化。教师在此过程中可以简单讲解川剧的特点,从而增进学生对地方戏曲文化的了解。

学生活动:了解郪江文化底蕴,包括汉代崖墓群的规模、壁画石雕的艺术价值,欣赏川剧表演。

设计意图:了解郪江古镇的文化特色,感受传统文化的魅力,弘扬中华优秀传统文化。

5.体验古代易物

教师活动:为学生准备体验古代易物的场地,给学生讲解易物的方式方法和注意事项。

学生活动:每位学生携带一至两件自己的闲置物品,体验在货币尚未流通时期人们的交易场景。

设计意图:在物资匮乏、没有统一货币的时代,人们若想获取需要的东西,只能用物品进行交换。通过以物易物的方式,让学生感受古人的交易场景,体验当时"集市"的热闹,体会当时人们生活的艰辛,引导学生懂得更加珍惜当下的美好生活,学会感恩社会、热爱祖国。

六 研学成果与效果

通过此次研学活动,学生对郪江古镇有了更深入的了解。从历史渊源到建筑特色,再到文化特征,从不同角度全面地认识郪江古镇。学生能够以小导游的身份简单讲解郪江的故事,并能形成文字材料。通过郪江古镇研学活动,学生在欣赏祖国大好河山的同时,能够感受到中华历史的源远流长、中华文化的博大精深。有助于增强学生对坚定"四个自信"的理解和贯彻。最后,学生根据自己的研学体验为郪江的发展提出意见和建议,从而培养学生的科学发展观。

七 研学评价与反思

此次研学活动行程安排紧凑、时间设置合理,活动结构清晰、形式新颖。学生在研学过程中有思考、有体验、有感悟、有获得,有助于提高学生的自主思考能力、社会交际能力、语言表达能力和观察力。研学活动让学生站在主人翁的角度思考问题,共谋发展,升华主题。但此次研学设计更适合小规模的研学活动,一方面是因为场地容纳游客数量有限,另一方面是需要学生自主动手动脑的地方较多,大规模的研学活动难以保证每位同学都能得到充分参与和体验。

主题三

红色之美

　　四川,不仅有着充满魅力的人文景观,更有着深厚的红色文化底蕴。红色历史遍布山川,诉说着曾经的峥嵘岁月。四川的红色之美不仅是一种历史的沉淀,更是一种精神的传承。它记载了无数英勇奋斗、前赴后继的英雄故事,展示了中国人民坚定不移、顽强拼搏的奋斗精神。让我们一同走近伟人将帅、致敬革命英烈、追寻长征足迹、赓续红色基因、传承革命精神,感受这片土地上激荡的激情与力量。

《人民的光荣——朱德》教学设计

冯爱玲　杨翔宇　胡　兵

绵阳中学英才学校　绵阳第一中学　四川省武胜中学校

一 教材与学情分析

本课是《可爱的四川》（四至六年级）主题三"红色之美"第八课的内容，四至六年级学生正处于形成正确的爱国主义观念的关键时期，本课程的核心目标是培养学生的家国情怀。

二 学习目标和核心素养

通过深入了解朱德的主要事迹，理解并感受为什么朱德被誉为"人民的光荣"。调查身边的优秀人物事迹，将地理、历史知识与现实生活相结合，学以致用，培养学生爱家乡、爱祖国的情感。鼓励学生从小树立为人民服务的意识，以及为国家和民族的富强而努力学习的崇高理想。通过学习朱德的红色事迹，引导学生感受个人的真实情感，理解老一辈无产阶级革命家为了祖国的独立富强，不惜把自己的一切都奉献给党和人民的可贵品质。

三 设计思路

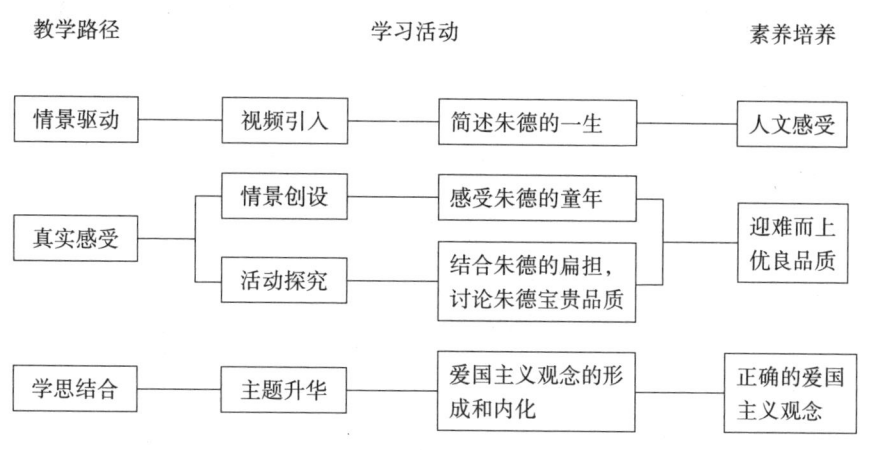

教学路径		学习活动	素养培养
情景驱动	视频引入	简述朱德的一生	人文感受
真实感受	情景创设	感受朱德的童年	迎难而上优良品质
	活动探究	结合朱德的扁担，讨论朱德宝贵品质	
学思结合	主题升华	爱国主义观念的形成和内化	正确的爱国主义观念

图 3-1 本课设计思路

四 教学方法与用具

(1)教学方法：以讲述法、讨论法为主。

(2)教学用具：使用视频、图片等教学工具。

五 教学过程

(一)视频导入，简要介绍朱德

教师导入：他是伟大的元帅，也是普通的士兵。他为了民族的独立和人民的幸福奉献一生，他就是"人民的光荣"——朱德。你知道哪些和他有关的感人故事？让我们一起去追寻朱德波澜壮阔的一生中闪光的足迹！首先，通过一个视频简要了解朱德。

(二)新课讲解

1.爱劳动，勤读书

(1)识一识。

教师活动：了解朱德的童年。朱德(1886—1976年)，出生于四川省仪陇县一个佃农家庭，朱德从小就表现出爱劳动、勤读书的品质。

学生活动：童年时期的朱德学着割草、拾柴，帮妈妈干活。尽管一家人拼命劳作,却仍然吃不饱饭,他还目睹了许多为富不仁的地主欺压百姓的事。这些经历在年幼的朱德心里埋下了革命的种子。后来朱德进入私塾读书,虽然他的年龄很小,但学习却非常刻苦专心。

(2)讲一讲。

教师过渡:童年时期的朱德有哪些值得学习的好品质?

学生活动:勤劳、朴实、忠厚、刻苦、勤奋以及同情贫苦百姓等。

2.冲天志,求真理

(1)朱德在顺庆府中学堂求学期间,思想发生了怎样的转变?

教师过渡:朱德在顺庆府中学堂求学期间,得到了老师张澜的教导,思想发生了重大转变。

学生活动:当时的中国正面临严重的民族危机。朱德的老师张澜在课堂上激愤地告诫学生:"要亡国灭种了,要牺牲身家性命,去救国家!"老师的话使朱德深受震撼,由此接受了"读书不忘救国"的思想,写下了"祖国安危人有责,冲天壮志付飞鹏"的铮铮誓言。

(2)说一说。

教师过渡:从朱德写下的"冲天壮志"中,你感受到他对国家怀揣着怎样的情怀?

学生活动:以救国救民为己任,他将个人的奋斗和国家的奋斗、民族的奋斗紧密相连。他的爱国之情、报国之行,让人感动、令人敬重。

(3)朱德是怎样加入中国共产党的?

教师活动:1909年,朱德参加革命。由于战功卓著,他屡屡升任。但这时的中国内忧外患,百姓处于水深火热之中,朱德为此痛心疾首,深感苦闷。

学生活动:中国共产党成立后,朱德看到了救国的希望。为了追求革命真理,他抛弃高官厚禄,辗转多地寻找党组织,终于在德国柏林见到了周恩来,并在周恩来的介绍下正式加入了中国共产党。

3.红司令,建功勋

(1)朱德何时与毛泽东并肩战斗的?

教师活动:1927年,朱德领导八一南昌起义。1928年,朱德率领南昌起义军余部和湘南起义农军同毛泽东在井冈山胜利会师。两支队伍合编为中国工农革命军第四军,朱德任军长。从此,朱德开始了和毛泽东并肩战斗的革命生涯。

(2)南昌起义失败后,朱德是怎样做的?

学生活动:南昌起义部队南下失败后,在部队濒临解散之际,朱德挺身而出,他斩钉截铁地说:"虽然大革命是失败了,我们的起义军也失败了,但是,我们还要革命的。要革命的跟我走,不愿继续奋斗的可以回家!"官兵们深受感染和鼓舞,纷纷表示愿意留下,革命的火种得以保存下来。

(3)说一说。

教师活动:结合课文《朱德的扁担》,说说朱德为什么要在扁担上写自己的名字。

学生活动:扁担上写上"朱德记"是为了做记号,表明这是朱德的扁担,同时为了不让战士们再藏他的扁担,怕战士们不让他挑粮食。

朱德做事不怕困难、带头挑粮、认真负责、热爱部队。

(4)朱德和毛泽东等人一起总结出游击战的基本原则是什么?

教师活动:抗日战争全面爆发后,朱德任八路军总指挥(后改为第十八集团军总司令)。解放战争中,朱德任中国人民解放军总司令。他协助毛泽东同志指挥了全国各根据地的抗日战争和解放战争,为建立新中国立下了不朽的功勋!

学生活动:在长期的军事生涯中,朱德积累了丰富的作战经验,他和毛泽东同志共同概括游击战术的基本原则,即著名的十六字诀:"敌进我退,敌驻我扰,敌疲我打,敌退我追"。

(5)查一查:朱德指挥过哪些著名的战役?

学生活动:在毛泽东和朱德正确的战术方针指导下,红军取得了第一次、第二次和第三次反"围剿"的胜利。朱德与周恩来同志共同指挥取得了第四次反"围剿"的胜利。

(6)中华人民共和国成立后,朱德担任过哪些要职?被授予何种军衔?

教师活动:中华人民共和国成立后,朱德担任中央人民政府委员会副主席、中国人民解放军总司令等职。1955年,他被授予中华人民共和国元帅军衔。

(7)查一查:中华人民共和国十大元帅的姓名和主要事迹。

教师活动:毛泽东主席授予朱德、彭德怀、林彪、刘伯承、贺龙、陈毅、罗荣桓、徐向前、聂荣臻、叶剑英十位同志中华人民共和国元帅军衔,中国人民解放军历史上著名的"十大元帅"由此确立。这些元帅曾获一级八一勋章、一级独立自由勋章、一级解放勋章。

学生活动:彭德怀,指挥抗美援朝战争;林彪、罗荣桓,指挥辽沈战役;贺龙、聂荣臻,指挥绥远战役;刘伯承、陈毅指挥淮海战役;徐向前,带病指挥解放山西;叶剑英,指挥广东战役。

新中国成立后,朱德积极参与领导我国社会主义革命和建设,为党和人民的事业奋斗了一生。

教师总结:通过本课的学习,我们了解了朱德为党和人民的事业奋斗了一生,深刻地感受了朱德的红色事迹,这些事迹激励我们继承老一辈无产阶级革命的光荣传统,为共产主义事业奋斗终身!

(8)课后拓展。

①查找资料,了解更多朱德的功绩。

②利用假期到朱德故居仪陇深入学习。

六 板书设计

人民的光荣——朱德

爱劳动,勤读书

冲天志,求真理

红司令,建功勋

七 教学反思

本节课的教学,旨在让学生了解老一辈无产阶级革命家为了祖国的独立富强,不惜把自己的一切都奉献给党和人民的可贵品质。希望学生能将这种宝贵品质发扬光大,不仅在学习中能迎难而上,更要在人生的不同阶段为中华民族的伟大复兴作出自己的贡献。学生爱国主义观念的形成和内化为实践行动,需要教师和学生共同付出努力,但我们坚信"路虽远,行则将至"!

《改革开放的总设计师——邓小平》教学设计

姚佳佳

四川省武胜县沿口初级中学

一 教材和学情分析

本课是《可爱的四川》(四至六年级)主题三"红色之美"第九课的内容。教材首先用几个反问句引起学生的探索兴趣,再通过一系列图片展示邓小平一生中的重要时刻,反映出邓小平波澜壮阔、鞠躬尽瘁的一生。尽管学生都知道邓小平是一位伟人,但大多停留在宏观层面,缺少一些细微的感受。因此,本节课旨在通过引导学生自己动手搜集、整理资料,通过小组合作探究的方式,感受伟人的别样人生经历,让学生实现从初步了解到深入学习,再到实践应用的转变。

二 教学目标与核心素养

通过搜集邓小平不同年龄阶段的资料,全面了解其生平经历;对比改革开放前后国人的生活情况,培养学生探究问题、分析问题的实践能力;引导学生从畅想自己未来职业的角度出发,思考自己能为家乡作出哪些贡献,从而激发学生爱家乡、爱祖国的情感。

三 设计思路

本课程设计遵循个人发展由平凡到伟大的顺序。在"平凡"环节,设置三个普通人的角色:"孩子""父亲"和"爷爷"。根据这三个不同的角色,将学生分为三组,并要求学生提前按各自角色的特点收集、整理相关资料。

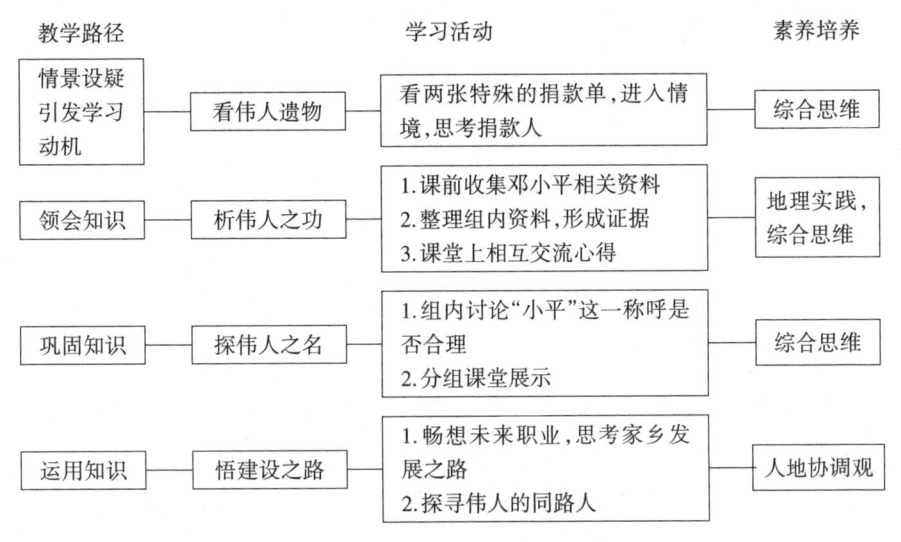

教学路径	学习活动	素养培养
情景设疑引发学习动机	看伟人遗物 → 看两张特殊的捐款单,进入情境,思考捐款人	综合思维
领会知识	析伟人之功 → 1.课前收集邓小平相关资料 2.整理组内资料,形成证据 3.课堂上相互交流心得	地理实践,综合思维
巩固知识	探伟人之名 → 1.组内讨论"小平"这一称呼是否合理 2.分组课堂展示	综合思维
运用知识	悟建设之路 → 1.畅想未来职业,思考家乡发展之路 2.探寻伟人的同路人	人地协调观

图 3-2 本课设计思路

四 教学方法与用具

(1)教学方法:讲授法。

(2)教学用具:多媒体课件。

五 教学过程

(一)情境导入

教师活动:展示邓小平给希望工程的两张捐款单。

教师过渡:你们能猜出这位老共产党员是谁吗?

学生活动:观看图片,积极思考,并回答教师提出的问题。

设计意图:通过展示图片中特殊的署名方式,激发学生的好奇心,并引导他们积极猜测捐款人的姓名。

(二)新知学习

教师过渡:你们知道哪些关于邓小平的事迹?

学生活动:积极思考有关邓小平的事迹,并在课堂进行分享。

教师过渡:邓小平在大家心里是什么样子的?

学生活动:分享邓小平在自己心中的印象。

📖 设计意图:了解学生现有的知识水平,引导学生走近伟人,用自己所掌握的知识去理解伟人。让学生在思考和表达的过程中加深对伟人的认识,为下一步讲解"平凡"的伟人做好铺垫。

(三)讨论研究

教师活动:展示"小平您好"的图片,引导学生分组讨论"小平"这一称呼是否合适。

学生活动:根据教材寻找邓小平对建设新中国作出的贡献,并讨论"小平"这一称呼。

📖 设计意图:引导学生认识"小爱"和"大爱"的区别,理解伟人的角色如何从平凡转向伟大。在讨论和交流的过程中,学生彼此交换思想,提升思维能力和判断力。同时,感受邓小平在人民心中呈现的可亲、可敬的形象,以及人民群众对邓小平朴素而深厚的感情。

(四)升华认识

教师过渡:邓小平对新中国的成立和新中国的建设作出了哪些贡献?

学生活动:根据自主预习回答问题。课前向家里长辈了解改革开放前国人的生活情况,与现在的生活情况进行比较,体会改革开放为我们的生活带来的巨大改变。

📖 设计意图:本环节属于地理实践任务,旨在引导学生走出课堂去生活中学习知识。学生通过向家里长辈了解改革开放前国人的生活状况,并在课堂上相互交流。只有让学生切实体会到以前生活的困苦,才能更加地珍惜当前的幸福生活。

(五)总结提升

教师活动:展示邓小平给每一位家乡人的嘱托——"一定要把广安建设好",并播放广安市的宣传片。

学生活动:观看广安市的宣传片,深入了解自己的家乡,感受家乡的独特魅力。

教师过渡:请同学畅想未来可能从事的职业,从职业的特点出发,谈谈你能为家乡作出哪些贡献?

学生活动:规划自己的职业,思考如何为家乡作贡献。

设计意图:通过展示邓小平的嘱托,激发学生的责任感和使命感。让学生畅想自己未来的职业,引导学生明确自己的目标和方向,为后续的学习提供指引。培养学生热爱家乡、建设家乡的情感,并树立人地协调发展的观念。

教师过渡:请大家思考,在邓小平的革命生涯中,是否有一位和他携手并肩作战的老乡?如果有,这位老乡是谁?

学生活动:积极思考并寻找下一位可爱的家乡人。

设计意图:通过对邓小平的了解,引导学生将所学的知识进行加工、迁移和应用,并对所学知识进行归纳和梳理,形成自己独到的见解。

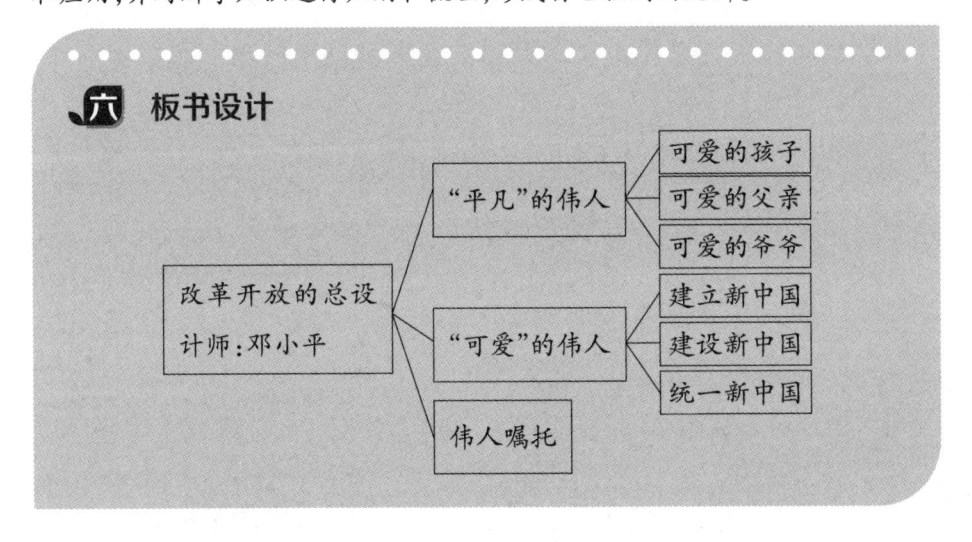

六 板书设计

```
                    ┌─ "平凡"的伟人 ─┬─ 可爱的孩子
                    │                ├─ 可爱的父亲
                    │                └─ 可爱的爷爷
改革开放的总设       │
计师:邓小平 ────────┼─ "可爱"的伟人 ─┬─ 建立新中国
                    │                ├─ 建设新中国
                    │                └─ 统一新中国
                    └─ 伟人嘱托
```

七 教学反思

本课依据新时代育人理念，着重培养学生的历史学科核心素养。既提高了学生的探索能力，同时也转变了教学方法，基本完成了预设的教学任务，取得了预期的教学效果。但仍存在一些不足之处，如学生在收集、整理及归纳资料方面的能力不足。因此。教师在后续的教学中要加强对学生这方面能力的培养与锻炼。

《巾帼英雄——赵一曼》
教学设计

吴 江 曾晓玲

德阳市青云山路小学校

一 教材与学情分析

本课是《可爱的四川》(四至六年级)主题三"红色之美"第十课的内容,课程旨在引导学生学习与理解"红色人物"。以"可爱的四川"引出"可爱的人物",以"红色之美"介绍抗日英雄赵一曼的生平事迹。出生在四川宜宾的英雄人物赵一曼,她舍子救国、英勇杀敌、宁死不屈,展现了母爱的伟大和不怕牺牲的革命精神。通过学习英雄事迹,让学生立志继承和发扬优良的革命传统,全面提升学生的爱国情怀,塑造健康向上的人格。四年级学生对事物的看法正处于从过去笼统的印象转变为具体的分析,他们偏重对自己喜欢的事物进行分析,知识增长速度显著提升。

二 学习目标与核心素养

本课的学习目标在于让学生深入了解赵一曼抗日救国的过程,并感受母爱的伟大。通过学习赵一曼在民族危亡之际展现出的不怕牺牲的革命精神,全面培养学生的爱国情感和热爱家乡的情怀。

三 设计思路

课程设计围绕赵一曼生活的历史背景展开,通过学习赵一曼的英雄事迹与爱国情怀,旨在激励学生牢记国耻、发奋学习、勇于拼搏、克服一切困难,用聪明才智建设一个更强大的国家。

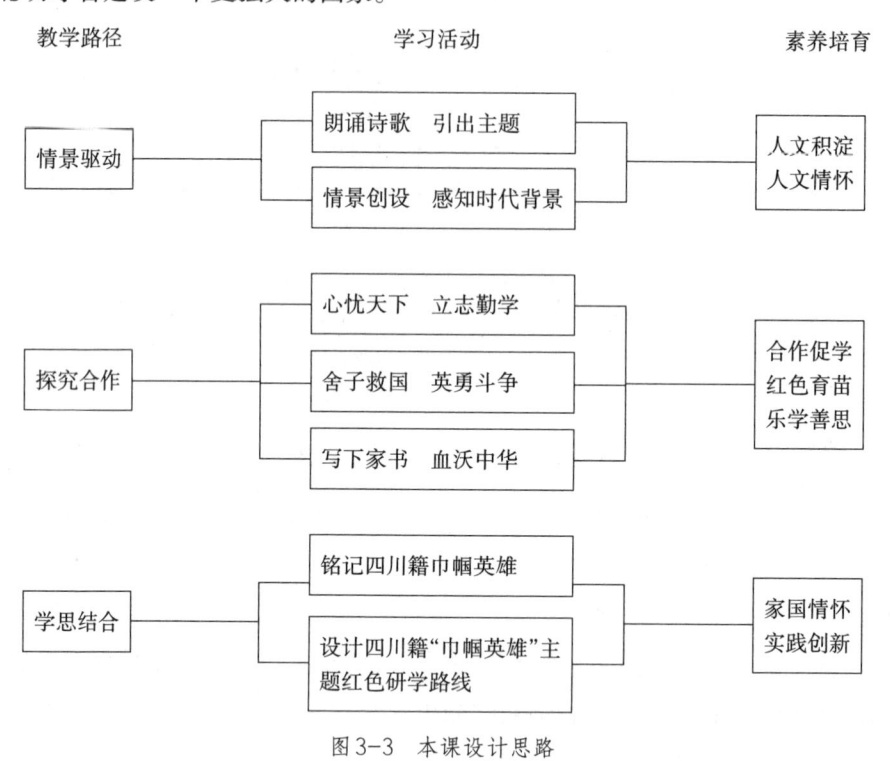

教学路径	学习活动	素养培育
情景驱动	朗诵诗歌 引出主题 情景创设 感知时代背景	人文积淀 人文情怀
探究合作	心忧天下 立志勤学 舍子救国 英勇斗争 写下家书 血沃中华	合作促学 红色育苗 乐学善思
学思结合	铭记四川籍巾帼英雄 设计四川籍"巾帼英雄"主题红色研学路线	家国情怀 实践创新

图 3-3 本课设计思路

四 教学方法与用具

(1)教学方法:讲授法。
(2)教学用具:多媒体课件。

五 教学过程

(一)导入新课

教师导入:四川不仅风景秀丽,还孕育了许多英雄人物。今天,我们要认识四川的一位巾帼英雄,她是谁呢?

教师活动:展示赵一曼的照片,简要介绍赵一曼。带领学生朗读赵一曼的《滨江述怀》。

设计意图:通过朗读诗歌,激发学生的学习兴趣,从而引出与本课相关的话题,为后文作铺垫。

滨江述怀

赵一曼

誓志为人不为家,跨江渡海走天涯。

男儿岂是全都好,女子缘何分外差!

未惜头颅新故国,甘将热血沃中华。

白山黑水除敌寇,笑看旌旗红似花。

教师过渡:同学们,这首诗是在什么背景下创作的?这首诗表达了作者怎样的情怀?让我们一起去了解这位巾帼英雄的光辉事迹吧!

(二)新课讲解

1.心忧天下,立志救国

教师活动:讲述赵一曼的早年经历,包括她立志救国的英雄事迹。

要求学生查阅资料,了解赵一曼小时候立志勤学的故事,并与同学分享。

学生活动:查找资料,了解时代背景,感受民族危亡。

拓展资料

时代背景

当时,中国人民一直被笼罩在西方列强侵华战争的硝烟中。当时的中国就像是一块肥肉,被西方国家抢着瓜分。日本为了侵占东北,除了不断使用政治阴谋,企图不战而胜将我国东北分裂出去外,日本关东军还随时准备使用武力强行占领。

2.涉江渡海走天涯

(1)赵一曼舍子救国。

学生活动:阅读课本中赵一曼加入中国共产党后的革命经历,特别是她舍子救国的感人事迹。

💡 设计意图:通过阅读课文和展示图片,让学生感受赵一曼抗日救国的过程。

(2)议一议。

教师过渡:为什么赵一曼在拍照前特意化了妆?她是怀着怎样的一种心情去拍照?要求学生合作探究、交流。

学生活动:小组讨论赵一曼在拍照前特意化妆的心情,分享讨论结果。赵一曼是怀着不舍和依恋的情感,留下了这张珍贵的照片。

教师总结:照片中的赵一曼,腰杆笔直,坐姿端正,怀中抱着她的孩子宁儿。她的眼神坚毅,又满怀柔情,那是她对革命事业的向往和对儿子深深的爱,她多想亲手养大儿子,共享天伦之乐。

(3)赵一曼被捕。

学生活动:阅读课文,了解赵一曼是如何被捕以及被捕后她的英勇故事。

3.甘将热血沃中华

(1)赵一曼牺牲前写给儿子的遗书。

教师活动:讲述赵一曼牺牲前写给儿子的遗书内容,引导学生体会其中的情感。

(2)议一议。

教师过渡:赵一曼给宁儿的家书中蕴含了怎样的情感?体现了怎样伟大的母爱?

学生活动:小组讨论赵一曼给宁儿的家书中蕴含的情感,体会赵一曼作为中共党员刚毅不屈的精神和对战争必胜的信心,也感受到一位母亲对孩子严格的教导和深深的母爱。

💡 设计意图:让学生感受赵一曼宽阔、慈爱的胸怀。

(3)赵一曼的牺牲过程。

学生活动:阅读课文中描述赵一曼牺牲的内容。

(4)讲一讲。

学生活动:查阅资料,了解赵一曼英勇斗争的故事,组织一次"讲先烈故事,铸爱国情怀"的主题班会。

教师活动:播放视频《赵一曼的故事》。

(5)了解四川籍"巾帼英雄"。

教师活动：了解四川籍其他巾帼英雄的事迹，如江竹筠、丁佑君等，她们为了民族解放、人民幸福，不惜舍弃个人幸福。引导学生感受英雄用青春、热血和生命，书写了对党和人民的忠诚。她们伟大的牺牲精神，永远值得我们铭记和缅怀！

(6)阅读《绽放的红梅——江竹筠》。

学生活动：学生阅读课文中的资料卡，体会江竹筠的牺牲精神。

(7)写一写。

学生活动：查阅资料，设计一条以"四川籍巾帼英雄"为主题的红色研学路线，包括赵一曼纪念馆、江姐纪念馆、丁佑君烈士纪念馆等，做好研学前的资料准备。

路线：赵一曼纪念馆(宜宾)—江姐纪念馆(自贡)—丁佑君烈士纪念馆(乐山)。

设计意图：了解四川籍巾帼英雄抗战事迹等重要史实，认识党领导下的全民抗战的重大意义和时代价值。

(8)作业布置。

学生活动：查找资料，讲一讲与赵一曼有关的更多的抗日故事。

六 板书设计

巾帼英雄——赵一曼
心忧天下、立志救国
涉江渡海走天涯
甘将热血沃中华

七 教学反思

通过本课的学习，学生深入了解赵一曼抗日救国的过程，感受到她在那个硝烟弥漫、艰难困苦的时期，为拯救民族危亡不怕牺牲、坚毅不屈的革命精神。在赵一曼被捕受审的过程中，我们看到了她对亲人的深深思念，对未来的渴望和对生活的热爱。本课帮助学生铭记革命先辈的英雄事迹，并培养学生敢于担当、传承红色基因的优良品质。

《特级英雄——黄继光》教学设计

米善军

绵阳市东辰学校

一 教材与学情分析

本课是《可爱的四川》(四至六年级)主题三"红色之美"第十一课的内容,围绕英雄黄继光舍身堵枪眼壮烈殉国的英雄事迹展开,通过学习黄继光烈士的光辉事迹,帮助学生树立为实现中华民族伟大复兴而努力学习的崇高志向。由于学生对黄继光的英雄事迹缺乏系统而深入的了解,尤其是对其生平、殉国背景及过程方面知之甚少。因此,教师将通过展示图像、播放视频、分析史料等多种教学手段,帮助学生在全面了解抗美援朝战争背景的基础上,深刻解读黄继光舍身殉国的伟大壮举。

二 学习目标与核心素养

通过学生活动和实地走访黄继光烈士革命纪念馆,并通过录制视频等方式,培养学生的家国情怀,使他们深入了解黄继光的英雄事迹,学习黄继光为祖国和人民不怕艰难险阻、不怕牺牲个人利益的精神和品质。

三 设计思路

本课主要设计了三个主题,即"重获新生""保家卫国""向死而生"。这三个主题分别讲述了黄继光的早年经历、战场经历以及身后影响。三个主题环环相扣,全面完整地展现了黄继光短暂而辉煌的一生。

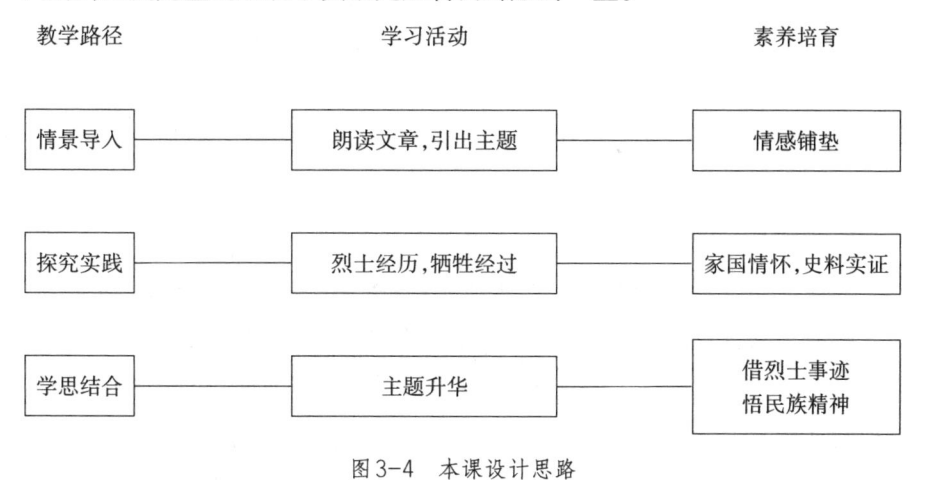

教学路径	学习活动	素养培育
情景导入	朗读文章,引出主题	情感铺垫
探究实践	烈士经历,牺牲经过	家国情怀,史料实证
学思结合	主题升华	借烈士事迹 悟民族精神

图 3-4　本课设计思路

四 教学方法与用具

(1)教学方法:讲授法。

(2)教学用具:多媒体课件。

五 教学过程

(一)导入新课

教师活动:根据学生现有的知识储备,展示1952年12月21日《人民日报》刊载的新华社记者石峰、王玉章等采写的通讯《马特洛索夫式的中国人民志愿军战斗英雄——黄继光舍身炸敌堡扫清进军道路》中描写黄继光舍身堵枪眼的内容,请学生朗读文句,并引导学生思考文字描写的主人公是谁,进而引出本课主题人物——黄继光。

(二)新课讲授

1.重获新生:黄继光的早年经历

教师活动:回顾并梳理黄继光在新中国成立前后的生活经历,让学生感悟黄继光在旧社会经历的困苦,以及在新中国成立后获得的新生,这有助于学生理解黄继光英勇牺牲的时代背景。

学生活动：总结和归纳黄继光早期经历的特点，通过对比的方式，讲述新旧社会下黄继光的巨大变化。

　　📖 设计意图：通过回顾和对比黄继光在新旧社会的经历，一方面培养学生的自主学习素养和能力，另一方面为学生理解黄继光参加抗美援朝战争的历史背景作铺垫。

　　2.保家卫国：黄继光跨过鸭绿江

　　教师活动：充分挖掘和补充课堂内外的相关知识，引导学生全面认识朝鲜战争的爆发原因以及抗美援朝战争的历史背景，帮助学生了解黄继光参加抗美援朝战争的背景。通过展示多种形式的历史资料（图片、文字、视频等），详细讲述黄继光在朝鲜战场上的英雄事迹，以及他在上甘岭战役中壮烈牺牲的过程与细节。教师巧妙地利用教学视频，引导学生发现黄继光牺牲的细节，想象黄继光牺牲瞬间的悲壮与伟大，将黄继光的英雄形象深深地镌刻在学生心中，培养学生的家国情怀。

　　学生活动：上台讲述自己对黄继光牺牲事迹的内心感受，绘制出自己心中的黄继光形象并作展示。

　　3.向死而生：黄继光精神永放光芒

　　教师活动：黄继光壮烈殉国后，他的英雄事迹穿越历史时空，对今天的人们产生深远的影响。引导学生感悟黄继光精神就是爱国主义精神和革命英雄主义精神，这种精神历久弥坚，永不过时。

　　教师出示图文材料，引导学生结合材料讨论黄继光甘愿舍身殉国的主要原因。引导学生联系实际，升华情感。引用习近平总书记关于抗美援朝战争胜利70周年的重要论述，帮助学生认识到无论时代如何发展，我们都要保持舍生忘死、向死而生的民族血性。

　　学生活动：朗读《谁是最可爱的人》片段。

　　在朝鲜的每一天，我都被一些东西感动着；我的思想感情的潮水，在放纵奔流着……谁是我们最可爱的人呢？我们的部队、我们的战士，我感到他们是最可爱的人。……烈士们的遗体，留着各种各样的姿势，有抱住敌人腰的，有抱住敌人头的，有掐住敌人脖子，把敌人摁倒在地上的，同敌人倒在一起，烧在一起……

　　——魏巍《谁是最可爱的人》原载《人民日报》1951年4月8日

(三)作业布置

学生活动：观看影片《特级英雄——黄继光》，查找资料，绘制黄继光主题手抄报。

六 板书设计

特级英雄——黄继光

一、重获新生：黄继光的早年经历

二、保家卫国：黄继光跨过鸭绿江

三、向死而生：黄继光精神永放光芒

七 教学反思

通过对本课三个主题的学习，全面、完整地展现了黄继光短暂而辉煌的一生。在授课过程中，教师重视历史细节的描述，以及运用多种教学材料，全方位和多角度地展现了黄继光的生平事迹。同时，注重分析黄继光舍身殉国的时代背景与个人经历。

《置之死地而后生——飞夺泸定桥》教学设计一

李艳美

雅安市雨城区第四小学

一 教材与学情分析

本课是《可爱的四川（四至六年级）》主题三"红色之美"第十二课第一课时的内容，旨在让学生熟知这片热土上发生的波澜壮阔的红色历史事件——强渡大渡河。通过了解红军长征在经过四川雅安石棉安顺场的大渡河时遇到的困难，以及红军又是如何克服这些困难的，让学生在红军强渡大渡河的长征故事中感受长征精神。四至六年级的学生在理解长征精神的深度和意义方面可能会有难度，需要教师补充介绍相关的背景资料，并观看相关视频。

二 学习目标和核心素养

了解红军强渡大渡河时遇到的困难，思考红军能够取得强渡大渡河的胜利的原因；感受红军战士坚定的革命信念、顽强的革命意志和不怕牺牲的长征精神；通过学习和弘扬长征精神，将红军精神运用到学习生活中去。

三 设计思路

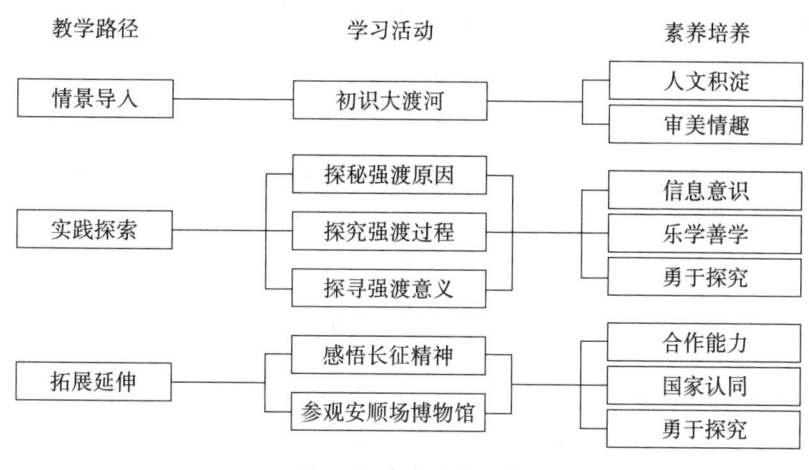

教学路径	学习活动	素养培养
情景导入	初识大渡河	人文积淀 / 审美情趣
实践探索	探秘强渡原因 / 探究强渡过程 / 探寻强渡意义	信息意识 / 乐学善学 / 勇于探究
拓展延伸	感悟长征精神 / 参观安顺场博物馆	合作能力 / 国家认同 / 勇于探究

图 3-5 本课设计思路

四 教学方法、准备及用具

(1)教学方法:创设情境、视频体验、小组合作探究。

(2)教学准备及用具:收集红军长征强渡大渡河的背景资料及背后的感人故事;准备画纸、彩笔。

五 教学过程

(一)情境导入:初识大渡河

学生活动:齐诵《七律·长征》。

教师导入:《七律·长征》概括了红军万里长征中遇到的艰难险阻,赞扬了红军大无畏的革命英雄气概。你们知道诗中的"大渡桥横铁索寒"指的是哪个事件吗?

教师活动:播放视频"大渡河风光"。

学生活动:谈谈对大渡河的感受。

教师活动:出示安顺场的相关图片,并向学生介绍安顺场的环境特点。

教师过渡：层峦叠嶂的山峰，奔流不息的大河，宁静祥和的村庄，在这里共同构成了一幅绝美的画卷。这条青色的、碧波荡漾、流速湍急的就是大渡河，这里就是著名的四川省雅安市石棉县的安顺场。

安顺场的名字带有吉祥如意之意，是一座环境静谧且别具特色的村寨。当我们走进村寨悠长的小路，安静的环境让人身心舒适，这里不仅是旅游的好去处，更是了解历史的必去之地。这个地方因两场战争而被人所熟知，哪位同学了解这两场关于安顺场的战争故事呢？

学生活动：根据自己收集的资料，分享关于发生在安顺场的两场战争。

> **拓展资料**
>
> "翼王伤心地"和"红军胜利场"
>
> "翼王伤心地"：1863年，太平天国将领石达开被清兵追击来到大渡河畔，他集结船只，准备强渡。眼看就要成功抵达对岸，却不料在这千钧一发之际，大渡河提前涨水，洪峰汹涌而来，所到之处船只尽毁。石达开战败，最终只能选择向清军投降。
>
> "红军胜利场"：中国共产党领导的红军在安顺场强渡了大渡河，他们不仅谱写了长征这一伟大史诗，更是树立了无与伦比的精神丰碑。强渡大渡河正是长征这段伟大的史诗中的重要篇章。

设计意图：通过本环节的学习，让学生初步了解强渡大渡河的所在地——安顺场，以及发生在这里的两场战争。通过讲述历史上发生的两场结局截然不同的战争，激发学生对中央红军强渡大渡河成功原因的兴趣。

(二)实践探索：探秘强渡原因

教师过渡：你可以在路线图中看到红军强渡大渡河的地点吗？

教师活动：出示红军长征路线图，带领学生重走红军长征的路线，并让学生指出地图上红军强渡大渡河的地点。

学生活动：观看强渡大渡河的背景介绍视频，讨论红军强渡大渡河的原因并进行交流。

教师活动:补充介绍强渡大渡河的原因。

拓展资料

当时,蒋介石断定中央红军会避免走石达开的"老路",他决心利用大渡河围困住红军,并将其一举消灭。蒋介石根本不相信精通历史的毛泽东会选择走与石达开相同的路线,所以他并没有把防守的重点放在这条从冕宁向北至安顺场的旧路上。

设计意图:教师通过讲解红军强渡大渡河的原因,并在学生观看相关视频后作补充解释,让学生明白中央红军为什么要选择在安顺场强渡大渡河,从而让学生理解强渡大渡河的意义。

(三)实践探索:探究强渡过程

1.讨论红军强渡大渡河面临哪些困难

教师过渡:红军强渡时遇到了哪些困难?

学生活动:根据教师提供的资料,小组讨论并汇总意见,然后进行交流分享。

环境恶劣。大渡河河道陡峭险峻、急流汹涌、险滩密布。河道宽处可达300多米,水深约7至10米,人称"天险"。

遭到围堵。国民党早在大渡河的南北两岸都设置了重兵把守。

渡河工具简陋。国民党军阀将沿江各个船家的船只都没收了。观看红军渡河的翘首木船图片,感受红军渡河工具的简陋。

2.观看视频

教师活动:播放红军强渡大渡河的视频。引导学生思考既然红军在强渡大渡河时遇到了这么多的困难,他们又是如何克服困难,成功强渡大渡河的呢?

学生活动:观看视频,体会红军强渡大渡河时表现出的英勇与智慧。

3.讨论与分享

教师活动:请学生结合所看的视频和收集的资料,分享红军在强渡大渡河时的英勇事迹。

学生活动:讨论后,交流分享红军强渡大渡河的英勇事迹。

18名红军战士组成首批渡江突击队,他们迎着国民党军队的火力,借助简陋的小木船艰难地靠向对岸。

在岸边的红军战士一边焦急地注视着渡河突击队,一边用有限的重机枪火力封锁住国民党军队的攻击,为突击队提供有力的支援。

教师过渡:红军突击队占领了大渡河安顺场渡口北岸,这些英勇牺牲的红军战士的名字将永远镌刻在长征史上,熠熠生辉。

设计意图:学生通过了解红军在强渡大渡河时遇到的困难,了解强渡大渡河中的英雄事迹,深化学生对红军战士的敬佩之情。

(四)实践探索:探寻强渡意义

教师过渡:毛泽东在延安会见美国友人斯诺时回忆,强渡大渡河是长征途中至关重要的篇章。如果在那里失败了,假使当初红军在此失败,就非常有可能遭到"剿灭"。强渡大渡河不仅是红军长征中具有战略意义的伟大胜利,这一胜利更是拯救了红军,拯救了中国革命,打开了红军北上抗日的通道。

设计意图:关于强渡大渡河的意义,教师应结合课文和资料做适当的引导和补充,以便让学生更好地理解。

(五)拓展延伸:感悟长征精神

教师过渡:强渡大渡河只是长征途中的一步,而我们从中获得的体会和感受却是无限的。你从这次强渡大渡河战役,尤其是从18名勇士身上获得了什么样的长征精神呢?

学生活动:做海报。分小组在海报上填写最能代表学生心中长征精神的词语。

小组汇报。各小组以"我心中的长征精神"为主题展开讨论,组长交流汇报,组员进行补充。"我心中的长征精神"是乐于吃苦、勇于牺牲、永不言弃、坚韧不拔、万众一心、患难与共……

教师过渡:长征精神不仅体现在强渡大渡河中,也体现在我们的学习和生活中。你和家人、朋友在学习、工作、生活中遇到过哪些困难?你想用长征精神的哪一点来鼓励自己或者鼓舞他人呢?

学生活动:根据自身情况交流回答。

教师过渡:习近平总书记曾说过,每一代人有每一代人的长征路,每一代人都要走好自己的长征路。尽管我们现在的生活幸福美满,但我们仍要将长征精神传承并发扬下去,坚定地走好新时代的长征路。

设计意图:学生通过感悟长征精神,进而将长征精神运用到学习和生活中去,这是本课的重点和难点。无论学生能感悟到多少,理解的深度如何,只要他们从中有所领悟,有所收获,就说明他们在这堂课中学有所得。

(六)课后拓展延伸:参观安顺场博物馆

教师过渡:红军有着乐于吃苦、团结拼搏的精神,他们凭借坚定的革命理想和信念成功强渡大渡河。同学们有机会也可以去雅安石棉县参观美丽的安顺场和安顺场博物馆,亲身体验大渡河地区的险峻高山与湍急河流,进一步了解红军长征背后的故事。

学生活动:学生利用课余时间参观安顺场博物馆。

设计意图:通过本课的学习,学生可实地感受大渡河的险峻高山与湍急河流,去安顺场博物馆了解红军长征背后的故事,进行一场"强渡大渡河"的研学旅行。

六 板书设计

强渡大渡河——打开胜利的通道

环境恶劣

遭到围堵 } 长征精神:乐于吃苦、勇于牺牲、团结一心……

渡河工具弱

七 教学反思

在本课的教学中,学生通过观看大渡河风光的视频,发现了渡口遗址,了解到历史上在这里发生的两场结局截然不同的战争。再通过搜集资料、观看视频、教师讲解等方式，学生从多渠道了解红军在强渡大渡河中遇到的困难，以及英雄的感人事迹。通过做海报、小组交流等学以致用的方式，帮助学生感悟红军战士坚定的革命信念、顽强的革命意志以及不怕牺牲的长征精神。教师布置学生实地研学考察安顺场大渡河的研学作业，达到《可爱的四川》指导纲要的要求。

《置之死地而后生——飞夺泸定桥》教学设计二

李雪艳

雅安市雨城区实验小学

一 教材与学情分析

本课是《可爱的四川》(四至六年级)主题三"红色之美"第十二课的内容。飞夺泸定桥事件关乎着中央红军的生死存亡,是红军长征中具有战略意义的伟大胜利。红军在时间紧、路程远、天气恶劣、敌众我寡的艰难情况下,取得了"奇绝惊险"的胜利,充分体现了红军战士英勇无畏的革命精神。

四至六年级学生具备一定的创新思维和实践能力,能进行多角度思考、发现和解决问题,能够初步独立完成一些学习任务。但由于学生尚未系统地学习过历史,对红军长征知之甚少。因此教师在教学时要借助视频和资料,以帮助学生更好地理解先烈们的英雄主义精神。

二 学习目标与核心素养

通过了解红军飞夺泸定桥的行军路线,从红军面临的种种困难中感受红军的感人事迹,让学生深刻体会红军战士为了救国救民,不怕艰难险阻、吃苦耐劳、勇往直前和不惜付出一切的崇高精神。通过学习本课,引导学生树立中华民族的根本利益和人民的利益高于一切的观念,培养学生为国家和人民不怕艰难险阻、不怕牺牲个人利益的精神,并树立坚定的共产主义理想信念,以及为中国人民谋幸福的高尚情操。

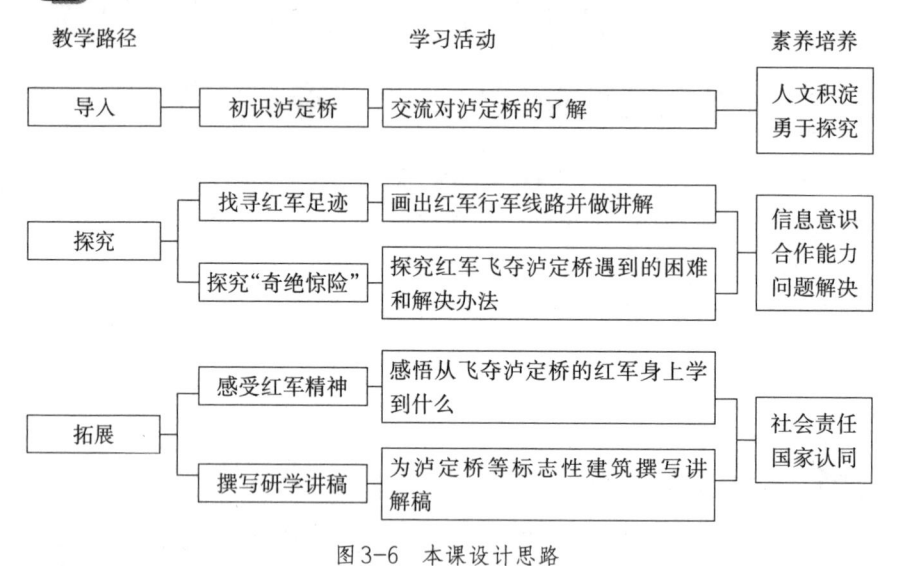

三 设计思路

教学路径		学习活动	素养培养
导入 →	初识泸定桥	交流对泸定桥的了解	人文积淀 勇于探究
探究	找寻红军足迹	画出红军行军线路并做讲解	信息意识 合作能力 问题解决
	探究"奇绝惊险"	探究红军飞夺泸定桥遇到的困难和解决办法	
拓展	感受红军精神	感悟从飞夺泸定桥的红军身上学到什么	社会责任 国家认同
	撰写研学讲稿	为泸定桥等标志性建筑撰写讲解稿	

图3-6 本课设计思路

四 教学方法与用具

(1)教学方法:自主学习与合作探究相结合。

(2)教学用具:多媒体辅助教学,大渡河流域地图,彩笔。

五 教学过程

(一)初识泸定桥

教师活动:播放关于泸定桥的视频。

学生活动:交流分享自己对泸定桥的了解。

设计意图:通过视频的导入以及学生对泸定桥的互动交流,自然地引入本课主题,激发学生的学习兴趣。

(二)找寻红军足迹

教师活动:播放视频,让学生了解红军从安顺场到泸定桥的行军路线。

学生活动：观看视频，小组合作在地图上画出红军的行军路线，并进行全班交流。

⌨ 设计意图：本环节旨在明确红军的行军路线。一是为了让学生感受红军面临的巨大困难，不仅行军路程遥远，而且时间紧迫；二是让学生感受红军在双面夹击的复杂情况下形成合围战略的智慧。

（三）探究"奇绝惊险"

教师过渡：飞夺泸定桥是红军长征中具有战略意义的伟大胜利。据开国上将、飞夺泸定桥时任红四团政委的杨成武晚年回忆道："打过这么多仗，最惨烈、最悲壮的还是飞夺泸定桥。"为什么说红军是"飞夺"泸定桥，而不是"抢夺"或"勇夺"？

教师活动：提供有关红军飞夺泸定桥的文字材料，适时播放相关视频。

学生活动：阅读材料，观看视频，汇报讨论成果。

教师活动：提问红军在飞夺泸定桥的过程中会遇到哪些困难？他们是如何解决这些困难的？（见表3-1所示）

学生活动：通过阅读文字资料和观看视频，小组进一步探究红军在飞夺泸定桥过程中遇到的困难和解决的办法，并将写好的答案贴在黑板上。

表3-1　红军在飞夺泸定桥时遇到的困难和解决办法

困难		解决办法
自然环境的困难	天黑、瓢泼大雨	摸黑冒雨前进
	雨大、泥泞	继续前进
	桥险	攀着铁链爬
敌人造成的困难	沿路阻击敌人	击溃
	增援的敌人	点起火把赛跑
红军自身的困难	饥饿和疲劳	吃生米、忘记疲劳

教师总结："一寸铁索，一滴血"。红军战士怀着对祖国和人民的爱，以及对敌人刻骨的仇恨，他们飞速行军，飞越过桥，成功"飞"过天险，夺取泸定桥，取得了这场奇绝惊险的胜利。

💡 设计意图:本环节旨在根据课文和课外资料,让学生深入了解红军行军中经历的困难以及解决的办法。从红军飞越天险,夺取泸定桥的艰难过程中,让学生感受红军英勇无畏、勇往直前的精神,激发学生的爱国主义情怀。

(四)感受红军精神

教师活动:通过播放视频和背景音乐来渲染氛围,引导学生体会红军精神。

学生活动:将自己想到的红军精神写在黑板上。

💡 设计意图:本环节旨在训练学生的口头表达能力,让学生在交流的过程中感受红军长征精神,培养学生传承先烈的英雄主义和爱国主义的精神。

(五)研学讲稿

教师活动:展示泸定桥、纪念碑、纪念馆、22勇士石柱的图片或视频。

教师过渡:如今,泸定桥、纪念碑、纪念馆、22勇士石柱已经成为追寻红色精神,传承红军精神的红色教育基地。接下来,我们将带着大家去泸定桥进行一场红色研学之旅。你想为大家讲解哪一个内容呢?请根据你所搜集的资料写出讲解稿。

学生活动:小组交流,写出讲解稿并推荐代表在全班进行交流。

💡 设计意图:本环节旨在锻炼学生的书面表达能力,让学生将自己的感受用文字的形式表现出来,使学生的情感得到升华。引导学生理解今天的幸福生活来之不易,应当珍惜当下的学习环境,加倍努力学习。

六 板书设计

第12课 置之死地而后生——二十二勇士 飞夺泸定桥

飞夺 { 飞速行军 / 飞越过桥 } 奇绝惊险

红军精神:不畏艰险、勇往直前、不怕牺牲……

七 教学反思

本节课紧扣教学重点,针对学生提出的疑问层层推进,逐一落实。学生的主要问题包括:为什么一定要夺取泸定桥?红军在赶往泸定桥的路上遇到了哪些困难?他们是如何克服这些困难的?面对只剩13根铁索的泸定桥,红军又是怎样飞夺泸定桥的?这些问题的设立与解决,反映了这节课的重点和难点。在问题的解决上,通过采取小组合作学习的方法,让学生进一步认识到红军攻夺泸定桥的艰难,深刻体会到红军战士的英勇顽强。同时,利用多媒体手段,让学生形象地感受到奇绝惊险的战斗场景,以及红军战士英勇顽强、奋不顾身的革命精神。教师以此为契机,引导学生珍惜当下的生活,努力学习。

《长征之歌——雪山草地铸丰碑》教学设计

如玛她

若尔盖县纳木中学

一 教材与学情分析

本课是《可爱的四川》(四至六年级)主题三"人文之美"第十三课的内容。1935年6月,中央红军历经艰难险阻成功突破敌人的重重包围,抵达夹金山脚下。面对恶劣残酷的自然环境,红军战士凭借坚定的理想信念,展现出勇敢乐观、团结友爱的精神风貌,他们用心中的革命烈火战胜了重重困难,最终成功翻越了被人们称为"死亡地带"的雪山草地,这一壮举创造了人类历史上的奇迹。如今,若尔盖县已成为四川省红色教育基地之一。虽然学生对红军长征翻雪山、过草地等历史事件有基本的了解,但他们对此缺乏直观的体验和深刻的感受。

二 学习目标与核心素养

通过了解红军飞夺泸定桥、翻雪山、过草地的感人事迹,让学生感受红军战士顽强的革命意志,以及他们为了救国救民,不怕任何艰难险阻,不惜付出一切牺牲的崇高精神。通过这节课的学习,引导学生树立坚定的理想信念,弘扬长征精神,为实现中国梦而奋斗。

三 设计思路

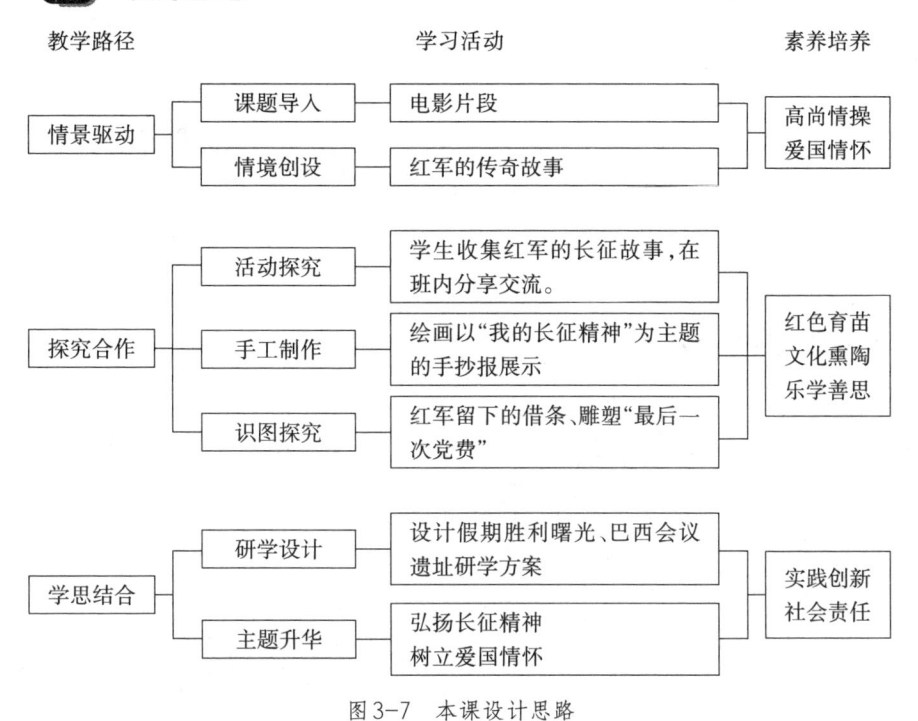

教学路径	学习活动	素养培养
情景驱动	课题导入 — 电影片段 情境创设 — 红军的传奇故事	高尚情操 爱国情怀
探究合作	活动探究 — 学生收集红军的长征故事,在班内分享交流。 手工制作 — 绘画以"我的长征精神"为主题的手抄报展示 识图探究 — 红军留下的借条、雕塑"最后一次党费"	红色育苗 文化熏陶 乐学善思
学思结合	研学设计 — 设计假期胜利曙光、巴西会议遗址研学方案 主题升华 — 弘扬长征精神 树立爱国情怀	实践创新 社会责任

图 3-7 本课设计思路

四 教学方法与用具

（1）教学方法：使用讲授法、讨论法、案例分析法、活动法等相结合的教学方法。

（2）教学用具：要求学生提前查阅资料，在课堂上进行展示交流，以此来更加深入地感受长征精神。

五 教学过程

（一）导入新课

教师活动：带领学生观看电影《走过雪山草地》的片段，播放红军爬雪山、过草地时的情景。

教师导入：红军长征过草地时遇到了许多困难。为什么红军在面对重重艰险时却能始终士气高昂、勇往直前？为什么红军所到之地，都能得到老百姓的热烈支持和衷心拥护？今天，就让我们从红军爬雪山、过草地的传奇故事开始讲起吧！

(二)新课讲授

1.雪山低头迎远客

教师过渡:同学们,你们知道在中国革命的历史上有哪些令人震撼的壮举吗?今天,我们要讲述的是一段充满艰辛与挑战的历程。1935年6月,中央红军突破敌军的重重包围,最终抵达了被称为"神仙山"的夹金山脚下。

夹金山,位于四川省西部,海拔高达4000多米。山上终年积雪,空气稀薄,环境极其恶劣。当地人形容它是"鸟儿飞不过,凡人不可攀"的地方。然而,就是在这样极度艰难的环境下,红军战士们面临着数倍于己的敌军以及大自然的残酷挑战,毅然决然地踏上了翻越夹金山的征途。

在翻越夹金山的过程中,红军战士们不仅面对极端恶劣的自然环境,还有物资极度匮乏的情况。他们大多数来自南方,长途行军和多次作战对体力消耗很大,而且御寒用品和补给更是捉襟见肘。在翻越雪山时,战士们穿着单衣和草鞋,缺乏保暖的衣物和食物,这使得翻越雪山的难度和风险进一步增加。

教师活动:通过图片、文字资料展示红军翻越雪山时面临恶劣的自然环境(如天气严寒、缺氧、雪崩等)和物资匮乏等问题。

学生活动:体会红军战士用心中的革命烈火战胜了雪山的严寒,用顽强的革命意志征服了雪山的艰险。

教师活动:故事分享,讲述红军战士克服困难的英勇事迹,如王新兰等小战士的故事。

> **拓展资料**
>
> 王新兰,1924年6月生,四川宣汉人。她6岁送过情报,9岁参加红军,11岁随红四军长征。在长征路上,王新兰和战友一起穿山越岭,爬冰卧雪,无论吃多少苦,她从不叫苦叫累,也从不掉队。然而,由于王新兰年纪尚小,在爬雪山时,她是靠拉着马尾巴才攀上去的。但王新兰只要有机会,她就会立在风口、站在路边,为战友送歌献舞,加油鼓劲。小红军王新兰用稚嫩的双脚走完了二万五千里的长征路,随同大部队胜利抵达陕北。

教师过渡:红军在人类历史上创造了哪些令人惊叹的奇迹?

学生活动:通过查阅资料,了解红军在长征中翻越了几十座海拔4000米以上的雪山,创造了人类历史上的奇迹。

教师活动:让学生查阅资料,了解红军过雪山时遇到了哪些困难。英勇的红军又是如何克服这些困难的。(课前布置任务)

学生活动:课上交流发言。

红军遇到的困难有天气寒冷、空气稀薄、雨雪交加、道路艰险等。除了雪山地区恶劣的自然条件外,饥饿和寒冷也给红军带来了严峻的考验。

一是红军战士经过长途行军和作战,体力消耗巨大。二是红军战士大多数来自南方,对严寒的天气和稀薄的氧气很不适应,他们到了雪线以上严重缺氧,人人感到如秤砣压胸。三是红军战士缺乏御寒的装备。他们从南方一路转战而来,他们衣着单薄,在雪山上只能依靠吃辣椒和生姜来御寒,许多战士被冻伤甚至牺牲。四是红军战士对雪山的地理知识了解不多。在翻越雪山时,有的战士因不知沟壑深浅不慎跌进深谷,有的战士因劳累过度就坐下来休息,结果再也无法起身。

红军采取的措施:在翻越雪山途中,红军指战员充分发挥友爱精神,开展互帮互助活动,党员干部纷纷起到模范带头作用。朱德、贺龙等红军高级指挥员,将自己的战马用来帮助体弱的战士,不少战士就是拉着马尾巴翻越了大雪山。据徐向前回忆,"在翻越大雪山党岭时,我们为保证他(朱德)的安全,令部队给他备好坐骑、担架,但他都让给伤病员使用,自己坚持步行。夜晚宿营在半山腰,大家冻得无法睡觉,他就给大家讲故事、话革命,鼓励同志们战胜风暴雪山,胜利实现北上的计划"。

2.草毯泥毡扎营盘

教师过渡:红军长征中最艰险的一段路程是哪里?红军征服了皑皑雪山后,面对的是更为艰险的草地。1935年,红军经过的松潘草地,位于今天四川省的松潘县、红原县、若尔盖县,平均海拔在3500米以上。茫茫的水草地,一望无际。这里泥潭遍布,水草盘根错节。在郁郁葱葱的青草之下,是满布"机关"和"陷阱"的大泥潭。

《可爱的四川》教学活动设计

学生活动:查阅资料、了解红原日干乔大沼泽,是红军长征中最艰险的一段路程。为纪念红军长征走过的这片草地,周恩来总理将其命名为"红原"。这也是拓展红原县名的由来。

教师过渡:红军过草地主要有三险,分别是什么?

学生活动:回答红军过草地主要有三险,分别是食、行、毒。

食难。红军缺粮,只能靠吃野菜、草粮、树皮充饥。吃完了这些,他们就把皮带、皮鞋、皮坎肩,以及锣鼓的鼓皮和马鞍等物品煮来吃。行难。茫茫草地,遍地都是沼泽泥潭,根本就没有路。人和马必须踏着草甸走,或者拄着棍子探路,几个人只能相互搀扶着走。毒。首先,毒在水。在地上踩一脚就有黑水冒出,毒水让战士的腿肿得流脓,有伤口的地方还会烂掉;其次,毒在草。有的野草有毒,吃了轻则呕吐、腹泻,重则中毒死亡;最后,毒在瘴气。有毒的瘴气可以夺命于无形之中。

教师活动:展示红军留下的借条。

拓展资料

这块木板是2001年在松潘县的一个藏族居民家里发现的,木板上是红军留下的借条,上面写着:"我们在这块田内割了青稞1000斤,我们自己吃了,这块木牌可作为我们购买青稞的凭证,请你们归来以后,拿这块木牌向任何红军部队或者苏维埃政府,都可兑取与青稞价值相等的银子、茶叶等你们需要的东西……"

教师活动:议一议,从这块木板中,可以看出红军是一支什么样的军队?

学生活动:思考后回答"红军纪律严明。不拿群众的一针一线。这是党始终坚持的原则,这也是我们最后走向胜利的关键所在"。

学生活动:讲述张思德以身试毒的故事。通过这个故事,展现出红军战士在极端困难的条件下依然保持高昂士气和坚定信念的精神风貌。

教师活动:引导学生想一想,张思德为什么要抢小战士的野草?查找张思德吃了野草之后的故事。

> **拓展资料**
>
> 　　不一会儿,张思德感到有些头昏脑涨,全身无力。紧接着,他感到肚子一阵绞痛,大口呕吐起来。他急忙对小战士说:"这草有毒,快,快告诉……"没等把话说完,张思德就摔倒,失去了知觉。半个小时后,张思德慢慢醒来,他模模糊糊地看见小战士端着瓷缸蹲在他跟前。他急忙说:"不要管我,快去告诉其他同志!"

　　教师总结:张思德不惜以身试毒,不怕付出宝贵的生命。

　　教师活动:播放视频《红军过草地的故事》。举办一次以"红军穿越草地"为主题的故事会。学生通过查阅图书、网络等资料,选择一个最能打动人的故事,并与同学进行分享。(提示:关于红军过草地的红色故事有《金色的鱼钩》《七根火柴》等)

　　学生活动:学生搜集资料、相互交流并讲述故事。

　　3.长征精神,光耀千秋

　　教师过渡:在极端恶劣的环境下,红军战士怀着共同的革命理想,坚守着严明的纪律,发扬着革命乐观主义精神,他们彼此间团结友爱,凭借巨大的精神力量战胜了恶劣的自然环境带来的重重困难。

　　长征时期涌现出大量的红色歌曲,这些歌曲激励着红军战士无畏前行!选择一首你喜欢的红色歌曲与同学合唱,用心感受红军坚定跟党走的心声。

　　学生活动:学生相互交流,说出自己喜欢的歌曲。

　　教师活动:播放歌曲《十送红军》,并鼓励学生演唱自己喜欢的红色歌曲。

　　学生活动:长征路上的故事——刘志海。(学生讲故事)

　　教师活动:概括长征精神。

拓展资料

伟大长征精神,就是把全国人民和中华民族的根本利益看得高于一切,坚定革命的理想和信念,坚信正义事业必然胜利的精神;就是为了救国救民,不怕任何艰难险阻,不惜付出一切牺牲的精神;就是坚持独立自主、实事求是,一切从实际出发的精神;就是顾全大局、严守纪律、紧密团结的精神;就是紧紧依靠人民群众,同人民群众生死相依、患难与共、艰苦奋斗的精神。

——习近平在纪念红军长征胜利80周年大会上的讲话

教师活动:画一画。让学生收集相关资料,选择长征精神中感悟最深的词语,设计制作一份"我心中的长征精神"海报。

学生活动:制作海报并进行展示。

教师活动:阅读文章《无名的墓碑 永远的丰碑——巴中川陕革命根据地红军烈士陵园》。

拓展资料

位于四川省巴中市通江县王坪村的川陕革命根据地红军烈士陵园,是全国唯一一座由红军亲手为牺牲战友修建的陵园。陵园始建于1934年7月,经过改建和扩建,现在陵园分布着铁血丹心主题雕塑、英勇烈士纪念碑、红军烈士集墓区、无名烈士纪念园、英烈纪念墙、"赤化全川"石刻标语等景点。这里是全国安葬红军烈士最多、规模最大的红军烈士陵园,共有25048名红军烈士在此长眠,其中无名烈士有17225位,他们已和青山融为一体。这里不仅是纪念之地,更是信仰的"圣地"!

六 板书设计

长征之歌——雪山草地铸丰碑

雪山低头迎远客

草毯泥毡扎营盘

长征精神,光耀千秋

七 教学反思

本课的学习让学生深入了解了红军战士爬雪山、过草地的英雄壮举,感受红军战士顽强的革命意志。红军战士为了救国救民,不怕任何艰难险阻,不惜付出一切牺牲的精神,使学生对长征精神有了更深刻的理解和认识,让学生树立了坚定的共产主义理想信念,为继承和弘扬长征精神打下坚实的基础。

《伟人将帅》
教学设计

何丽萍

四川省武胜中学校

一 教材和学情分析

本课是《可爱的四川》(七至八年级)主题三"红色之美"第八课的内容,旨在引导学生走进伟人故居、红色博物馆等地,通过了解伟人的成长经历,深刻感受红色政权的来之不易,并从中汲取精神力量。"红色之美"不仅是中国人的志气、骨气和底气,也是四川人的独特品质,更是同学们成长的宝贵源泉。本课通过创设情境,让学生在情境中体验情绪、讨论交流,走进"元帅外交家"陈毅的峥嵘岁月,深刻领悟其将帅精神,从而培养学生热爱国家和家乡的情感。

二 学习目标与核心素养

通过阅读陈毅创作的诗歌,感受他对革命事业一往无前、坚定不移的精神,培养学生的爱国情怀,并使其深刻认识到当前和平安定的生活来之不易,从而珍惜当下,为更加美好的明天努力奋斗。此外,学生通过查找资料,了解陈毅的外交智慧,让学生明白只有不断学习才能获得成功,激发学生的学习动力。

三 设计思路

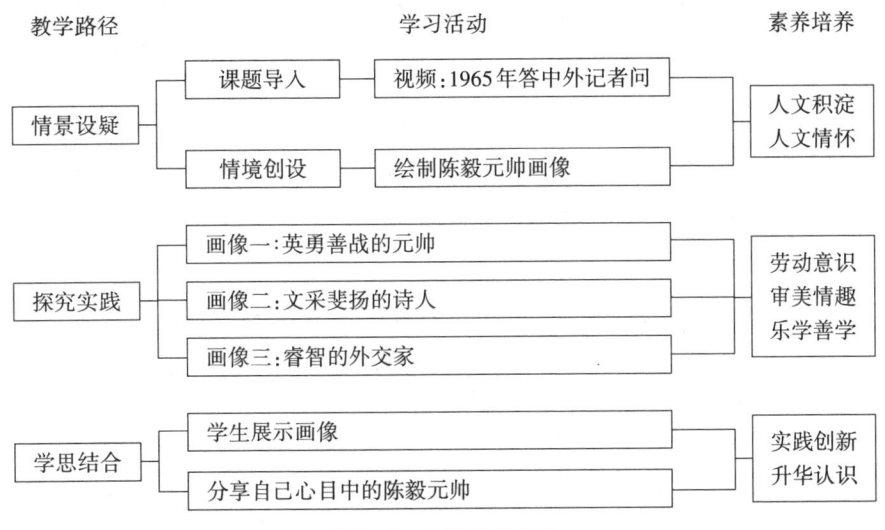

教学路径　　　　　　　学习活动　　　　　　　素养培养

情景设疑 — 课题导入 — 视频：1965年答中外记者问 — 人文积淀 人文情怀
　　　　　— 情境创设 — 绘制陈毅元帅画像

探究实践 — 画像一：英勇善战的元帅
　　　　— 画像二：文采斐扬的诗人 — 劳动意识 审美情趣 乐学善学
　　　　— 画像三：睿智的外交家

学思结合 — 学生展示画像
　　　　— 分享自己心目中的陈毅元帅 — 实践创新 升华认识

图3-8　本课设计思路

四 教学方法与用具

(1)教学方法：问题式教学、情境式教学等方法。
(2)教学用具：多媒体辅助工具。

五 教学过程

(一)导入新课

教师活动：播放1965年陈毅元帅在中外记者招待会上回答中外记者提问的视频。

教师导入：请问有同学知道视频中那位霸气回怼美帝国主义的外交家是谁吗？他是我们的"元帅外交家"——陈毅。

学生活动：观看视频。

设计意图：通过观看视频，激发学生的学习兴趣，从而引出与本课题相关的话题，启发学生思考，为后续的学习做好铺垫。

(二)英勇善战的元帅

教师活动：展示相关资料。陈毅是中华人民共和国十大元帅之一。1923年，他进入北京中法大学学习,然后加入中国共产党。南昌起义后,陈毅积极投身土地革命。1934年,中央红军长征时,他因伤留在赣粤边区,坚持进行艰苦卓绝的游击战争。抗日战争时期,他担任了新四军军长等职务。解放战争时期,他担任华东野战军司令员等职务。从上述资料中可以看出,陈毅在土地革命、抗日战争、解放战争时期,始终在率领红军战士英勇战斗,对新民主主义革命的胜利起到了重要的推动作用。因此,中华人民共和国成立后,他被列为十大元帅之一。

学生活动:阅读资料。

设计意图:通过了解英勇善战的陈毅元帅及其事迹,培养学生的爱国情怀,并让学生深刻感受到和平生活的来之不易。

(三)文采斐然的诗人

教师活动:展示陈毅的作品《青松》和《梅岭三章》。

学生活动:观看视频,了解《青松》和《梅岭三章》创作的背景,小组合作讨论,并由代表分享感悟。

设计意图:通过体会先辈的革命精神和顽强意志,让学生感悟到要永葆初心,面对困难时不要退缩,要迎难而上,不断磨炼自己。

(四)充满智慧的外交家

教师活动:展示相关资料。在共和国外交史上,有著名的中美两国的"乒乓外交"。其实在这之前,还有中日两国的"围棋外交"。1958年,陈毅兼任外交部部长时,恰逢日本围棋代表团访华。为了打破外交僵局,他亲自与日本棋手对弈,从而拉开了中日两国"围棋外交"的序幕。在陈毅的热心推动下,日本围棋界名人联合发表呼吁书,要求日本政府改变对华政策,实现中日邦交正常化。1972年,中日两国成功实现了邦交正常化。"围棋外交"充分体现了陈毅的外交智慧。

教师过渡:请问陈毅为何能成为一位优秀的外交家?

学生活动:阅读资料,独立思考并回答问题。

设计意图:通过了解陈毅的外交智慧,激发学生不断学习的动机。

(五)总结

教师过渡:通过本节课的学习,大家有什么感悟吗?

学生活动:学生纷纷表达了解陈毅相关事迹后的感悟。

设计意图:对本课主要内容进行总结梳理。

六 板书设计

"元帅外交家"陈毅

一、英勇善战的元帅

二、文采斐然的诗人

三、充满智慧的外交家

七 教学反思

在整个教学过程中,教师注重情感的传递。学生从陈毅的事迹中感受到老一辈革命家的爱国情怀、民族气节和对国家尊严的坚决捍卫,激发学生的爱国之情,并提高学生对国家外交事业的关注。同时,培养学生合作学习的能力。此外,教学中也存在一些不足之处,主要表现在教师对陈毅元帅外交理念背后的哲学思想和文化底蕴的挖掘不够深入,以及个别学生的参与度较低。

《英烈遗风》
教学设计一

黄丽雨　邓云平
宜宾市翠屏区天立学校

一　教材与学情分析

本课是《可爱的四川》(七至八年级)主题三"红色之美"第九课的内容,主要介绍了赵一曼、江竹筠、丁佑君烈士的英雄事迹。本课精心设计了六个学生活动。学生需要通过参观革命先烈故里、革命英烈纪念馆等方式,深切感受四川的"红色之美"。

初中学生对赵一曼、江竹筠、丁佑君等英烈的事迹已有一定了解,但这些英烈所处的时代背景与学生当下的生活相去甚远,加之受年龄和个体经验所限,学生难以深刻理解英烈的崇高精神。通过让学生主动查找和阅读相关资料,记录重要内容,设计、参与、调研和展示等实践活动,使其逐步体会到爱国主义精神是中华民族得以生存和发展的强大动力。同时,学生通过走访革命烈士家属和在网络上收集相关素材等方式,深入了解更多的家乡英烈,探寻家乡红色文化的历史基因,从而传承红色精神,增强民族自信心和自豪感。

二　学习目标与核心素养

学生通过观看赵一曼纪念馆的视频,以及亲自采访宜宾英烈陈绍光的家属,了解赵一曼、陈绍光等革命先辈的丰功伟绩和巨大牺牲,深刻认识到今天的幸福生活来之不易。此外,通过制作三江红色之旅研学地图系列活动,进一步激发学生敬英烈、爱家乡、续遗风的情感,培养学生的家国情怀、责任担当和实践创新等核心素养。

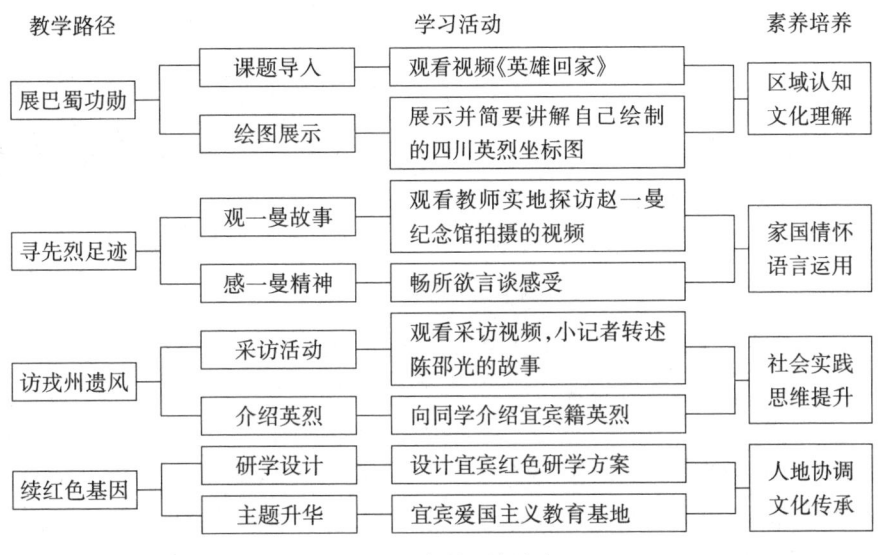

三 设计思路

教学路径	学习活动		素养培养
展巴蜀功勋	课题导入	观看视频《英雄回家》	区域认知 文化理解
	绘图展示	展示并简要讲解自己绘制的四川英烈坐标图	
寻先烈足迹	观一曼故事	观看教师实地探访赵一曼纪念馆拍摄的视频	家国情怀 语言运用
	感一曼精神	畅所欲言谈感受	
访戎州遗风	采访活动	观看采访视频,小记者转述陈邓光的故事	社会实践 思维提升
	介绍英烈	向同学介绍宜宾籍英烈	
续红色基因	研学设计	设计宜宾红色研学方案	人地协调 文化传承
	主题升华	宜宾爱国主义教育基地	

图 3-9 本课设计思路

四 教学方法与用具

(1)教学方法:讲授法、版图版画直观教学、主题活动探究等教学方法。

(2)教学用具:宜宾市政区图、手绘巴蜀英烈分布图、宜宾红色景点分布图。

五 教学过程

(一)展巴蜀功勋

教师导入:"一个有希望的民族不能没有英雄,一个有前途的国家不能没有先锋"。在中华民族波澜壮阔的历史长河中,无数英雄先烈为了救国救民,抛头颅洒热血,书写了人性光辉的篇章。现在,我们在黑板上所看到的这幅地图,是中国红色文化的缩略图,其中有我们耳熟能详的陕西延安、江西井冈山、贵州遵义,以及我们家乡的泸定桥。这些看似普通的地名,在新中国的历史上却如璀璨星辰,熠熠生辉。巴蜀大地更是英雄辈出、浩气长存。国庆节期间,同学们都绘制了全国英烈坐标图,还有部分同学绘制了四川英烈坐标图,现在请××同学向大家展示并讲解自己绘制的四川英烈坐标图。

学生活动:学生展示并简要讲解四川英烈坐标图,从而自然地引出宜宾英烈赵一曼。

教师过渡:在生死存亡的关键时刻,总有民族英雄挺身而出。"白山黑水除敌寇,笑看旌旗红似花",正如同学们刚才提到的赵一曼,她就是我们宜宾的骄傲。现在,让我们跟随老师的镜头一起走近英烈赵一曼。

设计意图:通过地理学科活动,学生们绘制了英烈坐标图,从而感受到英烈的分布遍布全国。从全国英烈分布到四川英烈分布,最后聚焦于家乡宜宾英烈,空间尺度由大到小,距离由远及近,在提升学生的区域认识素养的同时,让学生感受到英烈就在身边。

(二)寻先烈足迹

学生活动:观看教师实地探访赵一曼纪念馆拍摄的视频。

教师过渡:赵一曼烈士用自己的生命绽放出绚丽的花朵。她为了人民,甘愿舍小家顾大家。现在,屏幕上所呈现的是赵一曼留给儿子的绝笔信。

宁儿:

母亲对于你没有能尽到教育的责任,实在是遗憾的事情。

母亲因为坚决地做了反满抗日的斗争,今天已经到了牺牲的前夕了!

母亲和你在生前是永远没有再见的机会了。希望你,宁儿啊!赶快成人,来安慰你地下的母亲!我最亲爱的孩子啊!母亲不用千言万语来教育你,就用实行来教育你。

在你长大成人之后,希望不要忘记你的母亲是为国而牺牲的!

一九三六年八月二日

你的母亲赵一曼于车中

教师过渡:这封绝笔信,直至新中国成立以后,才从档案当中被发现。信中字字句句,无不在诉说着赵一曼烈士那火热的赤诚之心。

学生活动:学生一起朗读赵一曼留给儿子的绝笔信。

教师过渡:我看到有些同学眼里饱含泪花,在了解赵一曼的英雄事迹后,你想对她说些什么呢?

学生活动:畅所欲言谈感受。

设计意图:学生跟随教师拍摄的视频去参观赵一曼纪念馆,了解赵一曼的英雄事迹。教师和学生通过重温赵一曼留给儿子的绝笔信,从中感受一曼精神的伟大力量。

(三)访戎州遗风

教师过渡:"为有牺牲多壮志,敢教日月换新天"。一百多年来,一代又一代的宜宾人,披肝沥胆、英勇奋斗,挺起了中华民族的不屈脊梁,筑起了民族精神的不朽丰碑。其实,英雄离我们并不遥远,我们班的××同学就是光荣的英烈家属。现在,让我们跟随小记者的镜头去认识战斗英雄陈绍光吧!

学生活动:观看采访陈绍华(陈绍光弟弟)的视频,并由小记者转述陈邵光的故事。

教师过渡:年仅33岁的英雄陈绍光,在祖国的北疆献出了自己宝贵的生命。这次沉痛的打击却让陈绍光的妈妈袁帮莲更加坚强,她忍住悲痛,毅然决定让其他几个儿子继续参军。她先后把自己的四个儿子送到部队,其中两个儿子光荣牺牲。陈家三代戍边,成了有着烈士遗风和良好家风传承的革命家庭。我记得你就是视频中的小记者吧,你能说说你的访谈感受吗?

学生活动:小记者们分享自己的访谈感受。

教师过渡:烈士遗风永传承。中华民族骨子里的红色基因,将激励我们勇挑时代重担,培养出成千上万个如陈绍光一样有血性、有担当的男儿。西南半壁古戎州,万里长江第一城。在长江的滋养下,宜宾孕育了许多像赵一曼、陈绍光这样为了人民解放和民族独立抛头颅洒热血的革命烈士。大家畅所欲言,说说你还知道哪些宜宾籍的英烈。

学生活动:学生畅所欲言向同学们介绍宜宾籍英烈,如刘华、卢德铭、李硕勋、余泽鸿等。

(四)续红色基因

教师过渡:看来同学们此次采访活动收获颇丰。有着2220年建城史的宜宾,积淀了深厚的红色文化。从辛亥革命时期到社会主义时期,宜宾涌现出2620名革命烈士。追寻先烈足迹,传承红色基因,是我们每个人的责任。现在,请同学们在老师的带领下设计宜宾红色之旅的研学方案。

学生活动:小组合作完成研学路线的设计。(6分钟)

学生活动:小组代表展示并讲解宜宾红色之旅的研学路线图。

教师过渡:同学们从不同角度展示了此次研学活动的方案。大家在设计研学活动时,可以从哪些方面进行规划呢?

学生活动:进行归纳方法总结,如我最崇敬的人、我的家乡、区县比邻原则、英烈集中原则等。

教师过渡:红色资源是我们党艰辛而辉煌奋斗历程的见证,是最宝贵的精神财富。宜宾全市现有爱国主义教育基地82处、文物保护单位28处、烈士纪念设施147处、党史教育基地51处。宜宾将以新时代的自信和前所未有的热诚,期待着人们踏上这片红色沃土,汲取奋进的力量!

设计意图:学生利用课前收集的资料以及教师提供的资料,通过小组合作探究,完成红色研学路线的设计,探寻宜宾红色文化的历史基因,传承红色精神,增强民族自信。

课堂总结:"天地英雄气,千秋尚凛然"。在先烈们追求真理、顽强拼搏、不怕牺牲的崇高精神激励下,作为当代中学生的我们,定当奋起直追、劈波斩浪,描绘盛世图景,以慰革命先烈。翠屏巍巍,三江悠悠,烈士遗风光照千秋!

六 板书设计

七 教学反思

  本课巧妙地融合了地理、历史、语文等多学科内容进行课堂教学,让学生通过真实的场景去探寻历史的印记。课堂上,学生利用课前收集的宜宾英烈资料,以及教师提供的宜宾市行政区划图、红色景点图等资料,学生开展小组合作探究,共同完成红色研学路线的设计。学生通过深入探寻宜宾红色文化的历史基因,从而传承了红色精神,增强了学生对家乡的热爱之情,激发了学生对红色文化研学的热情。

《英烈遗风》
教学设计二

林浩冉　陈　婷　陈　敏

宜宾龙文学校

一 教材与学情分析

本课是《可爱的四川》(七至八年级)主题三"红色之美"第九课的内容,通过学习赵一曼的革命事迹,让学生感受革命英雄主义、乐观主义以及百折不挠的奋斗精神,激励学生树立为实现中华民族伟大复兴而不懈奋斗的远大志向。七至八年级的学生已经具备了一定的地理、语文、历史知识,能够分析材料和理解相关知识。

二 学习目标与核心素养

通过诵读赵一曼的《滨江述怀》,感受其慷慨就义的英雄气概,培养学生的爱国主义精神和民族责任感;通过了解赵一曼的生平故事,引导学生感悟中国军民在抗日战争中孕育的伟大的抗战精神;通过绘制赵一曼的革命路线图,让学生直观感受革命的艰辛历程,培养学生的实践能力;通过一曼山之美、一曼家乡白花之美,感受当代一曼文化和精神的独特魅力,培养学生热爱家乡的自豪感和实现自我奋斗的责任感。

三 设计思路

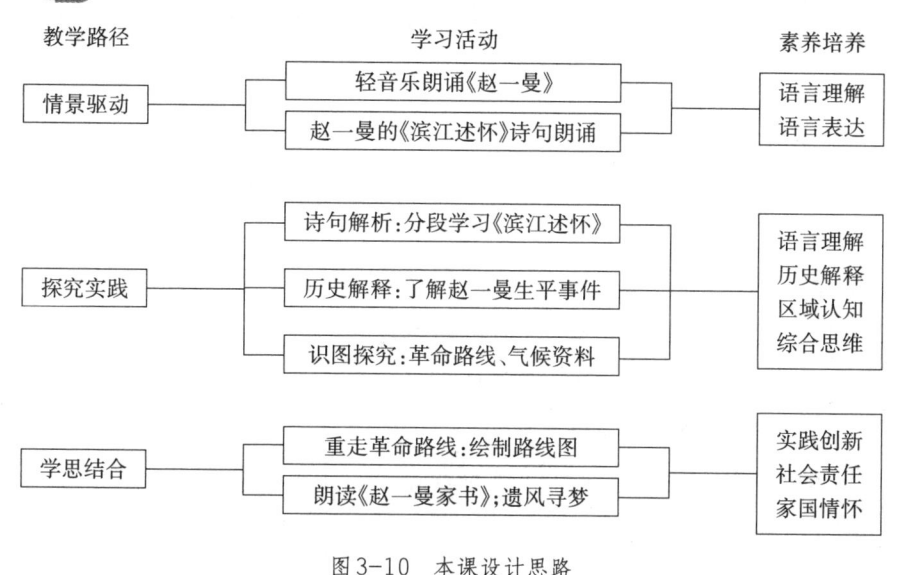

教学路径	学习活动	素养培养
情景驱动	轻音乐朗诵《赵一曼》 赵一曼的《滨江述怀》诗句朗诵	语言理解 语言表达
探究实践	诗句解析：分段学习《滨江述怀》 历史解释：了解赵一曼生平事件 识图探究：革命路线、气候资料	语言理解 历史解释 区域认知 综合思维
学思结合	重走革命路线：绘制路线图 朗读《赵一曼家书》；遗风寻梦	实践创新 社会责任 家国情怀

图 3-10　本课设计思路

四 教学方法与用具

（1）教学方法：史料教学法、情境教学法、问题驱动式启发教学、视频体验式教学、小组合作探究式教学。

（2）教学工具：贴纸、小黑板、地图资料。

五 教学过程

（一）课前准备

教师活动：教学视频、地图资料、小黑板、贴纸。

学生活动：查阅资料，了解赵一曼的英雄故事、赵一曼故里、革命家书等。

设计意图：让学生学会通过查询、走访、实地调查等形式收集信息，同时培养学生处理数据、发现问题，并运用知识分析问题、解决问题的能力。

（二）新课导入

教师导入：搭配轻音乐，带着感情朗诵《赵一曼》。播放赵一曼的《滨江述怀》朗诵视频。（小黑板呈现）

学生活动:观看视频,聆听教师讲解。学生在听讲的过程中体会诗词中蕴含的家国情怀,感受革命烈士们抛头颅、洒热血,舍小家、为大家和保家卫国的家国情怀。随后,学生畅所欲言发表自己的感想。

设计意图:通过此环节调动学生的积极性,培养学生的语言表达能力,营造轻松活泼的课堂氛围,并让学生初步领悟经典的魅力。

教学环节一:分段解析诗句。

教师过渡:"誓志为人不为家,涉江渡海走天涯。"

设问一:舍"小家"为"大家",这份孤勇豪迈的志向让赵一曼"涉江渡海",从宜宾一路跋山涉水到达了东北抗日阵地。我们可否沿着中国地理图,重走赵一曼的主要革命路线?

设问二:赵一曼为什么有这样的志向呢?让我们重回那个战火纷飞的年代。

补充材料:"九一八"事变。

学生活动:感受赵一曼为国为民而弃"小家",跋山涉水也无所畏惧的豪迈情怀。此外,了解"九一八"事变,不忘国耻。

设计意图:通过融合语文、历史、地理学科知识,丰富学生的党史常识,让学生深刻领悟革命先烈的家国情怀,加深青少年对国家的认同感,引导学生感受到作者的志向。

教师活动:"男儿岂是全都好,女子缘何分外差?"引导学生感受诗句中赵一曼如江湖女侠般刚烈的性格和过人的胆识。播放《少年赵一曼》的解说视频,展示一曼故里白花的自然环境特征,并介绍赵一曼的家庭背景,引导学生了解家庭和成长环境影响促使赵一曼形成了独特的革命气质的原因。

学生活动:全班女生一起朗诵颔联部分。了解英雄故里及其家乡环境对她早年投身革命产生的世俗阻力。

设计意图:加强学生对诗句的鉴赏能力和地理区域认知能力,提升其文学素养和地理素养。同时向学生传播四川红色文化传统,培养学生的家国情怀,同时也培养学生的区域认知能力和综合思维的能力。

教师活动:"未惜头颅新故国,甘将热血沃中华。"通过介绍历史背景,引导学生感受赵一曼为振兴国家、拯救民族而不惜牺牲生命的无畏气概。

学生活动：整读诗句。

教师活动："白山黑水除敌寇，笑看旌旗红似花。"出示东北地形图、气候资料图，补充关于东北抗联的视频或者图片。引导学生理解诗句中的"笑"字，并体会诗句中蕴含的革命乐观主义精神。

学生活动：诗句鉴赏。

设计意图：加强学生对诗句的鉴赏能力。通过解释史料，让学生了解那段屈辱的历史，彰显赵一曼大无畏的英雄气概。同时，培养学生的历史观念和历史思维能力，以及区域认知能力和综合思维能力。

小组活动：绘制赵一曼的革命路线图。

教师活动：任务分配，每个小组发放一张空白的赵一曼革命路线图，并搭配历史、地理小知识。教师巡视指导学生设计，并对学生成果进行适当点评和补充。

学生活动：各小组分别展示绘制的赵一曼革命路线图。

设计意图：通过绘制赵一曼革命路线图，引导学生深刻感悟中国军民在抗日战争中孕育的抗战精神，领悟赵一曼对革命事业的坚持精神。同时，激发学生的主动性与创新性，突出学生的主体地位。

教学环节二：情感升华。

教师活动：朗读赵一曼的一封家书；课件展示宜宾地图，定位一曼红色主题公园，打卡一曼山文化红色教育基地。播放自制视频。

学生活动：聆听家书。设计打卡一曼公园的路线。

设计意图：从家书中体会烈士赵一曼对儿子深切的爱和坚定的革命意志，通过感受革命先烈顽强拼搏和无私奉献的精神，引导学生领悟和传承红色精神，培养家国情怀。通过查阅资料和研学，培养学生的观察力和实践力。

课堂总结：一寸山河一寸血，一抔热土一抔魂。让红色精神在我们西南半壁"新"戎州薪火永相传。

六 板书设计

铮铮巾帼英雄骨，熏得青史阵阵香

滨江述怀　　　　中国政区图　　　　家书贴图
　　　　　　　　（学生展示区）　　一曼红色主题公园导游图

七 教学反思

本课巧妙运用赵一曼的《滨江述怀》创设贯穿全课的情境，真实地展现了赵一曼慷慨就义的英雄气概和爱国主义精神以及民族责任感。通过跨学科学习，激发学生的好奇心与学习兴趣，将课堂主动权还给学生，注重对其核心素养的培养。

在情境导入部分，教师在重视学生想法的基础上提出具有引导性的问题，并在教师引导下学生逐步深入课堂内容。分段解析诗句、绘制赵一曼革命路线图和情感升华这三个课堂活动与课程紧密相连，层层递进，逐步引导学生进行独立思考，有利于培养学生的核心素养。特别是在情感升华环节，学生通过课堂总结，能够提出更深层次的问题。这样一个发现问题、解决问题的过程，有助于学生更好地内化知识。在红色革命的历史背景下，本节课重点培养了学生的家国情怀，使他们体会烈士赵一曼对儿子深切的爱和坚定的革命意志，进一步突出了革命先烈顽强拼搏和无私奉献的精神，引导学生领悟和传承红色精神。

《毛主席用兵真如神》教学设计

廖雪莉　邱立平

四川师范大学附属青台山中学　自贡市解放路中学

一 教材与学情分析

《毛主席用兵真如神》是《可爱的四川》(七至八年级)主题三"红色之美"的第十课的内容,该课具体分为三个板块:四渡赤水出奇兵、健儿巧渡金沙江、会理郊外统思想,本节课主要讲解四渡赤水战役的过程。在中国共产党领导中华各族儿女争取民族解放和复兴的伟大征程中,四川这片热土书写了不朽的篇章。这里不仅诞生了伟人将帅,也孕育了无数英雄烈士,红色基因在这片土地上生生不息。"伟大出自平凡,英雄来自人民","崇尚英雄才会产生英雄,争做英雄才能英雄辈出"。通过学习四渡赤水战役的过程,了解工农红军的长征精神,帮助学生在现实生活中传承并弘扬长征精神,争做新时代英雄。

本节内容结合四川地方特色,生动再现四渡赤水战役的过程,让学生对"四渡赤水"有更深入的了解。通过对地形进行深入剖析,学生能够更加直观地理解当年毛主席选择在四川、贵州、云南交汇处进行游击战的原因。

二 学习目标与核心素养

通过分析红军实施战略转移的原因,全面了解四渡赤水战役的历史背景;通过了解红军四渡赤水、巧渡金沙江的路线,培养学生的读图填图能力;通过歌唱

《长征之歌》,感悟长征精神,激励学生在现实生活中继承并弘扬长征精神。

三 设计思路

```
                          四渡赤水出奇兵
            ┌──────────────────┴──────────────────┐
      毛主席:"这是才是我的得意之笔"              传承长征精神
  ┌───────┬───────┬───────┬───────┐         ┌──────┬──────┐
课堂导入  战争背景  战争过程  战争意义      悟长征精神  传长征精神
                ┌─────┬─────┬─────┐
             一渡赤水 二渡赤水 三、四渡赤水
```

| 观看《四渡赤水》视频,整体了解四渡赤水战役过程和历史意义 | 中共红军被国民党全方位围攻,为摆脱这种险境,党中央决定,率师北渡长江,前出川南,与活动在川、陕革命根据地的红4方面军会合,开创川西或川西北革命根据地 | 一渡赤水
集结扎西待机歼敌 | 二渡赤水
回师遵义大量歼敌 | 三、四渡赤水
突破天险摆脱敌人 | 四渡赤水之战,毛泽东等指挥中央红军巧妙作战,在运动中歼灭大量国民党军,牢牢地掌握战场的主动权,从而在战略转移中取得了决定性的胜利 | "吟唱"长征组歌之四渡赤水出奇兵。歌曲慷慨激昂,让学生在感受音乐的同时,悟长征精神 | 请同学为四渡赤水纪念馆写一段100字左右的推介词 |

以少胜多、变被动为主动的光辉战例

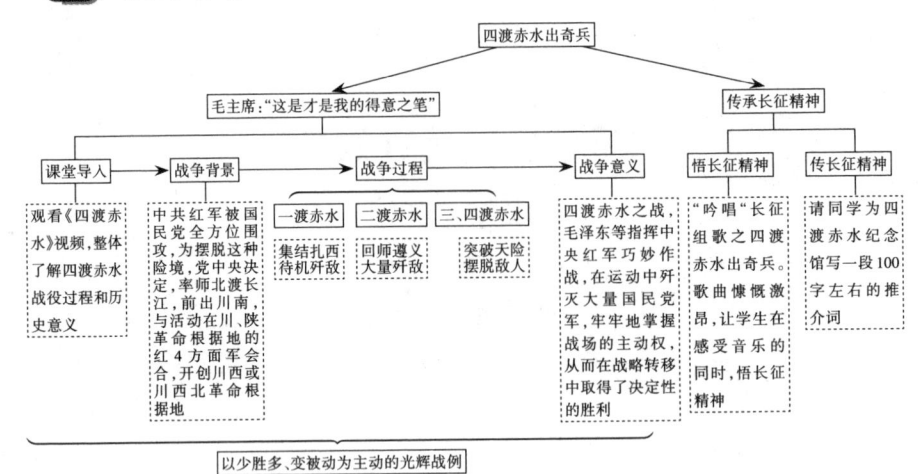

图 3-11 本课设计思路

四 教学方法

教学方法:分组学习法、讲授法、绘图法。

五 教学过程

(一)课堂导入

教师导入:1960年5月,英国陆军元帅蒙哥马利来华访问,在受到毛泽东亲切接见时,蒙哥马利表示:"您指挥的辽沈、淮海、平津三大战役,可以与世界上任何伟大的战役相媲美。"毛泽东却说:"三大战役没有什么,四渡赤水才是我的得意之笔啊!"毛泽东为什么会有这样的说法呢?让我们一起回到那段硝烟弥漫的岁月,探寻其中的答案。

设计意图:引用历史上曾发生的谈话,展示毛主席对四渡赤水战役的高度评价,从而引发学生的好奇心,引导学生探寻这场战争的"得意之处"是在哪里,进而渴望了解这场伟大的战役。

教师活动:播放教学视频。

学生活动：观看视频，初步了解四渡赤水战役的全过程。通过视频讲解，让学生对战争过程有了大致的了解，并对战争的曲折性有了初步的感受。

📖 设计意图：导入新课，通过创设历史情境，使学生快速进入学习角色和状态。

(二)介绍四渡赤水

1.分析战争背景

战争发生背景：中央红军面临国民党军队的全方位围攻，为摆脱险境，党中央决定率师北渡长江，前出川南，与活动在川、陕革命根据地的红四方面军会合，开创川西或川西北革命根据地。由于敌情变化，毛泽东果断放弃北上长江，改为渡过赤水河西进，以打乱敌人的"追剿"计划，变被动为主动。

📖 设计意图：学生通过了解战争背景，能够体会到在如此危难的情况下，中央红军仍能取得战争胜利的不易，从而帮助学生理解这次战役为什么要选择"运动战"。

2.重走"四渡赤水"之路

教师过渡：整体了解了四渡赤水战役，探究四渡赤水战役的具体路线。请同学跟随老师的脚步，走进当年的四渡赤水战役。

学生活动：阅读"中央红军四渡赤水示意图"，并回答下列问题。用彩色记号笔画出赤水河的走向，绘制出红军四渡赤水的路线。

📖 设计意图：为了帮助学生全面了解作战过程，绘制路线图尤为重要。学生通过阅读地图，梳理出一渡、二渡、三渡、四渡赤水的路线。这样不仅加深了学生对本次战役的了解，也培养了学生读图、绘图的能力。

3.圈出遵义、土城、扎西、叙永等地名

📖 设计意图：通过了解红军四渡赤水、巧渡金沙江的路线，培养学生读图填图的能力。通过圈出重要地名，整体了解战争路线，让学生更加深刻地体会这场战役的巧妙之处。

(三)传承长征精神

1.悟长征精神

师生共吟《长征组歌之四渡赤水出奇兵》之词：

《四渡赤水出奇兵》

横断山,路难行。天如火来水似银。

亲人送水来解渴,军民鱼水一家人。

横断山,路难行。敌重兵,压黔境。

战士双脚走天下,四渡赤水出奇兵。

乌江天险重飞渡,兵临贵阳逼昆明。

敌人弃甲丢烟枪,我军乘胜赶路程。

调虎离山袭金沙,毛主席用兵真如神。

师生共唱《长征组歌之四渡赤水出奇兵》之歌。

设计意图:歌词朗朗上口,真实还原抗战过程。歌曲旋律慷慨激昂,让人身临其境。双重刺激下,帮助学生感悟长征精神:不怕任何艰难险阻,不惜付出一切牺牲的精神,艰苦奋斗的精神。也加深理解当年毛主席的一席话:"四渡赤水才是我的得意之笔啊"。

2.传长征精神

教师过渡:四渡赤水期间,红军曾三进古蔺,在境内转战54天。其中在太平渡和二郎滩两渡赤水河,留下了大量的遗址和标语。现今,太平镇修建有"中国工农红军四渡赤水太平渡陈列馆"。四渡赤水太平渡陈列馆位于贵州省习水县土城古镇,是全国爱国主义教育示范基地,全国青少年教育基地,国家国防教育示范基地,国家4A级旅游景区。里面记录了关于整场战争的历史过程,现在需要同学们用简单易懂的话给四渡赤水太平渡陈列馆写一篇推介词。

设计意图:介绍四渡赤水太平渡陈列馆,学习英雄品格,争做新时代英雄。

学生活动了解陈列馆后,用图文并茂的方式为陈列馆写一段100字左右的推介词。

(四)总结并升华情感

教师过渡:学习了四渡赤水过程,作为中学生应该学习红军哪些精神品格?

学生活动:和小组同学交流讨论、感悟长征精神。

(1)不怕艰难险阻、勇往直前、战胜一切困难的革命英雄主义精神。

(2)乐于吃苦,永不言败的革命乐观主义精神。

(3)独立自主、实事求是,一切从实际出发的求实精神。

(4)顾全大局、严守纪律、紧密团结,同人民群众生死相依、患难与共、艰苦奋斗的集体主义精神。

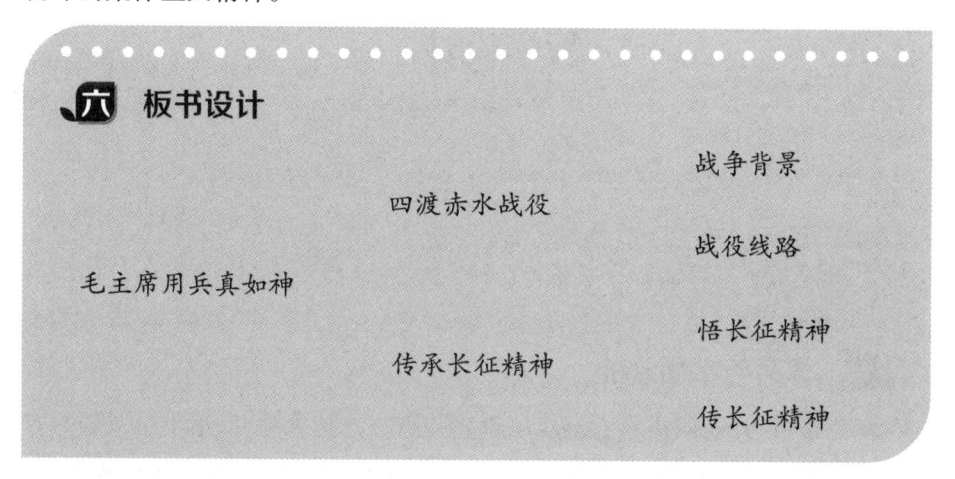

六 板书设计

```
                              战争背景
            四渡赤水战役
                              战役线路
毛主席用兵真如神
                              悟长征精神
            传承长征精神
                              传长征精神
```

七 教学反思

本节课内容主要讲解"四渡赤水"的过程。在中国共产党领导中华儿女争取民族解放和复兴的伟大征程中,四川书写了不朽篇章。通过学习四渡赤水,了解工农红军长征精神,帮助学生在现实中继承并弘扬长征精神,做新时代英雄。

本节课的设计主要运用地理、历史与音乐的跨学科融合方式,帮助学生理解四渡赤水战争过程。学生运用地理中读图、绘图方法,了解战争过程,感受当年中国共产党先辈在面对战争时的巧妙规划。整个战争迂回盘旋,与敌人兜兜转转好几圈,最终取得战争的胜利,了解这个过程能帮助学生感悟胜利来之不易,我们现在和平生活的可贵,应当好好珍惜当下。音乐赏析《长征组歌之四渡赤水出奇兵》,从朗朗上口的词,再到慷慨激昂的旋律,都在歌颂四渡赤水战争的伟大,以及红军的艰苦奋斗精神。

《三军过后尽开颜》
教学设计一

钟 涛

雅安市雨城区第二中学

一 教材与学情分析

本课是《可爱的四川》(七至八年级)主题三"红色之美"的第十一课的内容。本节介绍了"情深谊长——彝海结盟和安顺场边孤舟勇"。在新课程背景下，需要用好红色资源，深入开展社会主义核心价值观宣传教育，通过带领学生追寻工农红军长征痕迹等方式，去感知可爱的四川中那鲜艳的红色之美。本节课的授课对象是七至八年级的学生，他们具有一定历史知识储备，已经掌握了一定的学习技巧，具备阅读史料和分析地图的能力。对于本节课，学生在课外可能有一定的积累，教学中教师可以引导学生团体合作，发挥学生的主体作用。

二 学习目标与核心素养

了解彝海结盟、强渡大渡河的壮举；学习先烈们英勇无畏，舍生忘死的英雄主义精神。通过学习让学生体会发扬、传承先烈英雄主义、爱国主义的精神，为实现中华民族伟大复兴作出贡献。

三 设计思路

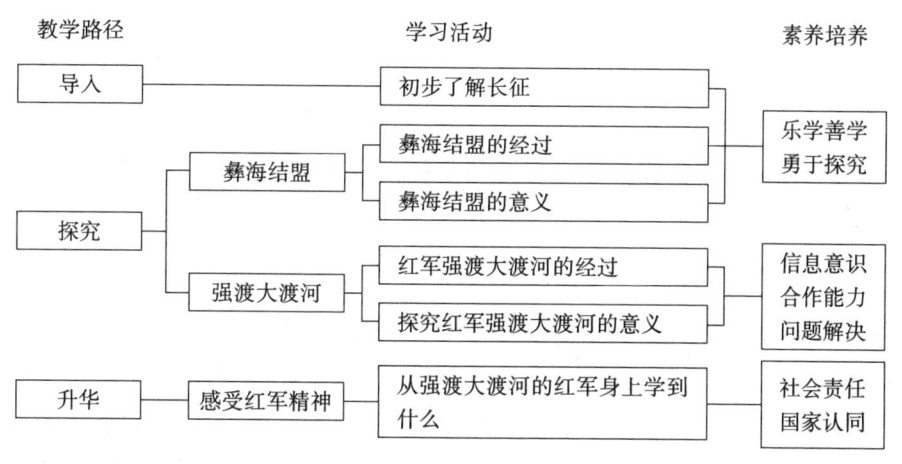

教学路径		学习活动	素养培养
导入		初步了解长征	
探究	彝海结盟	彝海结盟的经过	乐学善学 勇于探究
		彝海结盟的意义	
	强渡大渡河	红军强渡大渡河的经过	信息意识 合作能力 问题解决
		探究红军强渡大渡河的意义	
升华	感受红军精神	从强渡大渡河的红军身上学到什么	社会责任 国家认同

图 3-12　本课设计思路

四 教学方法

教学方法：情境教学法、讲授法、小组合作探究式教学。

五 教学过程

教师活动：播放诗歌《七律·长征》

七律·长征

红军不怕远征难，万水千山只等闲。
五岭逶迤腾细浪，乌蒙磅礴走泥丸。
金沙水拍云崖暖，大渡桥横铁索寒。
更喜岷山千里雪，三军过后尽开颜。

学生活动：跟着音乐朗诵诗歌，感受红军长征遇到的艰难险阻。

教师过渡：《七律·长征》概括了红军万里长征中遇到的艰难险阻，赞扬了红军大无畏的革命英雄气概。你知道诗中"大渡桥横铁索寒""更喜岷山千里雪"指的是哪些事件吗？红军又是靠什么力量克服了遇到的艰难险阻，创造了伟大的人间奇迹？

设计意图：通过诗歌的方式导入本课，激发学生学习本课的兴趣，引发其探究欲望。

1. 情深谊长——彝海结盟

教师过渡：彝海结盟纪念碑用汉、彝、英三种文字刻写了碑文，结束语写道："彝海结盟是民族团结和军民团结的典范，是中国共产党民族政策的胜利，是红军长征史上光辉的一页。"

教师活动：播放视频《彝海结盟》片段，展示图片。找出红军彝海结盟的过程。

学生活动：通过提供的材料，归纳红军彝海结盟的过程。

设计意图：通过学生观看视频，提取历史信息，培养学生分析、表达能力。

教师过渡：毛泽东在大渡河畔见到刘伯承后幽默地问："诸葛亮七擒七纵才使孟获心服。你怎么一下子就说服了小叶丹呢？"请大家想一想，刘伯承会怎样回答呢？

学生活动：学生小组交流讨论。

教师过渡：议一议，彝海结盟的意义是什么？

学生活动：在教师的指导下，小组合作讨论。预设答案：彝海结盟不仅为红军争取到了宝贵的渡河时间，而且还在彝族地区播下了革命的种子，帮助彝族人民建立起了革命武装力量。这种友好的合作关系体现了中国共产党在民族问题上的灵活性和策略，同时也促进了彝族地区的革命运动。

设计意图：通过分析讨论，让学生知道党的民族政策的胜利，这一事件展示了中国共产党在民族政策方面的成功，即能够得到少数民族的支持和爱戴。

教师过渡：过了彝民区，就要通过红军长征路上最险的一关——大渡河了。大渡河每逢5、6月间，上游雪山融化，河水暴涨，水流湍急，河底乱石嵯峨，形成无数的漩涡。河边渡口很少，摆在红军面前的只有两处渡口，一是安顺场，一是泸定桥。突破大渡河的任务自然又落到了先遣司令刘伯承的肩上。刘伯承对大渡河的自然情况十分熟悉，晚清太平天国将领石达开曾经在此全军覆没，这一血的教训，刘伯承铭记在心。

2. 安顺场边孤舟勇——强渡大渡河

教师过渡：位于雅安市石棉县安顺场原名紫打地，1902年因地震引发山洪,紫打地被冲毁。请同学们根据资料,从"安顺场"地名的含义,通过数据分析当地大渡河水文特征。

学生活动:学生根据收集的资料,对安顺场进行介绍。通过数据分析大渡河的水文特征。

教师过渡:在这里,太平天国名将翼王石达开兵败被俘,而工农红军则成功强渡大渡河。"翼王悲剧地,红军胜利场"是对这段历史的精妙概括。说一说,红军强渡大渡河的经过。

学生活动:学生小组讨论,得出汇报成果。

拓展资料

> 1935年5月25日7时许,在南岸强大火力掩护和当地船工的帮助下,18名勇士乘孤舟由安顺场驶向对岸,强渡开始。突击队在激流中冒着枪林弹雨艰难前进,突然,敌人的一发炮弹落在船边,掀起的巨浪使渡船撞在了一块大礁石上。千钧一发之际,战斗指挥官杨得志命令神炮手赵章成炮火支援。在一无帮手,二无炮架,且仅剩3发炮弹的情况下,赵章成弹无虚发,正中敌人火力点,扫除了障碍。

设计意图:通过史料和图片,讲述强渡大渡河的经过,感知长征的艰难险阻,提升家国情怀。

教师过渡:强渡大渡河是红军的一次生死之战,能否渡过河去,是中国革命的关键。请大家思考红军强渡大渡河的历史意义。

学生活动:学生小组讨论强渡大渡河的意义。

预设答案:打破了蒋介石妄图把红军变成第二个石达开的反革命迷梦,是红军长征中具有战略意义的重大胜利之一。这次胜利也体现了红军无限忠于人民革命事业的大无畏精神。

3.感悟长征精神

教师过渡:作为新时代中学生应该如何弘扬长征精神?

学生活动:学生合作讨论,分享讨论成果。

设计意图:学生通过材料充分感知和小组讨论长征的精神,培养学生的家国情怀。

课堂总结：通过本课的学习，我们了解了红军团结少数民族，先烈们强渡大渡河的英雄壮举，让我们发扬、传承先烈英雄主义和爱国主义的精神，为实现中华民族伟大复兴作出贡献。

六 板书设计

《三军过后尽开颜》

情深谊长——彝海结盟

安顺场边孤舟勇——强渡大渡河

感悟长征精神

七 教学反思

在课堂教学中，学生是学习的主体，教师应该时刻注意学生的学习状况，所以，教师应该根据学生学习中的情况，指导和帮助学生分析一些问题，在这方面做得不够，在课堂教学中，应当注重倾听学生的发言，从学生的发言中发现问题、提出问题、再进行深入的研究，对学生的发言作出恰当的评价，而是只顾着完成教学内容。在这方面，还要进一步加强学习，在教学中要时刻关注学生的学习情况。

《三军过后尽开颜》
教学设计二

钟 涛

雅安市雨城区第二中学

一 教材与学情分析

本课是《可爱的四川》(七至八年级)主题三"红色之美"的第十一课的内容开颜,本节介绍了"'大渡桥横铁索寒'——飞夺泸定桥"和"'革命理想高于天'——过雪山草地"。在新课程背景下,需要用好红色资源,深入开展社会主义核心价值观宣传教育,通过带领学生追寻工农红军长征足迹等,去感知可爱的四川中那鲜艳的红色之美。本节课的授课对象是八年级的学生,经过一年的学习,学生已经掌握了一定的学习技巧,具备了阅读史料的能力,分析地图的能力。对于本节课,学生在课外可能有一定的积累,授课中教师可以引导学生团体合作,发挥学生的主体作用。

二 学习目标与核心素养

了解飞夺泸定桥,爬雪山、过草地的英雄壮举;通过飞夺泸定桥,爬雪山、过草地的故事,感受红军战士顽强的革命意志,为了救国救民,不怕任何艰难险阻,不惜付出一切牺牲的精神;通过学习弘扬长征精神,为实现中华民族伟大复兴而奋斗。

三 设计思路

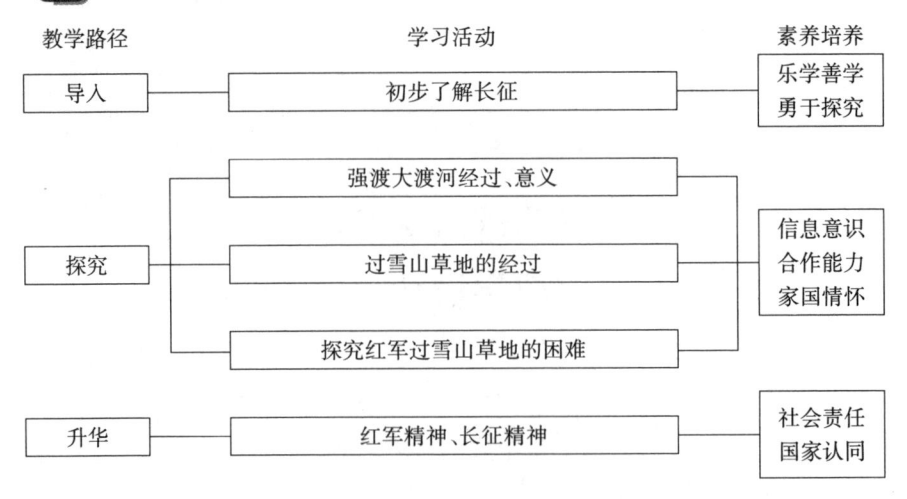

教学路径	学习活动	素养培养
导入	初步了解长征	乐学善学 勇于探究
探究	强渡大渡河经过、意义 过雪山草地的经过 探究红军过雪山草地的困难	信息意识 合作能力 家国情怀
升华	红军精神、长征精神	社会责任 国家认同

图 3-13　本课设计思路

四 教学方法

教学方法：创设情景教学，小组合作探究式教学，讲授法

五 教学过程

教师活动：播放视频电影《我的长征》片段。

教师导入：这是电影《我的长征》中，红军爬雪山，过草地时的情景。红军长征过草地时遇到了许多困难。为什么红军一路艰险却始终士气高昂、勇往直前？为什么红军所到之地，都得到老百姓的支持和拥护？让我们从红军爬雪山、过草地的传奇故事讲起吧！

学生活动：观看长征视频，感受革命先烈的革命精神。

1."大渡桥横铁索寒"——飞夺泸定桥

教师过渡：请同学们简要介绍泸定桥。

学生活动：了解泸定桥的历史，泸定桥，又名大渡桥，是四川省泸定县境内一座横跨大流河的铁索桥。泸定桥始建于清朝康熙年间，桥头有康熙御笔书写的"泸定桥"三个大字，横批为"一统山河"。泸定桥是连接藏汉交通的纽带。

教师过渡:为什么红军必须火速夺下泸定桥?

学生活动:结合视频和材料分析,展示交流成果。

教师过渡:找出"红军飞夺泸定桥进军线路图",辨识红军的进军线路。

学生活动:学生认真观察线路图,辨识路线。

教师活动:播放视频《飞夺泸定桥》。

教师过渡:查阅资料,了解红军飞夺泸定桥的具体经过,讨论飞夺泸定桥"奇绝惊险"的具体表现。

学生活动:学生观看视频并查阅资料,找出飞渡泸定桥的经过以及泸定桥"奇绝惊险"的具体表现。

教师过渡:在纪念广场代表22位勇士的石柱上,只有5根刻有姓名,你知道他们是谁吗?请查阅资料,谈谈自己的感想。

学生活动:学生通过小组合作探究,感悟先烈的革命精神。

设计意图:通过史料解读,培养学生分析、运用、归纳史料的能力。学生通过观察和尝试绘制红军的进军路线,通过自主探究的方式,充分利用阅读、合作、动手等方式,积极动脑、动口、动手。

2."革命理想高于天"——过雪山草地

教师过渡:查阅资料,了解红军爬雪山过草地遇到了哪些困难?英勇的红军是怎样克服这些困难的?

学生活动:学生结合课本和相关资料,体会红军在长征途中遇到的困难。

教师过渡:茫茫的水草地,一望无际,泥潭遍布,水草盘根错节。在郁郁葱葱的青草之下,是满布"机关""陷阱"的大泥潭。为纪念红军长征走过的这片草地,周恩来总理将其命名为"红原"。请同学们绘制红军过雪山、草地示意图。

学生活动:展示讨论分析交流成果。

教师活动:展示图片。

这块木板是2001年松潘县一个藏民家里发现的红军留下的借条,上面写着"这块田里割了青稞1000斤,我们自己吃了,这块木板可作为我们的购买你们青(稞)……归来后拿住这块木板向任何红军部队或苏维埃政府都可兑取……"从这块木板中,你感受到红军是一支什么样的军队?

学生活动:交流讨论成果汇报。

教师活动:引导学生走长征路、读长征诗,唱红军歌。

学生活动:朗诵红军长征的诗歌,如《大渡河》《七律·长征》。

  《长征组歌之过雪山草地》节选

  雪山低头迎远客,草毯泥毡扎营盘。

  风雨侵衣骨更硬,野菜充饥志越坚。

  官兵一致同甘苦,革命理想高于天。

  《七律·过草地》——张爱萍

  绿原无垠漫风烟,蓬高没膝步泥潭。

  野菜水煮果腹暖,干草火烧驱夜寒。

  随意坐地堪露宿,卧看行云逐浪翻。

  帐月席茵刀枪枕,谈笑低吟道明天

教师过渡:以"红军爬雪山过草地"为主题的故事会。查阅图书、网络等资料,选择一个最打动你的故事,与同学们分享。

学生活动:学生搜集、交流,然后讲述。

💡 设计意图:通过朗诵诗歌和长征歌曲可以唤起同学们的红色记忆,唱红歌可以让学生接受红色教育,让爱国情怀在不知不觉中形成和升华。

3.长征精神,光耀千秋

教师过渡:如果说长江、黄河是中华民族的自然摇篮,那么红军万里长征则是中华民族的精神丰碑!请问同学们,作为中学生应该如何弘扬长征精神呢?

学生活动:学生小组讨论交流。

💡 设计意图:学生畅所欲言,加深对长征精神的认识和理解,并把课堂延伸到现实,理解长征精神并指导我们的生活,以培育饱含家国情怀的核心素养。

课堂总结:通过本课的学习,我们了解红军飞夺泸定桥,红军战士爬雪山、过草地的英雄壮举,感受到了红军战士顽强的革命意志,为了救国救民,不怕任何艰难险阻,不惜付出一切牺牲的精神,我们要继承和弘扬长征精神,为实现中国梦而奋斗!

六 板书设计

三军过后尽开颜

"大渡桥横铁索寒"——飞夺泸定桥

"革命理想高于天"——过雪山草地

长征精神，光耀千秋

七 教学反思

课堂教学中,教师的教学语言应该是简洁、精练并具有科学性的,因为教师在教学中不但要用语言传授知识,同时也在用语言培养学生的语言表达能力,对于一节课当中的教学语言,有些是课前备课时设计好的,有些是上课过程中临时出现的问题,需要教师在很短的时间里设计好语言,并准确、精练地表达出来,这就需要教师熟悉教材,了解大量的相关资料。

黄继光故里
研学设计一

陈 缓

德阳市青云山路小学校

一 研学主题

赓续红色血脉，争做时代新人。

二 研学目标

学习黄继光以为代表的抗美援朝英雄事迹，认识德阳市抗美援朝英雄代表、优秀退役军人代表。激发学生对革命英雄的崇高敬意，引导学生踏着先辈的足迹，汲取红色榜样的力量，为实现中华民族伟大复兴的中国梦蓄力。

三 适用学段

四至六年级。

四 研学活动前期准备

选定研学地点：绵竹市、德阳市中江县；教师对活动地点进行实地考察，并确定学生活动具体地点；根据小组不同任务，制订相应的研学路线；成立专项小组，设计活动方案；做好安全预案，开展旅行前的安全教育工作；建立家校安全保障体系，协助学生购买安全保险。制订具体带队人员安排表等（见表3-2）。

💡 设计意图:提前做好规划,落实安全预案,保证教师及学生安全。

表3-2 带队人员安排表

小组	带班教师(1)	带班教师(2)	辅助家长	总负责人
一组	××	××	××	××
二组	××	××	××	
三组	××	××	××	

五 研学活动课程实施

(一)研学前准备工作

(1)教师活动:制订"红领巾寻访"活动方案;和学生共同完成"红色榜样寻访单"的设计制作;明确课程目标,合理分配研学任务;根据学生情况进行分组,明确组长和组员的职责。

(2)教具准备:视频资源、《抗美援朝知识知多少》项目式学习活动表;"六个一"延伸活动任务表;采访工具;国旗、队旗等。

(3)学生活动:了解课程总体安排,明确研学目标。搜索黄继光烈士相关资料。

(4)学生学具准备:采访需要的笔、记录本。

(5)学校与社会方面:对外出采访的学生采取安全保障措施;提供德阳市各红色资源场地、场馆相关资料。

(二)研学活动开展

1.集体项目式学习

教师活动:布置主题为"抗美援朝红色榜样知多少"的校外调查活动,请学生查阅资料,了解以黄继光为代表的德阳籍抗美援朝英雄的事迹。

学生活动:通过网络搜索等方式了解黄继光烈士和其他抗美援朝时期德阳籍英雄人物的相关资料。

2.分小组研学活动

教师过渡:请同学们对前期了解到的德阳籍抗美援朝时期的先锋人物、亲历者以及身边的红色榜样开展实地寻访。

学生活动:第一小组从学校出发去往绵竹市寻访抗美援朝英雄。

学生活动:第二小组从学校出发去往中江县寻访抗美援朝英雄,参观黄继光纪念馆。

学生活动:第三小组从学校出发去寻访身边的红色榜样。

◻ 设计意图:让学生实地研学,完成小组调研、寻访活动,引导学生在自主寻访中感受抗美援朝英雄和身边平凡岗位中的先锋模范身上所承载的红色血脉,引导学生感受红色血脉在每一个历史时期中起到的重要作用。

3.研学后课堂反馈

(1)交流分享:红色榜样"我来说"。

教师过渡:请同学们对前期开展的寻访活动进行展示。

学生活动:在校外调查的基础上,学生通过图片展示、视频展示、手抄报展示、故事讲述等形式,回顾英雄人物的光辉历史和热血澎湃的革命之路。

(2)对话先锋:红色榜样"学什么"。

教师活动:邀请本市先锋模范代表到课堂上给学生讲述相关事迹,让学生走近先锋,感受先锋精神品质,感受平凡工作岗位上体现出的英雄精神。

学生活动:学生认真听讲,抒发自己的感受。

(3)立志明向:红色榜样"怎么学"。

教师活动:教师以"首届德阳道德模范""感动四川十大人物""全国最美志愿者""五一劳动奖章"获得者鲁鹏为例,引导学生们理解"行动是最好的学习"。

(4)落实行动:研学止,行动不止。

教师活动:通过布置延伸活动任务单,鼓励学生参与"六个一"延伸活动(见表3-3),鼓励学生在实现中国梦的路上,用每一天的实际行动来为未来蓄力。

学生活动:学生分时间段自主完成,并对自己的完成效果进行评价。

◻ 设计意图:通过课堂总结,及时巩固学生所学内容。引导学生向身边的英雄模范学习,通过延伸活动,帮助学生在行动中逐步建立正确的、积极的价值观,并养成良好的行为习惯。

表3-3 "六个一"延伸活动安排表

活动主题	活动地点	内容要求	完成时间	完成效果
学唱一首红歌	学校礼堂	感受歌曲中汹涌澎湃的情感，汲取红色力量，激励自我成长。	两周内	☆☆☆
帮助一位身边的伙伴	校内或校外	寻找需要帮助的同学，帮助对方克服一个困难、解决一个问题，并写下一篇与同学共同成长的故事。	本次研学活动结束后	☆☆☆
参与一项志愿活动	校外	为同学们讲一个红色故事、为英雄做一张红色祝福卡、争当红色基地志愿讲解员等，努力成为红色文化的传播者。	一周内	☆☆☆
学习一个劳动技能	校内或校外	在家长、同学、教师的帮助下，学会一门劳动技能，并能熟练掌握。写下劳动心得与同学分享。	本学期期末前	☆☆☆
坚持一项体育运动	校内或校外	选择一项体育活动，坚持1—2个月，记录运动过程，分享运动小经验，展示运动小收获。	1—2个月	☆☆☆
制订一条研学路线	校外	和家长一同设计一条德阳市红色基地研学路线。	本学期期末前	☆☆☆

六 研学成果与效果

时事育人：研学课结合学生所处的地域人文环境，既紧扣"红色血脉传承"的主题，又与抗美援朝战争胜利70周年这一时事背景紧密联系。

实践育人：将自主寻访和红色教育合二为一，在寻访和展示过程中，注重学生的活动体验，充分发挥学生的自主性，锻炼学生的实践、表达能力。

使命育人：从校园小调查、实地研学、寻访红色榜样、"六个一"延伸活动中，学生通过寻榜样、学榜样、见行动，从而了解新时代学生肩负的期望，激励学生向红色榜样学习。

七 研学反思

本次课程通过校内外结合,贯穿历史、现在、未来,讲述了跨越时空的"红色榜样精神",符合学生的认知特点。学生在研学前、研学中和研学后都得到了不同的收获。通过学生与学生、学生与教师、学生与英雄之间的互动,增强了学生对红色文化的感悟,培养了学生的爱国主义情感。

黄继光故里
研学设计二

王建成

绵阳市外国语实验学校

一 研学主题

追寻红色记忆——特级英雄黄继光。

二 研学目标

通过参观黄继光纪念馆,让学生感受革命光荣历史,形成正确的世界观、人生观、价值观。了解四川的红色之美,激发学生热爱家乡的情感,树立为家乡和国家的社会主义现代化建设做贡献的人生理想,提高学生的社会责任感以及国家认同感。传承红色基因,践行伟大使命,培养学生的共产主义理想信念和为中国人民谋幸福的高尚情操,提高学生的人文水平和人文情怀素养。

三 适用学段

四至六年级。

四 研学活动前期准备

黄继光纪念馆是为纪念中国人民志愿军特等功臣、特级英雄黄继光烈士而建立。原馆位于四川省中江县城关下南街,由古文庙前半部分改建,于1962年

10月20日,即黄继光牺牲10周年之际建成开放;新馆位于县城东魁山脚下、东河之畔,于1985年迁建,1987年10月20日对外开放。新馆占地面积约14000平方米,建筑面积约2600平方米。黄继光纪念馆是全国爱国主义教育示范基地、全国中小学爱国主义教育基地。

(1)计划研学环节。基于四至六年级学生的知识结构,研学分成三个环节展开:讲解英雄故事、参观纪念馆、探寻黄继光故居。

(2)研学路线规划。绵阳(学校)—中江黄继光纪念馆—黄继光故居—绵阳(学校)。

五 研学活动课程实施

教师活动:点到整队、强调纪律、准备出发、叮嘱安全。

学生活动:认真听取安全事项并做好笔记。

设计意图:强调注意事项,落实安全预案。

教师活动:走进英雄纪念馆,带学生了解黄继光的英勇事迹,厚植爱国情怀,感知"抗美援朝、保家卫国"的家国情怀,争做新时代的接班人。走进英雄故里,了解特级英雄黄继光的成长经历,感悟其人生理想。大力弘扬伟大的抗美援朝精神和革命英雄主义精神,在全社会营造崇尚英雄、学习英雄、关爱英雄、争当英雄的氛围。

教师活动:带领学生参观纪念馆门口雕塑、浮雕,了解背后的故事,并强调入馆纪律和注意事项。认真聆听讲解,加深对黄继光的了解,对自己感兴趣的地方进行提问。

设计意图:铺垫英雄人物典型事例,用故事的形式激发学生研学的兴趣。

教师活动:跟随讲解人员了解纪念馆展区的核心内容,了解黄继光的英雄事迹。

学生活动:认真参观纪念馆内的各大展区,记录自己感兴趣的地方,向工作人员提出自己的问题。

💡 设计意图:遵守场馆规则,认真聆听,积极思考,从专业人士的讲解中认识历史人物。

教师活动:组织学生集体默哀、诵读黄继光家书、向英雄敬献鲜花、宣读接班人誓词。

学生活动:遵守管理规则,默哀、诵读家书、敬献鲜花、宣读誓词。

💡 设计意图:走进英雄故居,切身感受英雄人物的生活环境、家风等,学习英雄事迹,弘扬英雄精神,激励学生像英雄模范一样去学习、去奋斗。

教师活动:以黄继光纪念馆为例,让学生设计一条新的英雄人物研学路线。

学生活动:认真设计研学路线并展示。

💡 设计意图:培养学生设计研学路线的能力。

教师活动:组织合影留念。

学生活动:合影。

💡 设计意图:结束研学,增加研学仪式感。

教师活动:带队返校,回顾研学所得并总结。

学生活动:回顾研学过程。

💡 设计意图:培养研学意识,总结研学经验。

六 研学成果与效果

本次研学主要是对学生进行爱国主义教育,让学生在平时的学习中以英雄为榜样,树立崇高的理想和信念。从黄继光纪念馆到故居,学生在了解英雄事迹的同时,感悟一方山水养育一方人民的道理。在黄继光的家书中明白国家与个人之间的关系。在研学的过程中,充分调动学生的积极性,深入学习英雄人物的坚强品质。这次研学活动效果显著,部分学生能很好地遵守纪律,不在公众场合大声喧哗,能严格约束自己。也有部分学生能从中学习到英雄人物的责任担当。

七 研学反思

本次研学让学生从课本到深入实践，结合了小学四年级语文教材和《可爱的四川》(四至六年级)两本教材，这样的跨学科教学需要学生有充分的课前准备。课前学生对英雄人物的理解仅停留在书本上，但是通过这样的研学可以让学生跟着书本去感悟历史人物，更能让学生达到"学以致用、知行合一"的效果。希望这样的教学形式能激发学生勇于探索和积极进取的精神。

"若尔盖草原革命印记"研学设计

如玛她

若尔盖县纳木中学

一 研学主题

重走长征路,重温红色情。

二 研学目标

通过了解红军飞夺泸定桥、翻雪山、过草地的感人事迹,让学生感受红军战士顽强的革命意志和救国救民、不怕艰难险阻、不惜付出一切的牺牲精神。通过本节课的学习,引导学生树立坚定的理想信念,弘扬长征精神,为实现中华民族伟大复兴的中国梦而奋斗。

三 适用学段

七至八年级。

四 研学活动前期准备

了解长征的历史背景、行军路线和发生的事件;根据长征路线的分布和当地的交通状况,确定研学活动的路线和行程安排,并了解沿途的地理、气候和人文;确定研学活动的目的和意义。

路线:若尔盖县(胜利曙光纪念馆—巴西会议遗址—包座战役遗址)。

五 研学活动课程实施

教师活动：开展主题讲座。为学生讲述长征的历史背景、过程和意义，帮助学生深入了解长征。

教师活动：组织实地考察。带领学生前往若尔盖县的胜利曙光纪念馆、巴西会议遗址、包座战役遗址进行实地考察，让学生体验长征的艰辛和伟大。

学生活动：进行体验活动。学生参与一些体验活动，如模拟红军行军、搭建帐篷等，让学生亲身体验红军长征的艰辛。

学生活动：组织分享交流。在研学活动结束后，组织学生进行分享交流活动，让学生分享自己的体验和感受，进一步加深对长征的认识和理解。

学生活动：总结反思。填写研学活动记录表。

设计意图：吹响红色号角，踏上红色征程。通过研学活动，激发学生爱党、爱国、爱家乡的情感，增强学生的历史使命感与民族责任心。培养学生树立为实现中华民族伟大复兴的中国梦而努力奋斗的意识。

六 研学成果与效果

情感体验：通过重温红色情，学生可以更加真实地感受到革命先烈的艰辛和付出，从而更加珍惜当下的幸福生活。

实践经验：通过参与研学活动，学生可以亲身体验到革命先烈曾经经历的困难和挑战，从而更加坚定自己的信仰和追求，提高自身素质和能力。

文化传承：通过传承红色文化，参与者可以更好地了解中国优秀的传统文化，从而弘扬中华民族的伟大精神和优秀传统。

总之，"重走长征路，重温红色情"研学活动可以促进学生对历史、文化、红色精神等方面的认识和理解，提高学生的综合素质和能力，增强学生的爱国主义情感和民族自豪感。

七 研学反思

"重走长征路，重温红色情"研学活动促进了学生对历史、文化、精神等方面的认识和理解，提高了他们的综合素质和能力，增强了他们的爱国主义情感和民族自豪感。

邓小平故里
研学设计

杜鹏程

四川省武胜中学校

一 研学主题

追寻小平足迹,感悟伟人精神。

二 研学目标

以体验式课程为主要形式,以考察和实践为主要载体。带领学生掌握历史研究、实地考察等相关学习技能;培养学生终身学习和社会发展必备的品格和能力;传承红色文化、弘扬革命精神,激发学生的爱国主义情感;发扬追求真理、崇尚科学的人文精神。

三 适用学段

七至八年级。

四 研学活动相关信息和前期准备

(一)相关信息

(1)研学时长:1天,具体时间根据研学进度与研学效果调整。

(2)地点:邓小平故里。

(3)研学路线如下。

①上午:思源广场、邓小平铜像广场。

②下午:邓小平故居、邓小平缅怀馆、邓小平陈列馆。

(4)师生配置:为提高研学活动质量,建议师生比控制在1∶10左右,所有活动均以小组为单位展开,每组人数控制在12—15人。任课教师需要打破学科界限,整合课程资源,针对不同主题内容提前储备相关知识,以便在相关模块学习中对学生进行有效指导。

(二)前期准备

1.教师准备

(1)提前考察邓小平故里研学资源及基础设施状况;重点排查各条线路的安全隐患;提前安排交通、食宿等后勤工作;针对活动各环节制订相应的安全保障方案和突发事件紧急预案。

(2)制订明确的课程目标和实施方案,合理分配研学任务。

(3)组织学生开展研学主题班会,扩充研学理论知识储备,并对学生进行校外勘察等研学技能培训以及安全教育培训。

(4)建立家校安全保障体系,协助学生购买安全保险。

2.学生准备

(1)熟悉研学手册,了解课程总体安排,明确研学目标。

(2)扩充研学理论知识,提升校外实地勘查技能。

(3)准备课程所需的工具,如速写板、纸笔、手机及生活用品等。

(4)为分组活动选定小组长,明确小组成员的任务分工。

五 研学活动课程实施

研学活动课程内容实施详见表3-4。

表3-4 研学课程内容实施表

研学路线	研学主题	研学任务
思源广场	饮水思源	①结合地形坡度及宝鼎广场的设计理念,领会"饮水思源"的内涵; ②感受水景广场的喷泉设计所代表的改革开放的蓬勃生机。

续表

研学路线	研学主题	研学任务
邓小平铜像广场	鲜花献伟人，立志报祖国	聆听邓小平同志辉煌的人生经历，汲取成长力量。
素质拓展活动	崇敬和怀念	①朗诵《少年中国说》等爱国主义诗词；②合唱歌曲《春天的故事》，表达对邓小平同志的无限崇敬和深切怀念。
邓小平故居	追寻邓小平同志的足迹	亲历伟人的成长历程。
邓小平缅怀馆	感悟伟人精神	感受大爱情怀，厚植爱国之心。
邓小平陈列馆		聆听伟人故事，汲取成长力量。

六 研学成果与效果

以"追寻小平足迹，感悟伟人精神"为主题的研学活动，通过"行走的课堂"，引导学生将"学"与"践"相结合。通过了解邓小平的一生，感悟红色文化的魅力，增强学生的社会责任感，培养其顽强奋斗的意志。

七 研学反思

红色研学活动的重点在于学生对红色文化的体验和感悟，属于与时俱进的爱国主义实践教育模式，在传承红色基因方面具有重要的教育意义。将红色研学活动中的所见、所感，以文字、图片、视频等形式呈现出来，通过师生、生生之间的交流和互动，加强对红色文化、红色精神、红色基因的理解，由此牢固树立学生的共产主义理想和为人民服务的愿望。不足之处体现在部分学生在将历史知识与现实联系的时候，存在一定困难，缺乏深度分析的能力。此外，还可以邀请相关专家、学者或者当地的老人进行现场访谈，从不同角度为学生提供更加丰富的信息。

华蓥山红色教育基地研学设计

何丽萍

四川省武胜中学校

一、研学主题

寻历史，颂红岩——追寻革命先烈的历史足迹，弘扬团结奉献的红岩精神。

二、研学目标

1. 理解华蓥山起义的历史背景和意义

通过研究华蓥山起义的历史事件、考察相关文物和参观纪念馆，让学生全面了解华蓥山起义的背景、目的和产生的影响，加深对中国革命历史的认知和理解。

2. 探究华蓥山喀斯特地貌的形成过程

学生通过实地考察和调研，深入了解华蓥山的自然生态环境，特别是喀斯特地貌的形成和特点，增强学生对自然环境的兴趣，并提高其观察力和科学思维能力。

3. 弘扬红色文化，传承革命精神

通过重走华蓥山游击道等活动，让学生近距离感受波澜壮阔的红色岁月，百折不挠的革命精神，培养学生坚韧不拔、勇于奋斗的革命精神和价值观。

三 适用学段

七至八年级。

四 研学活动相关信息和前期准备

(一)相关信息

(1)研学时长:1天,具体时间根据研学进度与研学效果调整。

(2)地点:华蓥山红色教育基地。

(3)研学路线:华蓥山游击小道—华蓥山游击队基地遗迹—华蓥山纪念馆—红岩英烈蜡像馆。

(4)师生配置:为提高研学活动质量,建议师生比控制在1∶10左右,所有活动均以小组为单位展开,每组人数控制在12—15人。任课教师需要打破学科界限,整合课程资源,针对不同主题内容提前储备相关知识,以便在相关模块学习中对学生进行有效指导。

(二)前期准备

1.教师准备

(1)提前考察华蓥山红色教育基地研学资源及基础设施状况;重点排查各条线路的安全隐患;提前安排交通、食宿等后勤工作;针对活动各环节制订相应的安全保障方案和突发事件紧急预案。

(2)制订明确的课程目标和实施方案,合理分配研学任务。

(3)组织学生开展研学主题班会,扩充研学理论知识储备,并对学生进行校外勘察等研学技能培训以及安全教育培训。

(4)建立家校安全保障体系,协助学生购买安全保险。

2.学生准备

(1)熟悉研学手册,了解课程总体安排,明确研学目标。

(2)扩充研学理论知识,提升校外实地勘察技能。

(3)准备课程所需的工具,如速写板、纸笔、手机及生活用品等。

(4)为分组活动选定小组长,明确小组成员的任务分工。

五　研学活动课程实施

研学活动课程内容实施详见表3-5。

表3-5　研学课程内容实施表

研学路线	研学主题	研学任务
华蓥山红色教育基地停车场	开班仪式	1.培训安全防控教育及相关文明礼仪； 2.积极参与互动，记录心得。
步行华蓥山游击小道	重走革命道路，探究华蓥山奇景异貌	1.让学生在革命先辈的砥砺前行中接受精神洗礼，增强学生坚定跟党走的信念； 2.实地感受华蓥山自然生态环境，探究喀斯特地貌的形成过程。
华蓥山游击队基地遗迹	通过聆听讲解和观看实物、图片、影视资料、场景展示等方式，深入了解华蓥山武装斗争历史	认真学习以邓惠中、刘隆华、陈联诗、杨汉秀为代表的华蓥山起义女战士们可歌可泣的英雄事迹，以及毕占云将军生平事迹，近距离感受波澜壮阔的红色岁月和百折不挠的革命精神。
华蓥山纪念馆红岩英烈蜡像馆		
返程		

六　研学成果与效果

通过参观华蓥山红色教育基地的历史遗迹，深入了解地方革命历史，深化对革命精神内涵的理解。研学过程中，有效提升了学生收集与整理资料的能力，观察与分析的能力以及团队协作的能力。学生在增强民族自豪感的同时，树立了为社会和国家做贡献的人生理想。

七　研学反思

教师作为红色研学活动的实施者，要在理解红色资源丰富内涵的基础上，借助多种载体创新教学方法，挖掘红色研学的文化内涵。通过文物展示、影像观看、情景表演、人文体验等方式让红色资源"活"起来，潜移默化地对学生进行爱国主义教育。开展红色研学活动，让学生走进大自然和社会，运用相关地理知识对研学过程中的各种现象进行思考，巩固并丰富地理知识，有助于提高教学效果。把爱国主义和红色精神通过寓教于乐的方式传递给学生，有利于帮助学生树立正确的价值观，坚定热爱祖国、建设祖国的理想信念。

主题四

发展之美

　　四川这片古老的土地，在改革发展中取得了令人瞩目的成就。科技之光在这里闪烁，照亮着科技强国的壮志；教育之花在这里绽放，孕育着无数梦想与希望；经济之潮在这里涌动，奏响着四川繁荣的旋律；乡村振兴的画卷在这里徐徐展开，描绘着四川美好的未来。"城市之光""数字之力""科技之新""动力之源""国际之范"的四川，历史积淀与开放包容的现代精神交互融合，让我们一起走进发展中的四川，续写未来发展的华章。

《逐梦苍穹——探访西昌航天城》教学设计一

陶　娅　温俊芳　王顺莉　舒　艳　张　畅　聂馨谊　李方兰

攀枝花市实验学校　攀枝花市教育科学研究所　攀枝花市十九中小学校

米易县第一初级中学校　攀枝花市外国语学校

一 教材与学情分析

本课是《可爱的四川》(四至六年级)主题四"发展之美"的第十五课的内容。本课以介绍西昌卫星发射中心为主题,围绕西昌卫星发射中心的地理位置、构成系统、火箭发射的过程、历史发展、主要任务和成就等内容,让学生了解西昌航天城的基本情况,培养学生对航天科技的兴趣和探索精神,激发学生热爱家乡、报效祖国的情感。

本课的授课对象是小学高学段的学生,这个学段的学生对于未知的宇宙和航天科技有着强烈的好奇心。虽已通过网络媒体等途径对航天科技有一定了解,但从中获取的知识较为零散。此外,学生对火箭从组装到发射的具体过程,特别是对一些专业术语的理解可能存在困难,需要教师耐心细致的解释和指导。

二 学习目标与核心素养

学生通过学习图文资料,了解西昌卫星发射中心的地理位置、卫星组装和发射过程、西昌航天城的重要贡献,激发学生对航天科技的兴趣和探索精神。

学生通过描写介绍西昌卫星发射中心,将课堂知识转化为语言表达能力,不断增强人文底蕴,逐步提高学生终身学习和实践的能力,进一步激发学生对家乡的热爱。

三 设计思路

(1)通过视频导入主题:课堂阅读第十五课的图文资料,结合课前查阅的资料,自主探究卫星的种类和作用,介绍我国四大卫星发射中心所在的省级行政区,展示初探成果。

(2)结合视频和图文资料,交流学习卫星发射中心的构成、火箭组装、发射等相关的航天知识,了解在西昌冕宁建立发射场的原因。

(3)学生将获得的知识通过组织语言进行简单介绍,并进行成果展示和全面评价,让学生从中收获成功,获得自信。

四 教学方法

(1)多样化的教学方式:通过视频、图片等方式展示航天科技内容,让学生更加生动地感受授课内容。如:播放介绍冕宁县的视频、火箭发射过程的动画等,帮助学生更加直观地了解航天相关知识。

(2)实践性的教学活动:让学生绘制火箭升空图,增强学生对航天科技的理解和兴趣。

(3)互动讨论:通过小组交流讨论的方式,鼓励学生参与到互动讨论中,分享自己的看法和感受,激发学生的主动性,提高课堂参与度。

五 教学过程

(一)课前作业

布置课前作业,让学生收集相关资料。

(1)人造卫星的种类及其对人类生产生活的作用。

(2)火箭发射卫星的过程。

(3)我国四大卫星发射中心分别在哪里。

(4)冕宁的地形地貌、地理位置、气候条件、交通状况,以及为什么要把西昌卫星发射中心设在这里的地理和历史原因。

(二)课堂引入

教师过渡:同学们,谁能讲一讲中国古代神话故事《嫦娥奔月》呢?随着航天技术的发展,神话传说已经变为现实,人类已成功实现飞天梦想。(播放视频1)那么,你知道是什么把航空飞船送上月球的呢?没错,是火箭。火箭不但负责把航空飞船送上月球,它还承担着发射卫星的任务。

教师过渡:我想采访一下同学们,通过收集的资料,你们知道人造卫星有哪些种类吗?它对我们的生产生活有什么用?因此,我们研究航空航天技术是非常有必要的。

教师过渡:那么,火箭是如何发射的?西昌航天城在中国航天事业中扮演着怎样的角色?让我们一起去探访"中国航天城"——西昌卫星发射中心。

(三)课堂讲授:火箭从这里直冲云霄——探秘火箭发射

1.了解我国四大卫星发射中心和在冕宁建立卫星发射中心的原因

教师过渡:我们国家一共有四大卫星发射中心,有谁知道是哪四个?

教师过渡:酒泉卫星发射中心(内蒙古)、西昌卫星发射中心(四川)、太原卫星发射中心(山西)、文昌卫星发射中心(海南)。

教师过渡:这四个卫星发射中心中有一个离我们特别近,那就是西昌卫星发射中心。我们借助地图来看一看西昌卫星发射中心的具体位置。(请学生上台指出)

师:西昌卫星发射中心建在凉山州的冕宁县,我们通过观看一个视频来了解这个地方。(播放视频2)攀枝花是山区,西昌冕宁也是山区,结合你们收集到的资料,在小组内进行讨论,请从多角度分析卫星发射中心为什么会选择建在地形崎岖的冕宁?

学生活动:讨论交流后发表意见。

(1)地理原因:(补充)。

(2)气象条件:晴天多、阴雨天少,风速小,湿度低,有利于卫星的发射和跟踪。

(3)地形因素：地形平坦开阔，有利于跟踪观测。

(4)安全因素：出于国防安全和发射安全性考虑，这里隐蔽性强，人烟稀少，因此安全性高。

(5)交通条件：内外交通便利，有利于大型航天设备的运输。

(6)历史原因：众所周知，始建于1958年的酒泉卫星发射中心是中国第一个卫星发射中心，在初建时期，苏联曾派出技术专家参与设计。然而，随后几年中苏关系恶化，面对严峻的国际形势，我国制定了逐步推进"酒泉搬家"的战略部署，随后相关科研专家开始在全国范围内选址。

2.学习西昌卫星发射中心的六大构成系统及相关配套设施

教师过渡：同学们，西昌卫星发射中心由哪六大系统构成？包括哪些相关配套设施？请从课本第74页找到答案。

学生活动：自行从课本找到答案。

3.学习卫星发射过程

教师过渡：你们观看过卫星发射吗？其实火箭的组装和发射是两个分开的过程。根据你收集的资料，向同学们介绍介绍一下火箭从组装到发射的具体过程。请随老师一起观看火箭发射的视频。(播放视频3)(教师可以结合课本第75页的内容，介绍卫星、火箭、空间站等的基本概念及其作用，帮助学生更好地理解有关火箭发射的内容)

学生活动：我们了解到这么多关于西昌卫星发射中心的知识，现在请你化身成为一位小导游，写一段话简单介绍一下它。

(三)课堂小结

教师过渡：西昌卫星发射中心从1970年开始建设，始终依靠着一代又一代人的不懈努力，他们为我国航天事业的发展作出了重大贡献。从这里发射出的卫星在我们生产生活、科学研究等方面发挥着重要作用。那么，你想不想亲手制作一个小火箭呢？下节课同学们将跟着老师完成制作火箭的小手工。

六 板书设计

第十五课　逐梦苍穹——探访西昌航天城

选址原因

西昌卫星发射基地　　　　　　　　六大系统

（凉山州冕宁县）　　　　　火箭从组装到发射的过程

七 教学反思

在教学环节，教师应着重引导学生学会思考和表达，鼓励学生发表自己的观点和看法。在互动讨论环节，教师要注意控制讨论的节奏和方向，以防学生讨论过度偏离主题。在知识拓展环节，教师应精心选择合适的内容和方法，避免内容过于复杂而令学生难以理解。在总结环节，教师要对本次教学的重点和难点进行总结，并对学生的表现给予表扬和鼓励。综上所述，本节课的教学应该注重科学性和准确性，强调实践性和可操作性。此外，还需兼顾趣味性和吸引力，从而帮助学生更好地了解西昌卫星发射中心的基本情况。

《逐梦苍穹——探访西昌航天城》教学设计二

宇璐君　温俊芳　陶　娅　王顺莉　舒　艳　张　畅　聂馨谊　李方兰

攀枝花市实验学校　攀枝花市教育科学研究所　攀枝花市十九中小学校

米易县第一初级中学校　攀枝花市外国语学校

一　教材与学情分析

本课是《可爱的四川》(四至六年级)主题四"发展之美"第十五课的内容,以水火箭模型制作与发射实践操作为主题,通过让学生了解人造卫星的发射是需要依靠火箭,从而引出运载火箭的相关内容。通过了解火箭结构、动力等知识,来动手制作学生自己的水火箭并发射。培养学生科学兴趣和实践动手能力的同时,激发学生爱川爱家乡的情感。

高学段学生对航天知识已有一定的基础,能在老师的引导下准确说出火箭的动力是反作用力。水火箭在动手制作方面的难度也相对较小,只是需要注意细节,尤其是火箭发射这一过程中的安全需要老师好好把控。

二　学习目标与核心素养

通过了解火箭的结构和动力来制作水火箭。培养学生的航天知识和价值观,从而激发学生对航天知识的探索兴趣及提高实践动手能力。

三 设计思路

(1)收集资料课前准备。

(2)导入主题。

(3)结合资料交流探究。

(4)形成文字知识构建。

根据前一课时探访西昌航天城,引出运载火箭的知识点。这节课了解火箭的结构以及动力系统。并以此为基础,动手实践制作水火箭。让学生在实践中巩固所学知识,体验水火箭发射的乐趣。

四 教学方法和准备

(1)教学方法:本课采用多媒体教学和动手实践教学,在学习理论知识的同时,通过动手制作,在实践中巩固所学内容。

(2)教学准备:水火箭组装材料包、发射台。

五 教学过程

(一)提问导入

教师导入:同学们,前一节课我们在课文中探访了西昌卫星发射中心,你们知道发射的人造卫星有什么用吗?

学生活动:讨论并回答。

教师过渡:人造卫星可以帮助我们转发无线电信号;可以拍摄云图,预测天气;还可以对地表资源进行勘探。

教师过渡:既然人造卫星那么重要,我们是如何把人造卫星送入太空的?

学生活动:用火箭。

教师过渡:一般用来搭载卫星的火箭,我们称为运载火箭,今天我们就来认识运载火箭。

(二)新知识讲授

认识运载火箭主要由三部分构成,分别为结构系统、动力系统和控制系统。

结构系统:指火箭各个受力和支撑构件的总称。它能够承受地面操作和飞行中的外力,维持良好的外形,保持火箭的完整性。

结构特点：火箭要飞向高空，自身设计就需要减少阻力，所以火箭的头部都是尖的。

动力系统：火箭发射时，后方动力系统以极大的速度喷射出高温高压气体，产生向前的反作用力，并以此作为火箭飞行的推动力，推动火箭向前飞行。

反作用力：我们把用力方向和运动方向相反的力叫作反作用力。

火箭的动力来源：火箭自身携带了燃烧剂和氧化剂。燃烧剂给火箭提供燃料，形成炽热的气体，从火箭底部喷出，产生反作用力。氧化剂为燃烧反应供氧，保证火箭短时间内的持续飞行。多级火箭是指由两级或两级以上的火箭组合成的火箭。当一级火箭被燃烧耗尽就会脱离，二级火箭便点火开始推进工作。如此进行，火箭越来越轻，速度也越来越快。最后，火箭把航天器送上预定轨道。

控制系统：是火箭在飞向目标过程中，指挥和控制火箭按照预定的轨道运动的系统。

(三)实践操作

1.介绍水火箭

水火箭又称气压式喷水火箭、水推进火箭。是利用水和空气的质量之比，压缩空气把水从火箭尾部的喷嘴向下高速喷出，在反作用力下，水火箭快速上升。

2.动手制作水火箭

（1）准备一个可乐瓶。

（2）在可乐瓶的底端安装火箭的尖头装置，使水火箭在上升过程中减少阻力。

（3）在接近瓶口的位置安装火箭尾翼，安装尾翼是为了保证水火箭飞行的平衡性。

（4）把安装的各个部件用胶带再一次固定好，防止在飞行过程中脱落。

（5）给瓶口装上可以打气密封的喷嘴。

（6）水火箭制作完成。

3.发射水火箭

步骤一：给水火箭装上三分之一的水。

步骤二：倾斜水火箭与发射台对接，旋转安全阀，锁紧水火箭。

步骤三：用打气筒从打气密封喷嘴给瓶子打气,直到瓶子充气变硬。

步骤四：打开安全阀,操控发射台发射按键,水火箭会在空气把水从尾部的喷嘴向下高速喷出的反作用力下快速上升。

4.室外体验水火箭发射

组织学生室外体验水火箭发射。

5.课堂小结

教师过渡：西昌卫星发射中心,作为我国四大卫星发射中心之一,每年承载多次发射任务,火箭在发射任务中承担了重要的作用。我国作为世界上第五个能独立研制并发射运载火箭的国家,在彰显我们国家实力的同时也证明了我国的科技水平在不断提高。

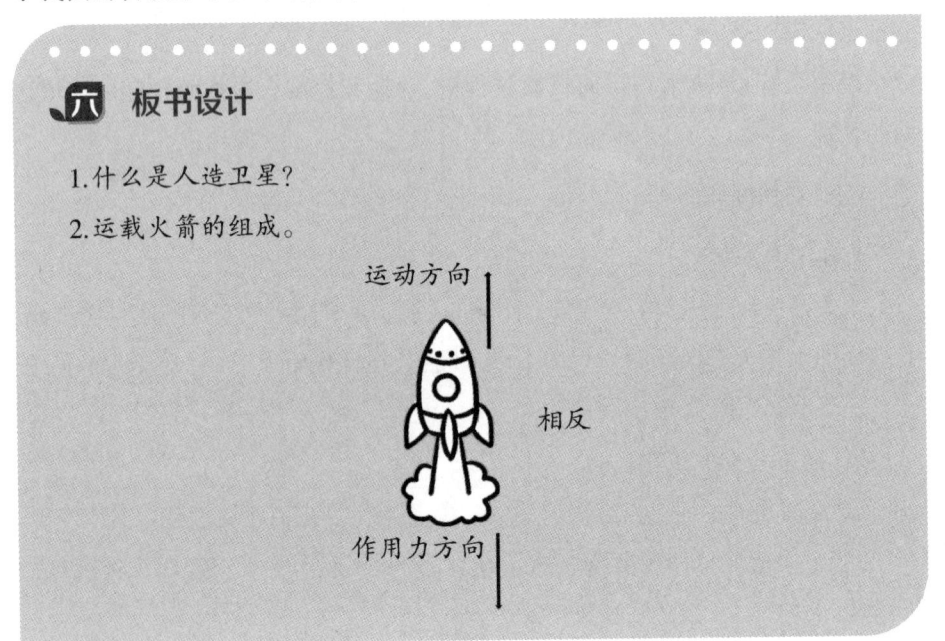

六 板书设计

1.什么是人造卫星？
2.运载火箭的组成。

运动方向
相反
作用力方向

七 教学反思

本课主要包含了认识火箭和动手制作水火箭两部分,旨在培养学生对航天科学的探究能力和实践动手能力。学生在教学过程中表现活跃,对航天知识有一定的基础,回答问题指向性明确。学生在实践过程动手能力较强,成功完成了教学任务。

《逐梦苍穹——探访西昌航天城》教学设计三

王顺莉　温俊芳　陶娅　舒艳　张畅　聂馨谊　李方兰

攀枝花市实验学校　攀枝花市教育科学研究所　攀枝花市十九中小学校

米易县第一初级中学校　攀枝花市外国语学校

教材与学情分析

本课是《可爱的四川》(四至六年级)主题四"发展之美"第十五课的内容。课程以"学习航天历史·传承航天精神"为主题,在前两个课时学习航天知识的基础上,通过进一步学习航天历史,传承航天精神,培养学生的科学精神和家国情怀,激发学生热爱家乡的情感。

本课授课对象是小学高学段的学生,这个阶段的学生对于未知的宇宙和航天科技有着强烈的好奇心,虽然学生通过网络媒体等途径对航天历史有一定的了解,但对航天历史背后蕴含的历史意义则缺乏深度认识,需要教师对此进行系统教学。

学习目标与核心素养

通过了解中国航天发展史,感受航天成就背后的艰辛和不易;培养学生的思考能力、探究意识和创新能力;引导学生树立正确的价值观和人生观。

三 设计思路

(1)收集资料课前准备。

(2)导入主题。

(3)结合资料交流探究。

(4)形成文字知识构建。

发扬和继承西昌航天人的"螺丝钉精神",引导学生树立远大目标,谱写属于新时代的中国梦。

四 教学方法

(1)多样化的教学方式:通过视频、图片、文字等方式展示航天历史的内容,让学生对其有更直观的感受。

(2)实践性的教学活动:让学生讨论在学习中如何传承"螺丝钉精神";为"中国航天日"设计宣传标语等,培养学生对知识的运用能力和创新能力。

(3)互动讨论:通过小组交流的方式,让学生参与到互动讨论中,分享自己的看法和感受,激发学生的主动性,提高学生参与度。

五 教学过程

(一)课堂引入

教师引入:同学们,《嫦娥奔月》是我国家喻户晓的神话传说,今天的中国,已将神话传说变为现实。同学们,你们知道哪些关于探索飞天的典故呢?让典故《万户飞天》带领我们一起走进中国航天发展史。从这个典故中我们可以知道中国是世界上最早开始探索飞上太空的国家,但是我国航天事业的起步却异常艰难。

(二)课堂讲授

1.学习航天发展史

展示材料:1949年10月1日,中华人民共和国开国大典隆重举行。由于我国当时飞机数量较少,仅有的飞机凑不够空中梯队,周总理说:"那就飞两遍吧"。于是安排第一组飞机绕飞一圈后,再回来接着下一组后面继续飞,这样让场面更加壮观一些。

主题四 | 发展之美

教师过渡:那时候,新中国刚刚成立,百废待兴,处于起步阶段,这才会让"飞机飞两次"。在这样艰难的情况下,中国的航天事业从无到有、从弱到强,不断取得里程碑式的辉煌成就,这背后凝聚着多少血汗!

学生活动:观看视频,了解钱学森的事迹。

教师过渡:正是因为有无数像钱学森一样为中国航天事业奉献一生的人,才有了我们今天可以捍卫疆土、保卫人民的国防力量,才能实现对浩瀚宇宙的探索。

展示材料,了解中国航天事业从艰难起步到走向世界。

学生活动:观看视频《中国航天发展史》。

教师过渡:中国航天从无到有、从弱到强、从仿制到自制,在世界航天史上谱写了光辉的一页。

学生活动:说说在《天宫课堂》中令你印象最深刻的画面。

学生活动:观看《天空课堂》实验节选。

教师过渡:虽然我们不能人人都进入太空探索宇宙的奥秘,但我们可以通过《天宫课堂》了解奥秘,这是科技进步给人类带来的惊喜。

2.传承航天精神

教师过渡:"天是罗帐地是床,安宁河畔扎营房,三块石头架口锅,野菜盐巴下干粮"。

合作探究:从这首歌谣里,你感受到了航天人的哪些精神品质。

教师过渡:站在中国正式进入空间站时代的时间轴上,我们再次回眸中国航天人60多年来所走过的不平凡历程。不由得发现,一次次托举起中华民族的民族尊严与自豪的正是这种航天精神。

学生活动:观看视频《践行航天精神》

教师过渡:正是许许多多如螺丝钉般平凡的人投身于如小按钮般平凡的岗位,才能汇聚起"万人一杆枪"的宏伟事业,才能创造出中国航天乃至世界航天的诸多奇迹。

3.航天标识,我来解读

教师过渡:为了纪念中国航天事业成就,发扬中国航天精神。在2016年,国家将每年的4月24日设立为"中国航天日"。习近平总书记在首个航天日作出指示:"设立'中国航天日',就是要铭记历史、传承精神,激发全民尤其是青少年崇尚科学、探索未知、敢于创新的热情,为实现中华民族伟大复兴的中国梦凝聚强大力量。"

思维发散:说说你是怎样理解航天标识图的设计内涵的?

图4-1 中国航天标识图

合作探究:结合你所掌握的航天知识,为"中国航天日"写一则宣传标语吧!

情感升华:今天,我想对周总理说……

教师过渡:同学们,一种精神,几代传承!一代又一代的航天人,带着中华民族探索宇宙的千年梦想,逐梦苍穹。今天我们实现了"手可摘星辰"的梦想,这一切都源于我们有一个强大的祖国。

教师过渡:同学们,让我们一起为祖国点赞,唱响《歌唱祖国》!

4.课堂小结

中国航天在技术、国际合作和应用方面都取得了显著的进展,得到了世界的高度评价。未来,中国航天将继续秉持"自主创新,开放合作"的发展理念,为全球航天事业的发展作出更大的贡献。作为新时代少年,我们将用实际行动践行社会主义核心价值观,传承航天人的"螺丝钉"精神。

六 板书设计

学习航天历史——从无到有、从弱到强
传承航天精神——崇尚科学、探索未知、敢于创新
　　　　　　学历史
　　　　　　悟精神
　　　　　　话传承

七 教学反思

在教学环节,教师要注意增强课堂趣味性,引导学生思考和表达,鼓励学生发表自己的观点和看法;在活动设计环节,教师要注意激发学生的创新能力,理论与实践相结合,学会运用知识解决生活中的问题;在总结环节,教师要注意对本次教学的重点和难点进行总结,增强情感升华的感染力度。

综上所述,本节课体现了学科融合性,注重启发学生。但在学生的表现力和思考能力方面还可以继续发掘,对课堂主题的情感升华程度可以更加深入一些。

《乡村振兴——战旗村的崛起》
教学设计一

陈 诗

成都石室天府中学

一、教材与学情分析

本课是《可爱的四川》(四至六年级)主题四"发展之美"第十六课的内容。教材旨在让学生深入感受家乡的自然人文、红色文化、社会发展,为组织跨学科主题学习提供了丰富的乡土资源和契机。四至六年级的学生,没有构建起完善的科学与人文学科知识体系,也没有形成较好的综合思维等核心素养,学习活动的设计不能超过学生的认知基础。通过乡村振兴战略的实施,战旗村实现了繁荣发展,成为四川乡村振兴的一个成功典范。本教学设计旨在通过设计丰富的活动激发学生的学习热情,让学生了解乡村旅游在四川的实际应用,并通过学习这一案例,培养学生热爱家乡、热爱祖国的感情。

二、学习目标与核心素养

以战旗村为例,了解乡村旅游的具体实践及意义,提升学生在社会参与、健康生活等方面的能力;培养热爱家乡、热爱祖国的情怀;鼓励学生关注乡村发展,关心家乡的未来;增强学生团队合作能力和沟通表达能力。

三 重难点与设计思路

（1）重点：

①战旗村乡村旅游的实践成果。

②学生对乡村旅游的兴趣和关注。

（2）难点：

①宣传家乡的建设。

②乡村旅游的价值。

（3）设计思路：

将"跟着课本去旅行"这一活动贯穿始终，结合小组讨论、情境活动等教学手段，以战旗村为例，引导学生深入了解和思考乡村旅游的实践成果和意义。

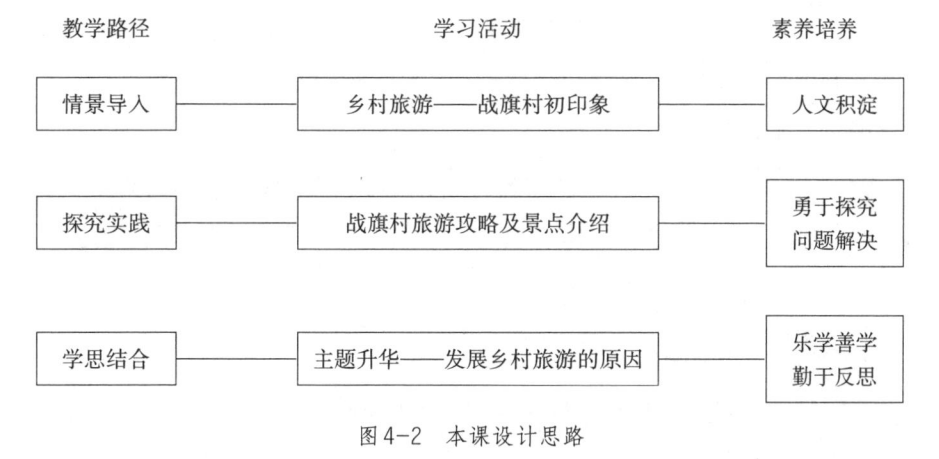

教学路径	学习活动	素养培养
情景导入	乡村旅游——战旗村初印象	人文积淀
探究实践	战旗村旅游攻略及景点介绍	勇于探究 问题解决
学思结合	主题升华——发展乡村旅游的原因	乐学善学 勤于反思

图 4-2　本课设计思路

四 教学方法与用具

（1）教学方法：问题驱动启发式教学、生活情景教学、体验式教学、小组合作教学。

（2）教学用具：多媒体课件、讨论材料。

五 教学过程

（一）导入新课

教师导入：同学们，新时代的学生不仅要读万卷书，还要行万里路。从今天起，我们学校"跟着课本去旅行"研学活动正式启动，走进可爱的四川，感受家乡的自然之美,领略四川的文化魅力。首先,我想问问你们去过农家乐吗?请大家分享你们去农家乐的见闻和感受。

学生活动:略。

教师过渡:"农家乐"是乡村旅游的一种形式,成都郫都区就是中国农家乐旅游发源地。发展乡村旅游,是成都被评为城乡融合示范之城的重要原因。战旗村作为乡村振兴的成功案例,有着令人向往的田园牧歌式的生活,这里就是我们今天"跟着课本去旅行的"第一站。

教师活动:播放战旗村宣传片《城市之美——战旗村》

教师过渡:看了这段视频,老师想问同学们,如今战旗村是什么样子?

学生活动:略。

教师总结:是啊,多年前战旗村还只是一个贫穷落后的小村庄,如今已经蜕变为国家4A级旅游景区、"天府旅游名村"的网红村庄。下面就让我们一起制作战旗村旅游攻略。

设计意图:从学生感兴趣的生活情境中激发学生的家乡自豪感,初步了解乡村旅游,感受战旗村的风貌。

(二)讲授新课

1.博采众长做攻略

小组讨论:结合查阅的资料,完成战旗村旅游攻略。

小组分享:详见表4-1。

表4-1 战旗村旅游攻略

战旗村旅游攻略	
地理位置	
交通指南	自驾;地铁2号线到达犀浦站转P212战旗专线公交直达
住宿指南	台丽庄园、天府战旗酒店、五季香境酒店及民宿区
门票	免费
美食指南	战旗禧宴、战旗飘飘餐厅、台丽庄园稻田餐厅、一锅鲜牛肉汤锅、战旗真牛肉、陈家卤菜馆、战旗小院、王半天中餐馆等
景区服务电话	

续表

战旗村旅游攻略	
打卡景点	战旗村村史馆、天府农业博览园、乡村十八坊商业街、豆瓣博物馆、四川战旗乡村振兴培训学院、吕家院子、五季香境商业街、妈妈农庄、程远露营基地、壹里老街
特色旅游项目	豆瓣坊、酱油坊、酿酒坊、陶艺坊、唐昌布鞋、蜀绣
荣誉称号	"全国乡村旅游特色村""中国最美休闲乡村" "小普罗旺斯""妈妈农庄"
适合人群	亲子游、全家出游
小提示	感受乡村美景、享受特色美食、了解乡村振兴、农耕文化、非遗传承

2.妙语连珠当导游

教师过渡:今日,战旗村招募金牌导游为游客介绍战旗村的特色产业,如果你是战旗村的导游,你会介绍战旗村的哪一个网红景点。小组讨论,每个小组介绍一个项目。

学生活动:小组展示。

乡村风景之美:川西民居、川西林盘。

民俗特产之美:竹编、蜀绣、唐昌布鞋、郫都豆瓣等。

人文场景之美:乡村十八坊、农耕文化博物馆、豆瓣博物馆、吕家院子等。

介绍乡村十八坊

乡村十八坊由豆瓣坊、酱油坊、陶艺坊、榨油坊、布鞋坊、蜀绣坊、竹编坊、布染坊、酒坊、账房、文创坊、豆腐乳坊、蜜味坊、酱菜坊、朱花坊、石磨坊、辣椒坊、板鸭坊共18个传统工艺作坊组成。

乡村十八坊布局独特,采用"前店后坊"的川西作坊模式,这让整条商业街都充满了生活的气息和历史的质感。各种店铺门口的木质招牌、白墙灰瓦的建筑风格,以及摆放在店铺门口的各种传统手工艺品,都让人仿佛进入了一个迷你的文化博物馆。

在这里,保护、传承非物质文化遗产事业与打造特色文化产业有机结合,包括郫县豆瓣、蜀绣、唐昌布鞋、"三编"在内的多项非物质文化遗产传统技艺入驻其中,各坊老艺人均采用古老工艺制作产品,呈现一店一故事、一店一传奇、一店一精神的文化特色。

在这里,游客既可以游览参观每个坊的工艺产品生产过程,又可以获得参与工艺产品制作的互动体验,还可以购买传统技艺产品,从中感受浓郁的川西传统文化风韵和一丝不苟、精益求精的工匠精神。

教师总结:战旗村之美,美在田园风景、美在人文生活。感谢每个小组热情的介绍,让我们充分感受到了战旗村的特色魅力。

设计意图:通过体验制作旅游攻略,让学生进一步了解战旗村的全貌及战旗村的旅游资源。

3.各显神通的村民委员会主任

教师过渡:假如你是战旗村的村民委员会主任(以下简称村主任),你会怎样宣传战旗村。小组合作,推举代表发言。

教师过渡:为了将战旗村的盛况推向全国,请作为村主任的你为战旗村写一条宣传语,突出其特色。

学生活动:学生写作并展示。

教师过渡:战旗村是乡村振兴的典范,请同学们思考,为什么乡村振兴要重点发展乡村旅游?乡村旅游有什么好处?

学生:对城市的好处在于这是了解自然,亲近自然的绝佳机会,有利于共建生态文明,让城市人得一方休闲净土,呼吸新鲜空气,愉悦身心;对农村的好处在于有利于增加农村收入,带动就业,避免农村青壮年人口流失等。

设计意图:通过创设实际情境,学生体验当村主任,参与编写战旗村宣传语等活动。

教师总结:今天的战旗村,环境美、产业兴,正如歌曲《追梦战旗》中所唱道:"春风习来,传送讯息,那是春潮涌动的活力;阳光正好,坚实步履,那是乡村振兴的足迹……"

除了战旗村,四川还有许多乡村旅游胜地,如:灾后重建典范——汶川阿尔村、竹文化代表乡村——崇州道明竹艺村、人间天堂——稻城亚丁村。大家课下可以进一步探究,做好攻略,和父母一同前往,掀开美丽乡村的神秘面纱。

期待我们的下一站,下期再见!

六 板书设计

走进最美乡村——战旗村

贫穷落后小村庄——网红村庄

完成旅游攻略——介绍网红景点——宣传美丽战旗——总结乡村旅游

七 教学反思

本堂课以情境式"跟着课本去旅行"活动贯穿始终,活动形式新颖,活动亮点频出,小组讨论和展示充分发挥了学生的主观能动性。以战旗村为例,引导学生从浅入深地去了解战旗村,挖掘乡村旅游的实践成果和意义。在教学过程中,课堂氛围活跃,学生参与度高。值得反思的是,课前需要学生搜集大量资料,以小组为单位合作准备分享课件和交流内容,为此,教师需要提供一些抓手,帮助每个组做好课前的准备。

《乡村振兴——战旗村的崛起》教学设计二

刘 云 邹 情

四川师范大学附属青台山中学

一 教材与学情分析

本课是《可爱的四川》(四至六年级)主题四"发展之美"第十六课的内容。本课内容共分3个小标题:《一个小乡村的华丽转身》《花样战旗的乡村魅力》《战旗飘飘,名副其实》,分别介绍战旗村的位置、特色产业以及发展变化等。本课内容以成都郫都区战旗村的豆瓣为案例,围绕"寻豆瓣之源—探豆瓣之秘—兴豆瓣之业"逐一展开,引导学生探索豆瓣制作工艺流程,深刻体会豆瓣的鲜明文化,了解改革开放以来乡村振兴采取的改革举措,认识乡村振兴的重要意义,为助力乡村经济发展贡献自己的力量。

二 学习目标与核心素养

通过欣赏川菜图片,初步感受川菜特点及豆瓣作用;通过探秘豆瓣工艺,初步感受豆瓣文化的独特魅力;通过外国友人购买豆瓣酱的行为,激发学生助力家乡经济的情感与内驱力,增强学生责任担当意识;通过小组合作设计豆瓣包装,彰显豆瓣特色文化,进一步宣传豆瓣文化和助力乡村经济发展,践行文化的传承与创新,增强学生热爱家乡之情。

三 教学重难点与设计思路

(1)重点:感知豆瓣酱的独特之处。

(2)难点:通过"地理+生物"探秘优质豆瓣酱制作条件;通过小组合作,设计豆瓣包装,宣传豆瓣文化,促进乡村振兴。

(3)设计思路:

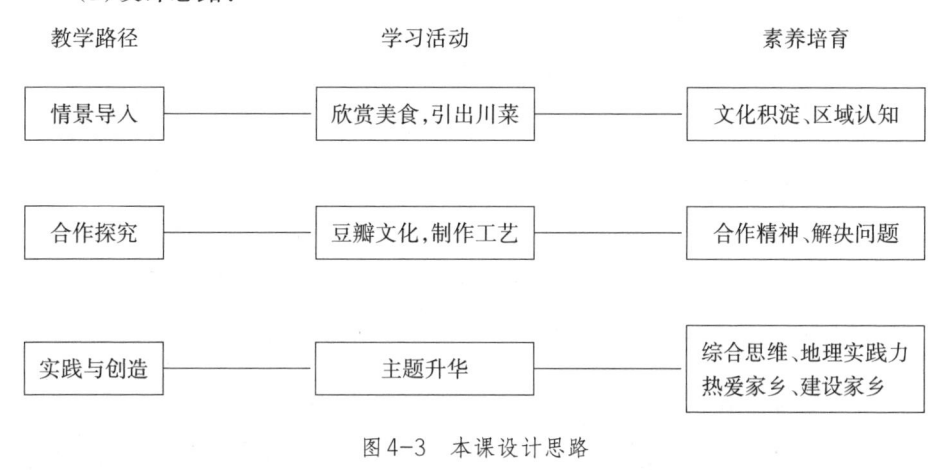

教学路径	学习活动	素养培育
情景导入	欣赏美食,引出川菜	文化积淀、区域认知
合作探究	豆瓣文化,制作工艺	合作精神、解决问题
实践与创造	主题升华	综合思维、地理实践力 热爱家乡、建设家乡

图 4-3 本课设计思路

四 教学方法与用具

(1)教学方法:情境教学法、问题驱动式启发教学、合作探究式教学、学科融合式教学。

(2)教学用具:学案、豆瓣酱空包装袋、彩色笔若干(6组)、××牌金针菇零食若干。

五 教学过程

(一)导入新课

教师导入:世人钟爱美食,没有什么烦恼是一顿美食解决不了的……(展示中国四大菜系图片)各大菜系各有特色,为什么我们对川菜如此钟爱?川菜到底有什么独特之处?

学生活动:欣赏中国四大菜系代表菜,初步感受中国菜系文化和中国饮食文化的差异。

学生活动:略。

教师过渡:川菜色香味俱全,尤其是颜色——红！老师的上海朋友刚来四川的时候很好奇为什么川菜这么红？而且川菜里的油特别多,甚至外地人觉得有点奢侈,请同学们帮忙解释这种现象。

学生活动:略。

教师过渡:其实这是川菜中必不可少的红油调味料,川菜之魂——豆瓣。恰巧今天老师也给大家带了放有豆瓣的小零食——××牌金针菇,请同学们观察零食的特点。

设计意图:从生活中切入美食话题,对比四大菜系,发现川菜特点,激发学生学习兴趣;通过金针菇零食了解豆瓣在川菜中的独特作用,感受家乡独特的菜系文化,增强对家乡文化的自信心和自豪感。

(二)讲授新课

1.寻豆瓣之源

教师活动:引导学生观察零食,教师讲述零食色泽、味道。

教师过渡:你能找出零食的生产地址吗？

学生活动:观察零食,找出生产地址,关注产业变迁,体会郫都川菜产业的魅力,了解豆瓣的发展和地位。

设计意图:从学生喜欢的零食切入豆瓣话题,引导学生关注家乡豆瓣产业的发展。

课件展示:郫都区鹃城豆瓣厂大门图片及郫县豆瓣[①]的荣誉称号。

教师过渡:郫都区的传统豆瓣厂在郫都区安德镇川菜产业城,也是豆瓣之乡——郫县(2016年12月撤县,设立成都市郫都区)。郫县豆瓣是望帝杜宇"杜鹃啼血"典故的传承,也是蜀酱文化的一脉相承,无不体现着古蜀文明的元素。除此之外,国内很多其他省份也将豆瓣作为必不可少的餐桌调料,研发出更多新式的菜品,让中国博大精深的烹饪文化得以更加丰富。作为中华文化的一种体现,豆瓣还吸引了众多外国友人的目光。郫县豆瓣酱到底有何独特魅力,深受国内外人民的青睐？

---

① 本文出现的郫县豆瓣是四川省成都市郫都区的特产,是地理标志保护产品,因此统称为郫县豆瓣。

学生活动:通过图文素材,了解豆瓣历史及外国友人购买豆瓣酱的事例。

⌂ 设计意图:通过外国友人购买豆瓣酱的事例,引导学生切身体会豆瓣的国际影响力。

2.探豆瓣之秘

(1)原料讲究。

教师活动:课件展示豆瓣原料、中国辣椒产区图。

教师过渡:辣椒是豆瓣的精髓,为什么要专选这些地方的辣椒?

教师活动:课件展示辣椒生长条件资料卡、辣椒产区分布图、四川的地形、气候图。

学生活动:小组讨论四川辣椒成为天选之子的自然原因。

⌂ 设计意图:结合图文资料,锻炼学生的阅读理解能力、读图能力、信息提取能力和合作探究能力以及综合思维能力。

教师总结:这些适宜的自然条件使四川的辣椒得到郫县豆瓣的偏爱,除了自然条件,还有一些社会条件更是提高了四川辣椒对豆瓣的影响力。如:郫县豆瓣位于四川,自产自销,节约交通运输成本,还有四川由此发展而出的辣椒加工产业……

教师过渡:豆瓣材料都是纯天然的原材料,没有工业产品的掺杂。豆瓣香醇美味的原因就在传统工艺制作过程的智慧中。

(2)工艺独特。

教师活动:课件展示豆瓣制作过程视频、豆瓣制作工艺流程图。

教师过渡:蚕豆去壳,蒸煮烫瓣,加曲子拌面粉,然后入池拌盐加水发酵;鲜红辣椒清洗切至粉碎,拌盐入池发酵,待6个月后将成熟的瓣子和辣椒酱醅混合进晒场入缸,上下翻动、日晒夜露。年份越长,醇香、酯香、酱香味越发浓郁。

教师活动:课件展示霉菌资料卡、豆瓣发酵小名片、成都市气温和降水量图、成都市地形图、成都市水系图。

学生活动:通过小组合作,探究豆瓣酱发酵的有利条件。

(三)品质优良

活动探究:为什么郫县豆瓣这么美味?豆瓣制作过程中有哪些微生物的参与?这些微生物的生存条件是什么?微生物是怎样使生豆瓣变香的?哪些自然条件适合微生物发酵?密封有什么作用?

教师过渡:独特的自然条件造就了辣味浓重、鲜红油润、美味醇香的郫县豆瓣。千百年来,一代又一代豆瓣制作人将此豆瓣技艺传承下去,并不断推陈出新。如今,新一代的豆瓣制作人又是如何发扬豆瓣技艺呢?下面请同学们跟随老师一起来看看中国乡村旅游特色村——战旗村,了解郫县豆瓣是如何为乡村振兴画上了浓墨重彩的一笔。

设计意图:讲解传统工艺,使学生清楚了解郫县豆瓣的制作过程,激发学生的探索欲,感受传统豆瓣制作的不易,体会劳动之美。

3.兴豆瓣之业

教师过渡:战旗村是郫都区著名的改革新村、乡村振兴示范村。村干部将全村一半土地集中起来探索出一条用于乡村旅游、地区文化宣传的发展道路,将全村的资金用于基础文化宣传建设,尤其是建立了郫县豆瓣博物馆。战旗村在博物馆里张贴了新制定的乡村规定,谁愿意来当战旗村的小村主任?向大家介绍战旗村的村规民约。

教师活动:课件展示战旗村的村规民约。

设计意图:创设真实情境,培养学生表达能力,从生活中场景切入知识点,增强学生的亲切感。

师:村规中办酒席的新规定很实用,充分体现出战旗村人勤俭节约的朴素思想,不仅要节约置办成本,我们还要在平常吃酒席时勤俭节约,如尽量将未吃完的饭菜打包带走,米饭吃多少盛多少……避免铺张浪费,节约资源要从我们自己做起。

教师过渡:村规只是郫县豆瓣博物馆的冰山一角,博物馆里还有豆瓣晒场、室内"阴豆瓣"、现卖手工豆瓣等,整个馆内都充满着豆瓣的醇香味,令游客回味无穷。同学们课后可以去战旗村豆瓣博物馆参观游览。除了豆瓣,这里还有十七个作坊,和豆瓣坊共称"乡村十八坊"。这是战旗村最核心的旅游景点,接下来我们一起去看看"乡村十八坊"。

🔲 设计意图:描述亲身感受使学生对博物馆产生向往,激发学生学习兴趣。

教师活动:讲解"乡村十八坊"丰富多样的手工技艺,古色古香的传统作坊风味。

教师活动:课件展示外国友人买豆瓣的照片,豆瓣酱外包装"脱贫"。

教师过渡:乡村十八坊让我们见证了丰富的古蜀文化。德国前总理默克尔对我们家乡的豆瓣情有独钟,可见我们的豆瓣具有强大的魅力。可是老师上网查了查,发现当时她在市场里买的豆瓣是塑料袋包装的,不太具有足够的吸引力。现在我们要向外国友人宣传我们的豆瓣,请你们作为新一代的中国青年,设计一个更好看、更有文化魅力、更能体现中国文化的包装。

学生活动:合作设计:豆瓣商品外包装。

学生活动:成果展示。

教师活动:利用多媒体形式,将各个小组的作品进行展示,并请学生分享设计理念,给予鼓励。

🔲 设计意图:从观察问题再到提出问题,教师为学生做好善于观察生活的榜样,锻炼学生的发散思维能力、创新能力、审美能力、综合思维能力,增强学生对家乡文化的理解。

教师活动:播放歌曲《追梦战旗》。

教师过渡:看来,战旗村不仅宣扬了我们的郫县豆瓣,还展示了四川的传统工艺品及其制作过程,吸引了大量的外来游客,当地的经济得以迅速发展。2021年底,战旗村集体资产已超亿元,带动村民实现人均年收入达3.55万元。战旗村成为乡村振兴示范村,走在了全国乡村发展的前列。这些成果不仅得益于村干部的努力,更是依托国家政策的支持,还有一代又一代豆瓣人对博大精深的豆瓣文化传承与创新……

教师总结:今天,大家为豆瓣所设计的包装我们会送到郫县豆瓣生产厂商和战旗村村主任手里,将你们的智慧贡献给豆瓣产业发展和乡村振兴,以此传递你们对家乡文化浓浓的爱意。你们是文化传播者,也是乡村建设者,请把掌声送给优秀的自己!

📖 设计意图:欣赏战旗村歌曲《追梦战旗》,感受战旗村的崛起,进一步升华主题,培养学生建设家乡的自豪感和责任感。

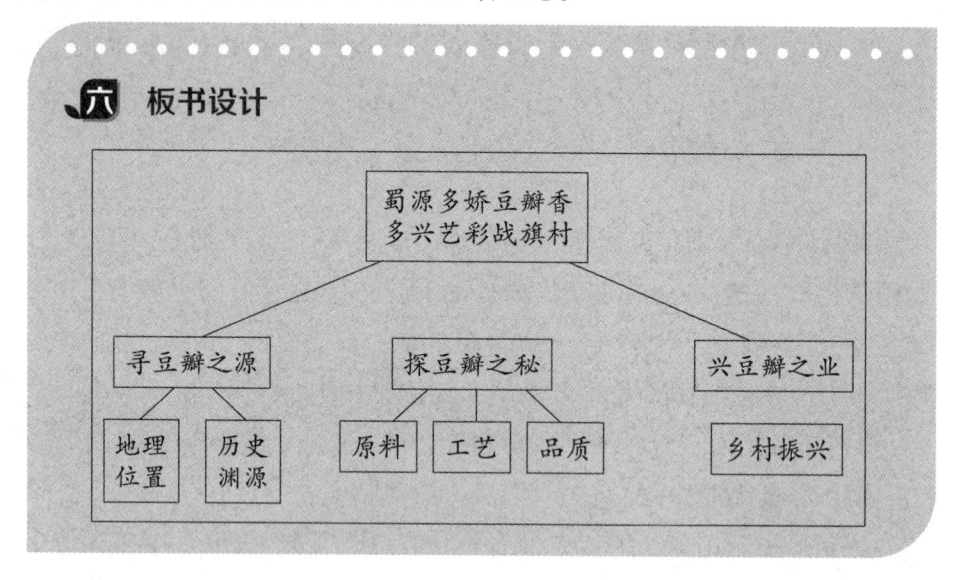

六 板书设计

```
          蜀源多娇豆瓣香
          多兴艺彩战旗村
    ┌───────────┼───────────┐
 寻豆瓣之源    探豆瓣之秘    兴豆瓣之业
  ┌───┬───┐   ┌───┬───┬───┐      │
 地理  历史   原料  工艺  品质    乡村振兴
 位置  渊源
```

七 教学反思

教师通过实地考察战旗村的足迹,带领学生重新认识豆瓣之乡郫都区战旗村。课堂上通过豆瓣零食激发学生对豆瓣的探究兴趣,同学在"豆瓣之源—豆瓣之秘—豆瓣之业"这三个环节中深入地了解豆瓣文化及豆瓣产业,重新认识乡村振兴典范的战旗村。通过绘制有特色的豆瓣包装袋,增强学生建设家乡的责任感与荣誉感。

《改革开放勇立潮头》
教学设计一

王超兰

南充市江东初级中学

一 教材与学情分析

本课是《可爱的四川》(七至八年级)主题四"发展之美"第十二课的内容。本课以广汉市金鱼公社(今广汉市金鱼镇)为背景,以改革开放为主题,讲述该镇农村土地经营方式从"包产到组"到"家庭联产承包责任制"再到土地流转的变革过程,让学生了解家庭联产承包责任制在四川的探索和推广,了解四川对中国改革开放的贡献,以及四川人民改革创新的精神和勇气。

八年级学生已具备与本节课相关的历史背景知识,但学生缺少农村生活经历,缺乏对改革开放前我国农村情况和土地生产状况的了解,不能深刻理解土地对农民、对国家的意义,需要教师通过一系列教学活动、多样化的教学方式,激发学生的学习兴趣和热情。

二 学习目标与核心素养

通过了解金鱼公社从改革开放至今的农村土地经营方式改革,让学生感受四川改革开放的伟大成就,培养学生热爱家乡、热爱祖国的感情,树立建设家乡的信念,增强解放思想、改革创新和勇于实践的实干意识。

三 设计思路

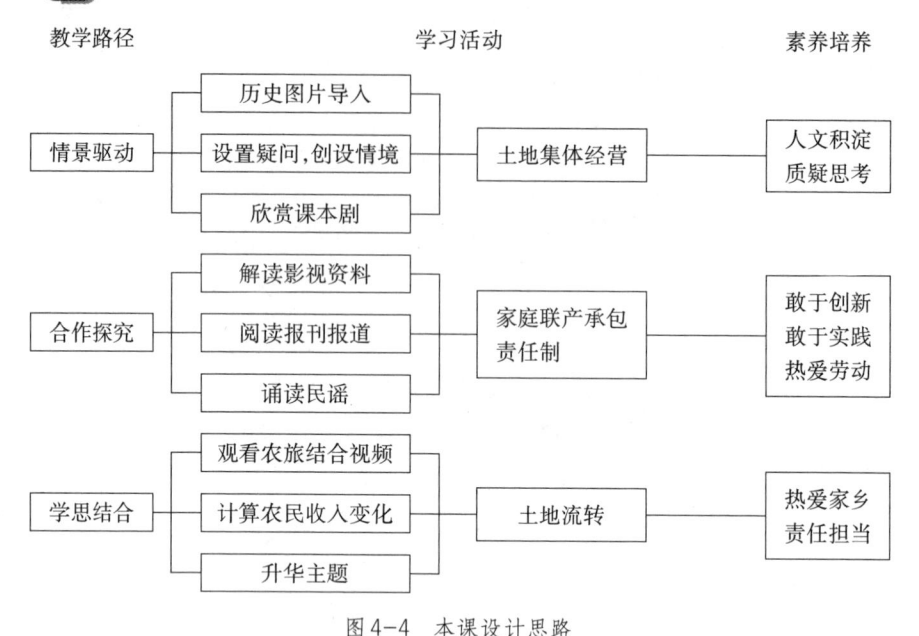

教学路径	学习活动	素养培养
情景驱动 → 历史图片导入 / 设置疑问,创设情境 / 欣赏课本剧	土地集体经营	人文积淀 质疑思考
合作探究 → 解读影视资料 / 阅读报刊报道 / 诵读民谣	家庭联产承包责任制	敢于创新 敢于实践 热爱劳动
学思结合 → 观看农旅结合视频 / 计算农民收入变化 / 升华主题	土地流转	热爱家乡 责任担当

图4-4 本课设计思路

四 教学方法与教学准备

1.教学方法

讲授法、讨论法、对比法、演示法等。

2.教学准备

(1)组织5名学生排练课本剧《磨洋工》。

(2)制作组牌,组牌上写"金鱼公社生产大队"。提前将学生分组,由小组选择组名,组名来自金鱼公社曾经的大队名称,如:鹄鸣村、凉水井村、上岑村、白鹤村、龙马村、黄家店村、花塘村、月湾村、石佛村、白云村、青冈村等。

五 教学过程

(一)导入新课

教师活动:PPT展示1949—1978年四川农村时光轴,教师简单介绍图片的内容,从时光轴中"1978年的金鱼公社"走进今天的课堂。

📖 设计意图:让学生了解新中国成立后,四川省政府对农业生产十分重视,不仅进行了一系列改革,还大兴水利工程,保证农业生产获得丰收,为本节课了解金鱼镇在农村土地经营方式的改革过程埋下伏笔。

(二)学习新知

教师活动:简单介绍我国土地变迁历史,重点讲解新中国成立后土地所有权从私有制转变为公有制的原因和好处。

📖 设计意图:让学生感受土地对农民和国家的重要意义。

学生活动:出示金鱼公社的资料一,学生阅读资料,小组讨论总结金鱼公社发展农业的优势条件,并发表讨论结果,教师总结。

学生活动:出示金鱼公社的资料二,学生阅读资料,总结金鱼公社在1978年的实际生产情况。

学生活动:出示金鱼公社的资料三,请学生用四川方言阅读金鱼公社村民的回忆录,请另一学生总结资料说明了什么情况。

教师过渡:金鱼公社自然条件如此优越,为什么粮食产量却十分低,导致社员吃不饱饭?

📖 设计意图:先让学生了解金鱼公社自然条件十分优越,再用报刊资料提供证据证明金鱼公社实际粮食产量低,在学生心中制造疑问,引起学生进一步探究的好奇心。

学生活动:请学生代表表演课本剧《磨洋工》,其余学生仔细观察,尝试从剧中找到金鱼公社自然条件优越,粮食产量却低的原因。观看结束后,小组讨论"金鱼公社粮食产量低的原因",发表讨论结果。

教师总结:当时土地经营方式是"集体所有,集体经营",平均分配的方式打击了社员的劳动积极性。

📖 设计意图:让学生直观感受当时金鱼公社的劳动场景,了解当时农村土地经营方式的弊端,让学生明白土地改革的必要性。

学生活动:出示党的十一届三中全会资料,请学生齐读会议公报摘要中关于农村改革的关键句。

教师总结:"文化大革命"结束后,社会各方面工作需要迅速恢复,在当时的社会背景下,解放思想、改革开放势在必行。农村改革的方向转变为"保障农民利益,按劳按质分配,打破大锅饭,克服平均主义,调动农民的积极性"。

设计意图:让学生了解当时社会局势,明白解放思想、改革开放是改变当时社会现状的唯一途径,也是我国从中央到地方的统一战略。

教师活动:出示金鱼公社"分田埂"资料,播放视频《叶常理采访》,教师讲解"包产到组,定产定工、分组作业、超产奖励"的政策。再出示凉水井社区壁画,了解金鱼公社当年改革的故事。

学生活动:教师出示PPT表格,让学生计算凉水井村1978年比1977年增产多少粮食。再出示金鱼公社1978年的粮食产量,让学生说明土地经营制度改革后粮食产量的变化。

学生活动:出示金鱼公社社员交公粮和预分现金的图片,请学生观察社员在交公粮和领取预分现金现场的人物表情,尝试用语言描述社员当时的心情及原因。

学生活动:出示20世纪70年代民谣,将学生分成两大组(一组读改革前,一组读改革后),有节奏地一起诵读(快板节奏)。请学生说出民谣反映了什么现象。

小组讨论:是什么原因导致改革后发生的变化?

教师活动:出示《人民日报》和《四川日报》相关文章,教师引导学生读报道标题,注意"奖惩""超产奖励""包"等字词。

设计意图:用数据对比,让学生更加直观地感受土地改革带来的变化,认可金鱼公社农村土地经营方式改革的成果,为金鱼公社感到自豪,激发学生热爱家乡的情感。

教师过渡:"包产到组"是农村改革跨出的一大步,提高了社员的生产积极性。还有没有比包产到组更好的办法?请学生思考讨论,教师引导学生思考土地如果不包给小组而是包给家庭,效果会怎么样?

教师总结:我国家庭联产承包责任制的推广和落实过程。

教师活动:教师出示1978年后农村改革的重要事件,让学生了解国家对农业生产的重视。

教师活动：教师出示金鱼镇现状图片，介绍金鱼镇的现状，让学生了解金鱼镇在改革开放40年中发生的变化。

教师活动：引导学生分析家庭联产承包责任制在目前环境下遇到的困扰。

教师活动：教师出示2010年《四川日报》，引导学生读标题并提问，金鱼镇为什么再次入"社"？这次的社是什么"社"？

教师活动：教师出示职业农民图片，讲解金鱼镇现在的土地经营方式——土地流转。

学生活动：出示资料六，请学生阅读资料。

学生活动：小组讨论金鱼镇村民再入"社"，与1978年的"公社"相比，有哪些特点？

教师活动：播放上岑村农旅结合视频，让学生了解金鱼镇掀开了农旅融合的新篇章的现状。

学生活动：出示金鱼镇农民人均收入图，让学生计算农民收入从1976年到2017年翻了多少倍？

教师活动：出示PPT"金鱼吃螃蟹，敢为天下先"。

教师总结：40年前，金鱼镇农民因生存需要而探索出了家庭联产承包责任制，解放了生产力。40年后，这里的农民更因对美好生活的追求，发展土地流转。金鱼镇在改革开放的40年里勇于第一个"吃螃蟹"，这种尊重实际、遵循规律，敢为天下先的改革活力在广汉久久为功，不断唤起人们追寻幸福的勇气。关于四川的改革故事还有很多，如果你想知道，欢迎来到《可爱的四川》课堂。

六 板书设计

金鱼"吃螃蟹" 敢为天下先

集体经营

包产到组

包干到户（家庭联产承包责任制）

土地流转

七 教学反思

本节课以时间为主线,向学生展示了四川农村土地制度改革的过程,让学生了解四川人民的改革精神。课堂内容选取的材料准确地将地理、历史等学科紧密融合,教学过程以学生为主体,利用阅读、表演、讨论、比较等多种教学方式引导学生发表观点,让学生深切感受四川在改革开放中作出的贡献和取得的成果。本堂课涉及的知识与教师和学生的生活环境脱离,授课前教师必须搜集大量相关背景资料,在教学过程中将复杂的知识背景简单明了地呈现给学生,便于学生了解本节内容。本节课内容如果能够与学生研学体验相结合,效果会更好。

《改革开放勇立潮头》
教学设计二

杨 舒

南充高级中学

一 教材与学情分析

本课是《可爱的四川》(七至八年级)主题四"发展之美"第十二课的内容。它上承"红色之美"中四川人民为新中国的成立作出的卓越贡献,下启新中国成立后的改革开放进程中,四川人民不断创造的奇迹、取得的成就以及对未来的规划。本节内容以"中国农村改革第一乡"向阳公社(今广汉市向阳镇)的发展为案例,围绕"无声听惊雷—壮士勇担当—不负新时代"逐一展开,引导学生理解以向阳"社改乡"为开端的农村行政体制改革的意义,培养学生热爱家乡、建设家乡的情感。

本课授课对象为八年级学生,具有一定的知识储备。八年级学生在历史课堂中正在学习中国现当代史,特别是八年级下册中《伟大的历史转折》和《经济体制改革》两课的学习,对于理解本课内容有非常重要的作用,学生在此知识基础上对于本课的学习和理解相对比较容易。

二 学习目标与核心素养

学生通过以向阳公社管委会主任钟太银的女儿钟敏的回忆录为线索,了解向阳"社改乡"为开端的农村行政体制改革的艰辛过程,培养学生勇于探究的精神品质。学生通过查阅资料了解今日向阳镇的建设成就,激发学生爱家乡、爱四川、爱祖国的情感,从而树立为建设家乡、振兴四川发奋学习的目标。

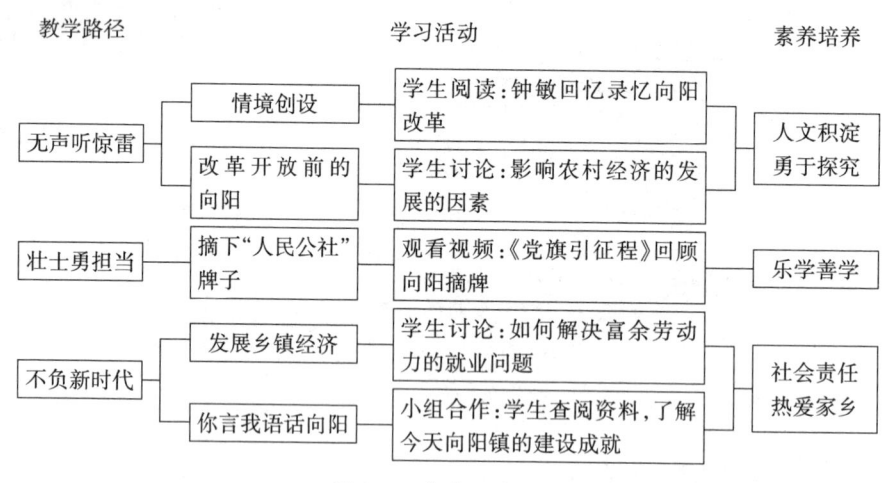

三 设计思路

教学路径		学习活动	素养培养
无声听惊雷	情境创设	学生阅读:钟敏回忆录忆向阳改革	人文积淀 勇于探究
	改革开放前的向阳	学生讨论:影响农村经济的发展的因素	
壮士勇担当	摘下"人民公社"牌子	观看视频:《党旗引征程》回顾向阳摘牌	乐学善学
不负新时代	发展乡镇经济	学生讨论:如何解决富余劳动力的就业问题	社会责任 热爱家乡
	你言我语话向阳	小组合作:学生查阅资料,了解今天向阳镇的建设成就	

图 4-5 本课设计思路

四 教学方法

教师方法:选择多样化的教学资源,多样化的教学方法,将现代信息技术与课堂教学深度融合。主要运用了情境创设法、讲授法、探究法等多种教学方法。

五 教学过程

(一)导入新课

教师导入:今天让我们跟随向阳公社管委会主任钟太银的女儿钟敏的回忆录一起走进向阳,在那段记忆中感受改革开放的磅礴力量和日新月异的时代巨变。

(二)无声听惊雷

教师过渡:向阳位于成都平原的青白江畔,土地肥沃,旱涝保收。在这样得天独厚的地理优势下,改革开放前向阳的经济发展如何呢?我们将通过钟太银的女儿钟敏的回忆录来了解。

学生活动：农民的温饱问题难以解决。

教师过渡：确实如钟敏所记录的那样，在人民公社时期，20年来人均分配只增加了6元，特别是后10年，平均每年只增加了0.23元，所以当地有了"有女莫嫁向阳郎"的说法，可见向阳农业经济发展确实落后。

教师过渡：为什么在这样优越的自然条件下，农民的温饱问题还难以解决？

学生活动：集体生产、平均分配使农民生产积极性受限，农业生产受到影响。

教师过渡：面对农村经济发展的困境，1978年党的十一届三中全会过后，改革的春风徐徐吹来。改革的号角首先从农村吹响，1978年，广汉县（现四川省广汉市）金鱼公社试行"包产到组"的生产责任制，到秋收时，金鱼公社粮食产量实现新中国成立以来增产最多的一次，此措施随即在全县推开。改革后的农民生活发生了怎样的变化？

钟敏回忆录：包产到户后，家家都丰收了，粮食吃不完就卖给粮站，还可以养鸡鸭、养猪，搞副业。逢场天（当地约定赶集的日子），农副产品拿到场上一卖就是钱。妈妈买布给我们做衣服、鞋子、书包，还给我们做糯米馍馍。那年我们自己还养猪了，春节杀年猪吃。大年三十晚上，鞭炮响了一整夜。大家富裕了，也有钱买鞭炮了。

教师过渡：从回忆录中可以看出农民的日子在改革后越过越好了。

（三）向阳勇担当

教师过渡：1980年3月，四川省委决定在广汉试点取消人民公社。4月15日上午，向阳旅社二楼会议室，正式决定在向阳恢复乡级建制，摘下人民公社牌子。

教师过渡：向阳在全国率先摘下人民公社的牌子，用乡人民政府的牌子取而代之，成为中国第一个撤销人民公社、建立乡人民政府的地方。向阳摘牌的两年后，即1982年12月的第五届全国人民代表大会第五次会议审议通过的《中华人民共和国宪法》规定：改变农村人民公社"政社合一"的体制，设立乡政府。到1985年6月，全国约有5.6万个人民公社改为乡，同时大队改为村，生产队改为组。此时，向阳已经获批撤乡建镇。

教师过渡：农村包产到户，在全国掀起了农村改革新的浪潮。向阳，因此被誉为"中国农村改革第一乡"。我们通过视频回顾一下向阳的摘牌历程。

学生活动：学生观看视频。

(四)不负新时代

教师过渡：自从改革后，农民从"大锅饭"里解放了，积极性提高了，富余劳动力越来越多了。现在的问题是怎么解决富余劳动力的就业问题。我们继续从钟敏的回忆录中去寻找答案。

钟敏回忆录：改革开放后，镇里的富余劳动力越来越多了。政府引导我们扩大经济作物面积，为发展乡镇企业提供原材料。通过大面积栽种油菜，镇办油厂取得了较好的收益。尝到甜头的向阳人，掀起了发展乡镇经济的热潮。

学生活动：阅读钟敏的回忆录，思考如何解决富余劳动力的就业问题？(发展乡镇企业)

教师过渡：广汉知名企业四川汉舟电气，其前身是广汉向阳炼铁厂。如今汉舟电气的主要产品已出口50多个国家和地区，与东芝、西门子等世界知名企业长期进行商务合作。汉舟电气从四处冒烟的炼铁厂，到与国际一流企业合作的现代化高科技企业，它的成长史，也是整个向阳的缩影。

教师过渡：改革开放后，向阳人的创业热情都被激活了，一批电气、化工、土木、冶金、机械等企业应运而生。1990年，向阳跨入了全国百颗"中国乡镇之星"行列，是率先实现小康的乡镇之一。我们一起来欣赏今天向阳镇的美丽风光。

教师过渡：如今在这个美丽的小镇上，共有376家企业，2017年工业总产值逾100亿元，税收1.8亿元，经济综合实力名列广汉市第一，是四川省"百镇建设试点行动"首批工业型试点镇。今天的向阳具体取得了哪些成就呢？请同学以小组为单位来分享交流向阳镇的建设成就。

学生活动："你言我语话向阳"学生查阅相关资料，了解今天向阳镇的建设成就。

(五)总结升华

教师过渡：向阳花开，春光正好。面对未来发展，向阳镇将牢记习近平总书记提出的"人民对美好生活的向往，就是我们的奋斗目标"，同学们要奋发有为，不辜负这个伟大的新时代！

六 板书设计

第12课　改革开放勇立潮头——拆社建乡推改革进程

无声听惊雷——向阳公社改革之背景

向阳勇担当——向阳公社改革之过程

不负新时代——向阳公社改革之前景

七 教学反思

整个教学过程以钟敏的回忆录为线索，以小见大地反映向阳乃至整个国家农村的改革历程，娓娓道来，便于学生理解，也拉近了历史与现实的距离。教学过程中学生参与度不高，应在调动学生积极性方面加以改进。相关资料的搜集不够充分，特别是最后学生活动环节给学生准备的资料略显单薄。

《改革开放勇立潮头》
教学设计三

伍 婷

四川省南充市白塔中学

一、教材与学情分析

本课是《可爱的四川》(七至八年级)主题四"发展之美"第十二课内容。本节内容以企业改革促改革发展为主题,围绕改革开放40周年、成都宁江机床集团有限公司(以下简称宁江机床厂)改革及新时代新起点逐一展开,引导学生走进这段开启改革先河、令川人骄傲和自豪的历史。本节内容的学习使学生憧憬四川更加光辉灿烂的明天,培养学生立志建设家乡、实现中国梦的雄心壮志和责任感。

七至八年级的学生大多数是独生子女,生活条件相对比较优越,缺少应有的锻炼,心理承受能力较弱。因此,我们有必要引导学生磨炼意志。从年龄特点来看,七至八年级的学生好动、好奇、好表现。应采用形象生动,形式多样的教学方法去激发学生学习的兴趣。

二、学习目标与核心素养

播放改革开放40周年的视频,让学生认识宁江机床厂的转变,了解四川企业的改革。通过介绍改革开放后的第一支股票,强化学生的人文积淀,培养敢于思考、敢于创新、敢于实践的能力。

三 设计思路

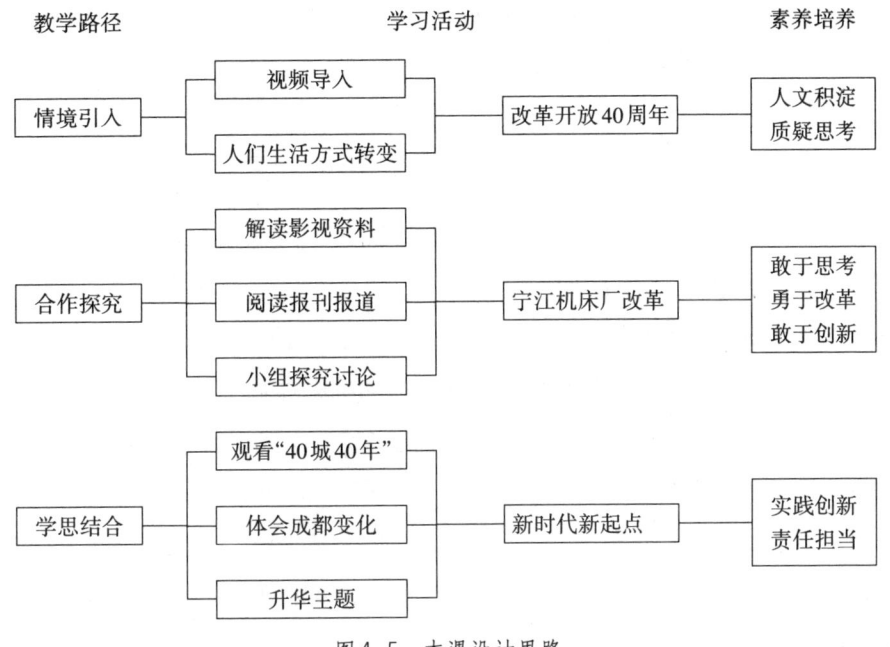

教学路径	学习活动		素养培养
情境引入	视频导入 / 人们生活方式转变	改革开放40周年	人文积淀 质疑思考
合作探究	解读影视资料 / 阅读报刊报道 / 小组探究讨论	宁江机床厂改革	敢于思考 勇于改革 敢于创新
学思结合	观看"40城40年" / 体会成都变化 / 升华主题	新时代新起点	实践创新 责任担当

图 4-5 本课设计思路

四 课前准备和教学方法

(1) 课前准备:查找宁江机床厂的图标、明白什么是机床。

(2) 教学方法:创设生活情境教学;问题驱动式启发教学;视频体验式教学;学生自学、同桌合作、小组合作探究式教学。

五 教学过程

(一)导入新课

教师活动:播放视频《改革开放40周年》。进行简单讲解介绍。

学生活动:聆听。

设计意图:让学生了解到改革开放是中国近代历史中的一个重要里程碑,也是中国发展变革的关键节点。40年的改革开放,为中华民族迈向伟大复兴之路奠定了坚实的基础。

教师过渡:以上是国家在改革开放中的转变,而四川是全国率先进行国有企业改革试点的省份,它在改革中又有哪些变化呢?尤其是四川的企业是怎么改革和发展的,我们以宁江机床厂为例来了解。

(二)学习新知

1. 宁江机床厂

学生活动:阅读宁江机床厂的图标和材料,结合所查知识思考宁江机床厂图标所表达的意义,讨论并归纳总结。

学生活动:观看视频《什么是机床》,结合所查知识思考机床的概念,思考机床可以用来做什么?我们身边有哪些产品和机床有关?

教师总结:该标识以齿轮、宁江、三角变形组合而成。"齿轮"代表宁江属于机械行业,从事精密机床的设计、制造和精密零件的加工;"宁江"是成都宁江机床集团股份有限公司的中文缩写;"三角"是汉字"四川"的变形,表示企业所在地为四川,同时"三角"又形似钻石,代表宁江产品的高品质,象征宁江人对产品质量有着像雕琢钻石般精细的追求。

机床是一种用于加工金属、塑料等材料的机械设备,可以通过切削、打孔、钻孔、磨削、铣削、车削等多种方式将工件加工成所需形状和尺寸。机床的发明可以追溯到数百年前,但现代机床已经发展成高度自动化和数字化的设备,具有高精度、高效率、高可靠性、低成本等优点。

机床的使用范围非常广泛,几乎所有制造行业都需要机床进行生产加工。例如汽车、航空、船舶、电子、机械、电力等行业。机床在制造业中的重要性不言而喻,其对提高生产效率、改善产品质量、减少生产成本等方面有着非常重要的作用。

设计意图:让学生了解机床在制造业中的重要性,感受宁江机床厂在四川的地位。

过渡:宁江机床厂在经营自主权扩大试点后,调动了企业和劳动者的积极性,解放了企业的生产力。但在指令性计划和统购统销的体制下,其产品销售十分困难,生产经营陷入困境。

教师活动:出示宁江机床厂在1979年6月25日的《人民日报》刊登的新中

国历史上第一个生产材料广告图片,配文为"承接国内外用户直接订货",这则广告引起人们的广泛关注。之后,该厂生产经营情况大变,产品供不应求。1979年8月5日,《人民日报》在头版头条以"产销直接见面 供需双方满意"为题发表文章,引起了各方高度关注和肯定。当月,宁江机床厂开展了全国第一次"以销定产、产销直接见面"的试点活动。

学生活动:议一议,"以销定产、产销直接见面"与"指令性计划、统购包销"对企业生产的影响有哪些。(分组讨论回答)

设计意图:小组合作查找宁江机床厂销售出现的问题,培养学生合作探究和信息提取分析能力。

教师过渡:经过改革,宁江机床厂得到了很好的发展。2000年成都宁江机床(集团)股份有限公司成立,2009年开始承担国家科技重大专项课题,已经拥有数十项专利。参与完成的研究成果荣获2017年度国家科学技术进步奖二等奖,实现了国产数控机床和国产数控应用领域的巨大突破。

学生活动:让学生思考对于今天的宁江机床厂产品销售,还有哪些宣传方式?

教师总结:线上有搜索引擎、视频、公众号等;线下有户外广告、社区广告、参加展销会等。

设计意图:通过学习宁江机床厂销售模式的改革,也可以发现我们周围的事物都在不断改革创新。

2.改革开放后第一只股票

教师过渡:1980年,成都市工业展销信托股份公司(蜀都大厦股份有限公司的前身),为了建造蜀都大厦,对外公开发行了我国改革开放后的第一支股票,每股面值1万元,成功募资修建了当时成都的地标性建筑——蜀都大厦,也打响了全国股份制试点的第一枪。

学生活动:观看视频《40城40年》,了解1980年新中国的第一只股票背后的故事。

设计意图:通过观看视频,学生能了解改革发展的每一次进步都来之不易,但是四川人民不怕困难,勇于改革,从而取得了巨大的进步。

教师总结:改革开放,推动了中国的发展与进步,让人民更有获得感。习近平总书记指出:"改革只有进行时,没有完成时。"新时代、新起点,四川人民将同全国各族人民一道,在全面深化改革的进程中创造新的辉煌!

课后作业:查资料,了解南充企业的改革发展,并将企业介绍给家人。

六 板书设计

发展之美:改革开放勇立潮头

企业改革促改革发展

一、"宁江机床厂"——统购包销到产销直接见面

二、改革开放后第一支股票——新时代新起点

七 教学反思

通过本课的学习,我们了解到以宁江机床厂为例的四川企业改革和我国第一家股份公司是如何成立的。国家和企业为了发展不断改革创新的精神影响着每个人。但改革只有进行时,没有完成时。因此我们只有不断学习,勇于改革,国家才能向前发展。在教学中不仅要让学生了解以往的改革情况,更应该让学生着眼于自身的未来发展与祖国的发展,要让他们认识到只有不断提高自己、不断创新才不会被时代淘汰。

《发展中的教育科技》
教学设计

毛兰英　唐冬梅　李育华　李　玲

四川省资阳中学

一 教材与学情分析

本课是《可爱的四川》(七至八年级)主题四"发展之美"第十三课的内容。本节课以中车资阳机车有限公司为素材,以"研学齿轨·科教成才"为主题。课程旨在让学生初步了解山地轨道齿轨列车研发中的物理力学和地理学科的基础知识。

二 学习目标与核心素养

运用相关知识,简单解释山地坡度对交通运输方式的影响。结合案例,阐述山地轨道齿轨列车对沿线旅游业经济发展的影响,从而让学生感受人才培养对企业发展、国家强大的重要意义。

三 重难点与设计思路

(1)重难点:理解坡度对列车行驶的影响。

(2)设计思路:①新课导入,②研学回顾,③问题探究,④强国有我。

四 教学方法与用具

(1)教学方法:问题驱动式启发教学。

(2)教学用具:实验器材(材质相同的滑块、斜面、弹簧秤)。

五 教学过程

(一)新课导入(23分钟)

教师活动:视频播放2022年11月24日的《四川新闻联播》中关于我国首列山地轨道齿轨列车在资阳成功下线的内容。

教师过渡:这则新闻让作为资阳人的我们为之骄傲。什么是山地轨道齿轨列车?它的外观如何?它蕴含了哪些学科知识?它的问世对于沿线地区乃至我国产生了怎样的影响?

设计意图:以《四川新闻联播》的视频内容作为新课导入,激发学生的学习兴趣。以问题为引导,引发学生对课程的好奇,同时培养学生关注时事热点和家乡变化的意识。

教师过渡:于是,在9月5日,我们带着这些疑问一起走进了中车资阳机车有限公司,围绕山地轨道齿轨列车的研发和企业发展历程展开了研学活动。

(二)研学回顾(5分钟)

教师过渡:接下来,我们一起回顾这次研学经过。在讲解员的带领下,我们参观了中车资阳机车有限公司的发展历程展厅,聆听该公司发展的故事。乘坐了山地轨道齿轨列车,并仔细听取讲解员对列车研发过程的介绍。同时,大家还围绕自己的疑问对讲解员进行了采访。接下来,请一位同学分享一下自己参加本次研学的收获和感受。

学生活动:学生代表分享参观山地轨道齿轨列车和中车资阳电力机车发展历程的收获和感受。

设计意图:通过了解山地轨道齿轨列车研发团队的组建、攻坚、合作等故事,学生能够明白任何一项创新项目背后所蕴含的是攻坚和合作等精神。同时,让学生懂得成功是"千里之行始于足下",也是如愚公移山般不屈不挠的精神。

教师过渡：在讲解员的讲述下，我们了解到一代又一代中车人为国家、为家乡、为公司所付出的努力和奋斗。每一个新的突破都凝聚着无数人的心血和汗水，离不开他们的不断学习、研究和实践。山地轨道齿轨列车的问世不仅让我们看到了研发团队不断攻坚的精神，更引发了我们的深思——作为国家未来接班人的我们，从现在开始该怎么做才能为自己、家庭、社会、国家贡献自己的小小力量呢？正所谓"千里之行始于足下"，让我们从山地轨道齿轨列车蕴含的知识入手。接下来，请大家小组合作，完成导学案中的学习活动。

（三）问题探究（20分钟）

1.学习活动：课堂小实验（3—5分钟）

实验要求：

（1）以小组为单位进行对比实验。

（2）粗糙度相同的斜面与水平面的夹角不同（如图4-6所示），用弹簧秤拉动滑块在斜面上运动。

对比实验1：当小车在斜面上做匀速运动时，比较不同角度下拉力的大小。

对比实验2：当小车在斜面上做加速度相同的加速运动时，比较不同角度下拉力的大小。

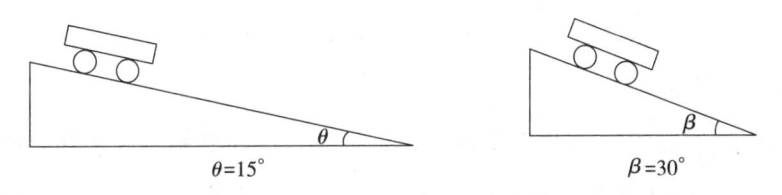

图4-6 不同坡度的小车爬坡对比实验

实验结论：斜面坡度越_____（大/小），拉动小车运动的力越_____（大/小）。

学生活动：小组合作，完成实验。（3分钟）

教师活动：组织学生分享实验结论。

教师过渡：列车的重量大，因此在爬坡时需要极大的动力来推动其在坡度大的轨道上行驶，这也是山地地区铁路运输布局受限的原因之一。那么，该如何让列车可以更省力、更安全地在山地地区行驶呢？研发团队在长达5年的时间里不断学习、研究、实验，终于成功研发出了我国首列山地轨道齿轨列车。让我们一起来看看它最独特的地方，也就是它的轨道和轨轮（如图4-7所示）。从图中我们可以看出，山地轨道齿轨列车的轨道由轮轨和齿轨共同组成。当列车行驶时，齿轨和轨轮在不停车的情况下相互咬合所产生的弹力可以作为列车爬坡行驶的动力之一，同时也达到了保障列车安全行驶和节能的目的。接下来，我们一起观看山地轨道齿轨列车行驶的模拟视频。（2—3分钟）

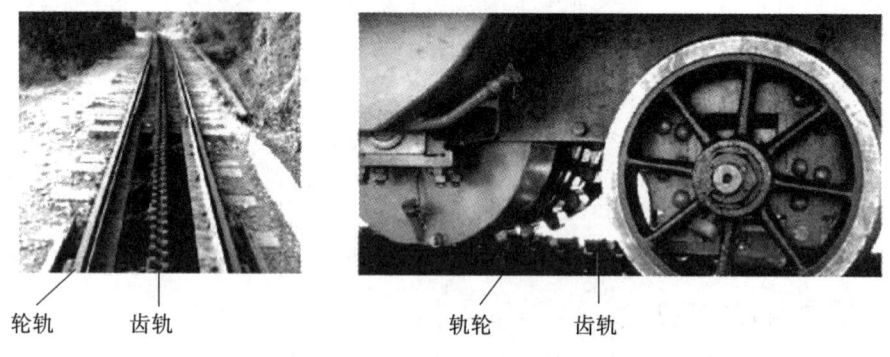

轮轨　齿轨　　　　　　　轨轮　齿轨

图4-7　山地轨道齿轨列车的轨道和轨轮

　设计意图：学生通过动手实验，加深学生对地势起伏（坡度）对列车行驶影响的理解。通过观看模拟视频，学生能更加直观地理解齿轨和轨轮推动山地轨道齿轨列车爬坡的原理。通过这样的学习方式，培养学生的地理实践能力和科学思维能力。

教师过渡：2026年，该列车将在都江堰高铁站搭载旅客前往四姑娘山旅游，其轨道主要沿国道G350铺设。那么，国道G350沿线的地形具有哪些特点？目前，从都江堰前往四姑娘山旅行的交通方式是什么？请同学们独立完成导学案中的学习活动。

2.学习活动：阅读下图，回答下列问题（5—6分钟）

（1）描述都江堰至四姑娘山的国道G350沿线的地形特征。

（2）结合个人生活经验，说出目前我们去四姑娘山旅游的主要交通方式及所需时长，并分析原因。

学生活动:先独立完成以上两个问题。(2分钟)同桌之间交流。(1—2分钟)

教师活动:组织学生分享各自的观点,并通过问题引导学生进行分析与归纳。都江堰至四姑娘山的国道G350沿线主要途经山地地区,地势起伏大。目前去四姑娘山旅游的主要交通方式为公路运输,一般情况下需要大约5小时的行程时间。

设计意图:学生通过了解都江堰至四姑娘山国道G350沿线地形的卫星图,并结合个人生活经验,了解沿线地形特点和主要交通方式,理解地形对交通运输方式和布局的影响。同时,帮助学生深入理解山地轨道齿轨列车的成功研发对当地交通、旅游业的影响。

教师过渡:由于地形条件限制,都江堰至四姑娘山沿线地区交通不便,经济落后。该列车将被用作都江堰至四姑娘山的旅游专列。那么,该列车有哪些优点?对沿线旅游业和经济发展产生了怎样的影响?我们将在接下来的学习活动中探究这些问题,请同学们独立完成学习活动。

3.学习活动:阅读材料,回答下列问题

目前,都江堰至四姑娘山自驾一般走国道G350,旅游旺季时国道G350的运输压力显著增大。2026年,待都江堰至四姑娘山的山地轨道齿轨列车通车后,通行时间将缩短至2小时左右,其爬坡能力比国内干线列车提升10倍以上。山地轨道齿轨列车还运用了北斗/5G物联网自动驾驶、自动保护、运营大数据存储智能分析等高科技技术,智能化程度很高。

(1)阐述山地轨道齿轨列车的优点,及其对沿线地区旅游业和经济发展的影响。

(2)推测我国山地轨道齿轨列车的市场需求量,并结合我国地形的特点解释原因。

(3)分析山地轨道齿轨列车对我国的重要意义。

学生活动:独立完成问题。(3—5分钟)小组讨论,进一步解决自己在独立思考时遗留的问题。(3—5分钟)

教师活动:组织学生分享各自观点,并通过问题引导学生进行分析与归纳。

教师过渡:通过阅读材料可知,山地轨道齿轨列车具有速度快、爬坡能力强的优点,大幅缩短了都江堰至四姑娘山的通行时间。同时,沿线丰富的旅游景点将吸引更多游客,促进旅游业的发展,从而带动当地经济的发展,加快西部大开发的进度。山地轨道齿轨列车所拥有的多项创新技术,在全国乃至世界具有很强的示范价值,这无疑向世人展示了我国逐步向科技强国迈进的步伐。

设计意图:通过该活动,学生以小组合作的形式共同探讨研学中提出的问题。鼓励学生运用所学知识探究问题、解决问题,培养其综合思维能力和团队合作精神。

教师过渡:自改革开放以来,我国一直致力于建设科技强国。而科技强国的核心基础是大量高素质的人才。那么,中车资阳机车有限公司是如何培养山地轨道齿轨列车的研发人才的呢?请一位同学分享他在研学中的收获。

(四)强国有我(6—8分钟)

学生活动:分享自己在采访中的收获。(1—2分钟)

教师活动:我们可以从山地轨道齿轨列车的研发人才培养方法中得知,如果想要成为某一领域的科研人才,需要丰富的相关学习资源作为支撑,并且要不断地学习与实践。

设计意图:通过请学生分享自己的研学收获,学生明白成为人才的方法,并应珍惜当前所享有的学习资源。

教师过渡:因此,国家在提出建设科技强国的同时,也提出了建设教育强国的目标。

教师过渡:古人云:"国有贤良之众,则国家之治厚;贤良之士寡,则国家之治薄。"这足以说明教育对国家发展的重要性。党的二十大报告指出,教育、科技、人才是全面建设社会主义现代化国家的基础性、战略性支撑。必须坚持科技是第一生产力、人才是第一资源、创新是第一动力,深入实施科教兴国战略、人才强国战略、创新驱动发展战略。我们生于中国,长于中国,享受着国家为我们提供的教育资源。那么,我们应该成为什么样的中国人呢?

学生活动：分享自己的观点，并齐声朗读："作为中国人，我们不要做长着中国脸，不是中国心，没有中国情，缺少中国味的人。我们应立志成为中国特色社会主义的建设者和接班人；成为拥护中国共产党领导和我国社会主义制度，并为之奋斗终身的有用之才"。

设计意图：探讨古今关于教育与国家发展的观点，让学生进一步明确教育是国家强大的基石，而受教育成才的我们就是国家的未来。

教师过渡：教育是国家强大的基石，作为少年的我们是国家的未来。

学生活动：齐声朗读："少年智则国智，少年富则国富，少年强则国强，少年独立则国独立，少年自由则国自由，少年进步则国进步，少年胜于欧洲则国胜于欧洲，少年雄于地球则国雄于地球"。

教师活动：组织学生齐声朗读："我们身为中国人，应明白国家的强大系于己身，我们每个人当下的不断努力和坚持都是在为祖国的强大作出属于自己的贡献"。

设计意图：朗读梁启超的《少年中国说》，使学生进一步明确自己身为中国人，国家的强大系于己身，我们每个人当下的每一次努力和坚持都是为祖国的强大做贡献。

六 教学反思

以"研学齿轨·科教成才"为主题的研学活动，引导学生将"研"与"学"相结合，尝试运用已有的知识分析山地轨道齿轨列车蕴含的基本学科原理，我们所学的知识既来源于生活生产，又服务于生活生产。乘坐山地轨道齿轨列车，聆听与列车相关的科研故事，让学生深刻感受到科技创新的力量，并认识教育对科技、国家发展的重要性，从而增强学生的社会责任感和爱国情怀。

本堂课主要结合初中物理、地理学科知识，加深学生对我国首列山地轨道齿轨列车基本原理的认识，感受家乡科技水平的不断提升。整个研学过程包括校外体验实践和校内总结分享两大环节。校外体验实践主要围绕山地轨道齿轨列车的研发和中车资阳机车有限公司的发展历程展开；校内总结分享主要围绕"新课导入—研学回顾—问题探究—强国有我"四个主题展开。通过师生、生生之间的交流和互动,学生运用所学的学科知识,以小组合作探究的方式探讨研学中发现的问题,进一步认识到教育是科技发展、国家发展的基石,从而增强学生的社会责任感和爱国主义精神。

《明天会更好》
教学设计一

李 霞　胡 琴　曾德付

四川省宜宾市三中附属叙州区实验初级中学校　四川省宜宾市教育科学研究所

四川省宜宾市第四中学校

一　教材与学情分析

本课是《可爱的四川》(七至八年级)主题四"发展之美"第十四课的内容。本节内容以"我为宜宾绘蓝图"为案例,围绕"遇"见宜宾、"育"见宜宾、"预"见宜宾逐一展开,引导学生了解宜宾的美食、美景、交通、教育发展情况,描绘宜宾的未来发展蓝图,深刻体会宜宾的发展之美。通过本节内容的学习,学生可了解今天宜宾社会经济取得的成就、未来规划和远景发展目标,激发学生爱家乡、爱四川、爱祖国的情怀,培养学生立志建设家乡、实现中国梦的雄心壮志和责任感。

七至八年级的学生,虽然生活在宜宾,了解一些家乡的基本情况,但没有深入思考,理性思维不足,学习活动的设计不能超过学生的认知基础,可从学生身边熟悉的事物入手;从学习兴趣的角度来看,学生思维活跃,喜欢体验式学习和主题情境探究活动,对新鲜的事例有着强烈的探究欲望,可以通过设计适应学生学习兴趣的活动进一步激发学生的学习热情。

一 学习目标与核心素养

通过学生分享课前收集的资料,初步感知宜宾美食、美景、交通、位置、知名地点,激发学生热爱家乡的情怀,强化学生人文积淀;通过聆听相关人士介绍,增强学生人文情怀;通过学生分析临港大学城对宜宾经济发展的作用,提升学生理性思维;通过探讨宜宾特色发展措施,形成乐学善学和勇于探究的核心素养,不断增强立志建设家乡的责任感。

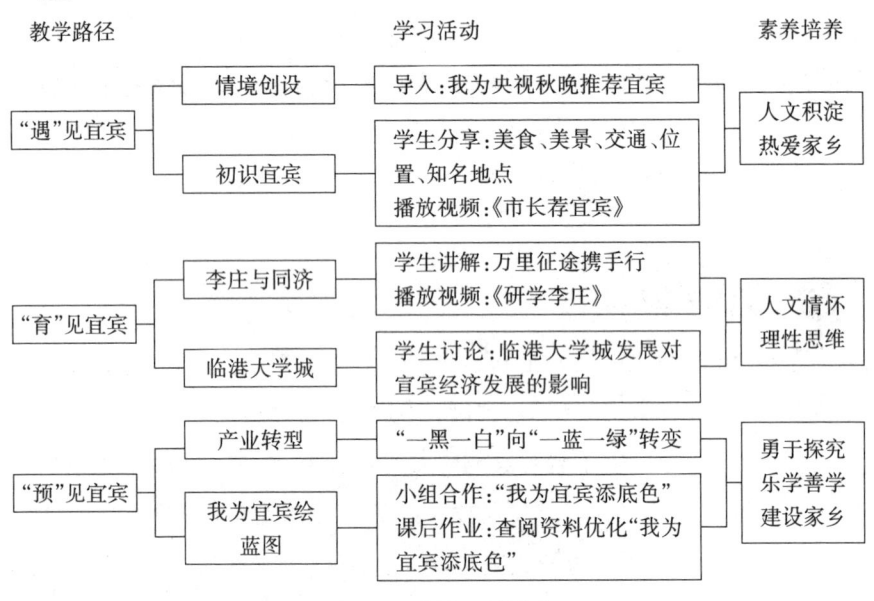

二 设计思路

教学路径		学习活动	素养培养
"遇"见宜宾	情境创设	导入:我为央视秋晚推荐宜宾	人文积淀 热爱家乡
	初识宜宾	学生分享:美食、美景、交通、位置、知名地点 播放视频:《市长荐宜宾》	
"育"见宜宾	李庄与同济	学生讲解:万里征途携手行 播放视频:《研学李庄》	人文情怀 理性思维
	临港大学城	学生讨论:临港大学城发展对宜宾经济发展的影响	
"预"见宜宾	产业转型	"一黑一白"向"一蓝一绿"转变	勇于探究 乐学善学 建设家乡
	我为宜宾绘蓝图	小组合作:"我为宜宾添底色" 课后作业:查阅资料优化"我为宜宾添底色"	

图 4-8 本课设计思路

四 教学方法与用具

(1)教学方法:生活情景教学;问题驱动式教学;体验式教学;小组合作探究式教学。

(2)教学用具:教学导学案、小组任务卡、视频——《市长荐宜宾》《研学李庄》。

主题四｜发展之美

五 教学过程

(一)激趣导入

教师导入：长江之畔，山河相映，月圆之夜，于星辰咫尺之间，一起望月归家，2023年央视中秋晚会落户宜宾。众多明星纷纷点赞宜宾燃面、李庄白糕、李庄美景、筠连茶月饼。宜宾可圈可赞方面还有许多，为了让更多国内国外游客了解宜宾，了解四川，短视频平台正进行"我为央视秋晚推荐宜宾"的活动，作为四川的一分子，我们学校也计划组织大家参加，今天表现最佳的小组将获得全校地理教师的集思广益及全年级同学点赞帮助，希望大家这节课积极踊跃发言。

学生活动：聆听。

设计意图：从央视中秋晚会落户宜宾热点入手激发学生的家乡自豪感。用"我为央视秋晚推荐宜宾"的活动创设真实情境，激发学生参与度。

(二)"遇"见宜宾

教师导入：之前，我们已研学过宜宾，对宜宾有所了解，课前大家也收集了相关资料，现在请同学来分享。

学生活动：学生分享研学所见宜宾美食、美景、交通。

教师过渡：万里长江第一城，宜宾以下长江水路交通四季可通航，现主要以货运为主，宜宾港口巨轮可通江达海，短途可坐三江游轮观宜宾风光。铁路运输同样也值得一提，宜宾两座高铁桥，金沙江公铁两用桥采用世界首创，上铁下公的通行方式；临港公铁两用长江大桥，采用国内首创公铁同层，并驾齐驱的通行方式。

教师过渡：人生最美是遇见，宜宾美食、美景、便捷的交通都值得为央视秋晚推荐。便于众多网友明确宜宾及其知名地点及小吃的地理位置，请大家自主学习完成导学案活动一，计时两分钟。

学生活动：自主学习，明确宜宾及其知名地点及名小吃的地理位置。

教师过渡：宜宾市市长又是如何推荐宜宾呢？

教师活动：播放视频《市长荐宜宾》。

💡 设计意图:学生研学分享宜宾美食、美景、交通,让学生初步感知宜宾;学生自主学习说出宜宾的地理位置及一些知名地点及小吃在宜宾的地理位置;观看《市长荐宜宾》激发学生对家乡的自豪之感及对家乡的热爱之情。

教师过渡:英雄所见略同,大美宜宾值得去遇见。李庄被选为央视秋晚的拍摄地之一,不仅仅是因其景色唯美,更是因其厚重的历史文化,李庄被称为中国文化的脊梁,大师学者的第二故乡。此前研学我们也曾到李庄,现在我们再次回顾那段战火纷飞的历史。

(三)"育"见宜宾

教师过渡:万里征途携手行。1937年8月13日,日军发动"八一三"事变,位于上海的同济大学被迫开始它颠沛流离的生活,这是同济大学的迁徙路线图,现在我请一位同学上台来为大家讲解。

学生活动:讲解同济大学迁徙路线图。

教师过渡:对于同济大学的介绍中都有一个字,是什么?为何一迁再迁,受什么影响?可以看出同济大学从1937年外迁到1946年迁回上海,只有在李庄这段时光是相对安定的,为什么同济大学会选择迁入这个当时在地图上都找不到的小镇。1938年冬,日军又开始炮轰昆明,同济大学又被迫开始寻找新的校址,到底哪里才是一方净土?当时,同济大学给全国的校友都发出了征集校址的通知。此时,位于宜宾的钱子宁也接到了通知。

录音对话:钱子宁、罗南陔还原当时情景。

教师过渡:罗南陔在强烈的爱国主义情怀的影响下与李庄众多乡绅商议后,向同济大学发出了著名16字邀请,请大家齐声朗读。

学生活动:齐声朗读16字电文邀请。

教师过渡:经同济大学一番考察后,决定迁入李庄。只有三千多人的小镇容纳了一万多外迁人员,当地人将自己奉若神明的菩萨埋入地下,克服种种困难,供给他们吃食。

教师过渡:请大家思考,当时的李庄人哪些方面值得我们学习?

教师过渡:当时有哪些大师学者与同济大学一同前往李庄?我们来看。

教师活动：播放视频《研学李庄》。

教师过渡：迁来的大师学者，在李庄开办学堂，那个战火纷飞的年代，李庄竟奇迹般地拥有一整套教育系统，幼儿园、小学、初中、高中、大学、研究院都有，在李庄求学的学子不用走出李庄一步即可享受全国当时优质的教育资源。迁来的学者又对李庄人进行科学知识普及，开阔了李庄人的眼界，开启李庄人对现代文明的探索，李庄先于南溪县城10年，1940年就用上了电灯，这就是当时的发电机。

学生活动：思考当时迁来的大师学者、著名高等学府对李庄人有何影响？

教师过渡：如今，沉淀着岁月的古巷四合院、九宫十八庙，与战时旧址交织相融。在古老的土地上，李庄同济医院正式开院，与同济纪念碑广场，一同见证着同济与李庄血浓于水，患难与共的真情。

教师过渡：回望历史，沧海桑田，高情远韵，令人荡气回肠。这样的李庄值不值得被推荐给央视秋晚？

教师过渡：有人说宜宾其实有两座大学城，一座在李庄，80年前就屹立于此；一座在临港，今天的临港大学城。这一张图片曾经火爆全网，小小一个区域包罗了国内多个知名高校，让川南的其他城市羡慕不已。

教师过渡：大学城有哪些大学，有电子科技大学、四川大学、四川外国语大学、成都理工大学、四川轻化工大学、西华大学及宜宾本土学院——宜宾学院等。预计宜宾今年的在校大学生将突破10万人，有三分之一的大学毕业生会留在宜宾工作。请同桌讨论，大学城的建设对宜宾经济发展的作用？（可从人才、消费市场、交通等方面思考）

学生活动：同桌讨论，大学城的建设对宜宾的经济发展的作用。

教师过渡：大学城的建设促进着宜宾各方面的发展，践行着习近平总书记视察宜宾时提出的"幸福生活是靠劳动创造的，做好产教结合，人才培养，技术革新，紧跟时代步伐，优化产业结构"。宜宾的产业类型正由"一黑一白"向"一蓝一绿"转变。

设计意图：讲解同济大学迁徙路线图，培养学生的读图能力、语言表达能力；录音模拟钱子宁、罗南陔的对话，增加课堂趣味性；学生齐读16字电文邀请,激发学生的爱国主义情怀,培养家国情怀;学生活动,通过讨论增强大学城建设对宜宾经济发展的影响的认识。

(四)"预"见宜宾

教师过渡:"一黑"是指过去的煤炭产业,随着国家"绿水青山就是金山银山""不搞大开发,共抓大保护"的政策逐渐衰落。"一白"是指打造以五粮液为代表的优质白酒集群,优化中国酒都名片。"一蓝"是指以信息技术为代表的数字经济新蓝海,目前宜宾临港科技产业园已入驻华为、百度、浪潮网、鱼泡网等多个科技产业品牌。"一绿"是指以宁德时代为代表的绿色新能源产业,2022、2023世界动力电池大会都在宜宾召开,宜宾将致力于打造中国动力电池之都。

教师过渡:宜宾现在的发展是三驾马车齐头并进,哪三驾马车,请大家齐声朗读。

学生活动:学生齐读三驾马车。

教师过渡:这样富有发展潜力的产业类型是否值得为央视秋晚推荐?如何推荐?我们要展现宜宾今天的发展及明天的美好,老师选取了一些我们研学见到的宜宾具有代表性的景观图片。请大家小组讨论,在红、绿、蓝、白四种颜色中选择一种你们小组觉得能够代表宜宾未来发展的颜色,并阐述为促进其底色的发展应该如何做,写出具体建议。讨论结束后请派代表上台分享。

学生活动:小组讨论(我为宜宾添底色),小组代表投影分享小组讨论意见。

设计意图:为学生搭建分享和输出的平台,培养学生学以致用的能力,树立建设家乡的远大志向;让学生在摄取知识的同时,进行输出和应用,在增强学生的自我成就感的同时,也学习了对生活有用的知识;小组合作,学会分享,共同设计,培养学生团队协作的精神。

(五)总结升华

教师过渡:随着时间的流逝,我们今天的课堂也接近尾声,课堂上小组代表各抒己见,许多同学也有自己的想法,课后结合课堂上小组抽取的任务卡查阅资料优化内容形成调研报告,参加"我为央视推荐宜宾"活动,最优作品将获得全校地理老师的集思广益及全年级的点赞支持。

教师过渡:我们再看今天取得最优表现的小组是××小组,你们小组课下也要进一步优化形成调研报告,你们的作品也将获得全校地理教师及全年级同学点赞支持,参加"我为央视秋晚推荐宜宾的活动"。

教师过渡:最后请××小组来评价××小组(最优的小组)今天的表现,总结自己小组的优缺点。希望你们保持自己的优点,学习××小组的长处,下节课期待你们的进步。

教师总结:愿大家创造更多更新的理念与信念的"预"见,用各种底色,为宜宾描绘一幅多彩的蓝图,创造更美好的明天。

设计意图:小组互评,小组自我总结,让学生学会总结,扬长补短,加强小组的竞争力。

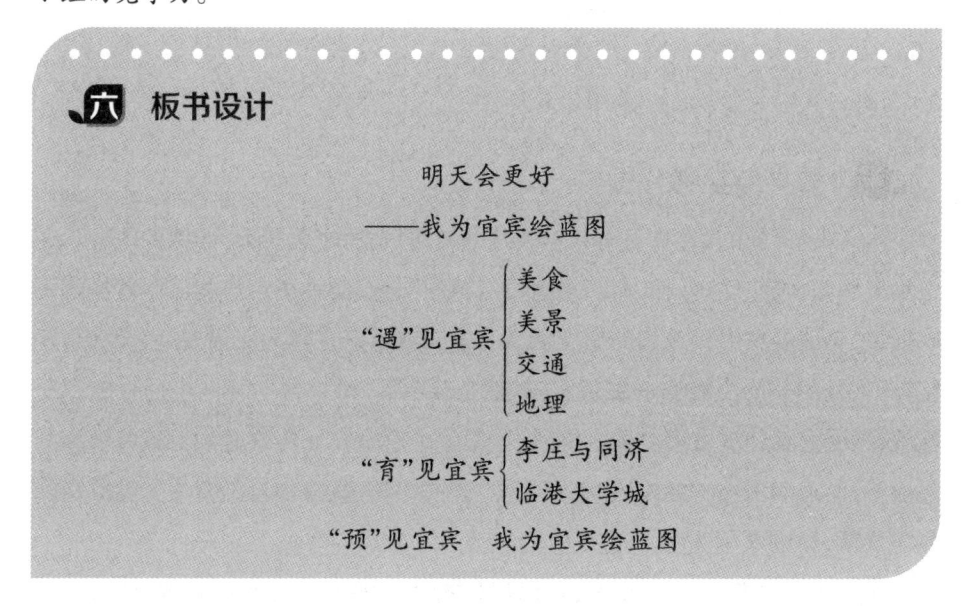

六 板书设计

明天会更好
——我为宜宾绘蓝图

"遇"见宜宾 { 美食 美景 交通 地理 }

"育"见宜宾 { 李庄与同济 临港大学城 }

"预"见宜宾 我为宜宾绘蓝图

七 教学反思

本设计融合地理、历史等学科内容,充分利用乡土资源,以"遇"见宜宾—"育"见宜宾—"预"见宜宾为主线开展主题式学习,并全程运用评价工具进行自评、互评、师评、小组评价,培养学生科学思维的习惯和终身学习的能力,培育学生人文积淀、人文情怀、热爱家乡、理性思维、勇于探究、乐学善学、建设家乡的学生发展素养,感受家乡的发展之美,增强学生对家乡的了解和热爱之情,增强学生立志建设家乡的责任感。

《明天会更好》
教学设计二

陈　凤　曾德付　邓玉玲
四川省宜宾市第四中学校

一、教材与学情分析

本课是《可爱的四川(七至八年级)》主题四"发展之美"第十四课的内容。在中华民族伟大复兴的征程中,四川始终与祖国同行,而宜宾市作为四川省经济发展强市,更是展现出其蓬勃的发展活力。本节内容以宜宾的交通发展为线索,围绕"印象宜宾—腾飞宜宾—展望宜宾"三个环节展开,旨在引导学生通过宜宾交通线,感受宜宾经济发展之美。同时,让学生了解宜宾在建设成渝双城经济圈的辐射下,助力四川经济的发展,在新能源、智能终端、教育和科技事业方面取得的显著成就,激励学生为家乡建设贡献自己的力量。

对于七至八年级的学生而言,他们已初步了解家乡宜宾的基本情况,并具备一定的理性思维能力,但对家乡经济的发展情况仍有待深入了解。教师根据学生的年龄特点和兴趣爱好,设计了富有趣味性和互动性的小组讨论活动,通过引导学生积极参与课堂活动,从而激发学生的学习兴趣和探究欲望。

二、学习目标与核心素养

学生通过观察宜宾交通的新老照片,感知宜宾交通的变化,强化学生的人文积淀,并激发学生对家乡的热爱与自豪;通过开展小组活动,探究高桥村发展成为"网红村"的原因,培育学生勇于探究的科学精神;学生通过感受宜宾工业和教育的发展成就,进一步增强学生对家乡的热爱之情和建设家乡的责任感;学生通过实地考察高桥村并完成《高桥村周末研修方案》,在社会实践中锻炼并提升学生的实践创新能力。

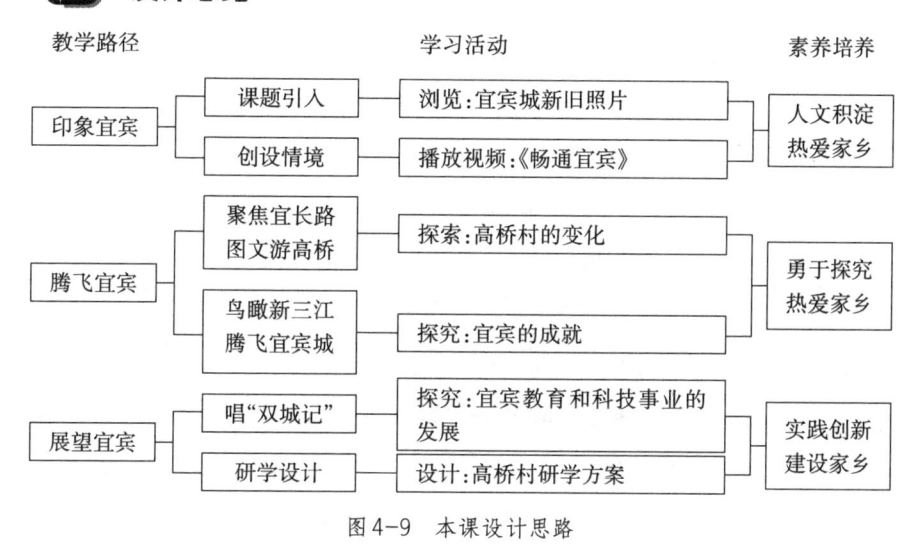

三 设计思路

教学路径		学习活动	素养培养
印象宜宾	课题引入	浏览:宜宾城新旧照片	人文积淀 热爱家乡
	创设情境	播放视频:《畅通宜宾》	
腾飞宜宾	聚焦宜长路 图文游高桥	探索:高桥村的变化	勇于探究 热爱家乡
	鸟瞰新三江 腾飞宜宾城	探究:宜宾的成就	
展望宜宾	唱"双城记"	探究:宜宾教育和科技事业的发展	实践创新 建设家乡
	研学设计	设计:高桥村研学方案	

图 4-9 本课设计思路

四 教学方法

教学方法:创设生活情境教学,问题驱动式启发教学,小组合作探究式教学。

五 教学过程

(一)印象宜宾

教师导入:同学们,上课之前,我们先玩一个叫作"猜一猜"的游戏。老师给大家展示几组图片,同学们猜猜这是哪里?

学生活动:宜宾。

教师过渡:同学们都猜对了,这就是宜宾。虽然身为宜宾人,但我们可能还没有真正深入地了解过自己的家乡。今天,我们就以交通为线索,了解宜宾的发展与变化。

(板书:宜宾会更好——以交通线看宜宾)

📖 设计意图:通过展示宜宾新老照片作为课堂切入,让学生感知宜宾的变化,激发学生的家乡自豪感。

教师过渡:接下来,请同学们观察这几组图片,说说宜宾的交通发生了哪些变化?

学生活动:学生自由回答。

教师过渡:同学们都感受到了宜宾交通的变化,那我们再通过视频《畅通宜宾》进一步了解。接下来,请同学们一起欣赏《畅通宜宾》!

教师活动:播放视频《畅通宜宾》。

教师过渡:从视频中我们了解到宜宾的交通发展取得的成就和对未来交通发展的规划。现在宜宾的水、陆、空交通发达,极大地改变了我们的生产与生活方式。

教师活动:展示宜宾主要交通图。

📖 设计意图:通过播放宜宾交通宣传发展视频,展示宜宾交通的发展之美,激发学生对家乡的热爱。

(二)腾飞宜宾

教师过渡:今天我们就选取一条交通线,开启我们的研学考察之旅,深入感受交通给宜宾带来的变化。接下来的旅程,请老师带领大家一起完成探究学习。

1.聚焦宜长路,图文"游"高桥

探究任务一:根据图片和材料,结合自己所学的知识,说出高桥村发生了哪些变化?(提示:可以从房屋建筑、居住环境、经济收入等方面思考)

📖 设计意图:小组合作,学会分享,共同设计,培养学生团队协作的精神。

探究任务二:探究高桥村从空心村发展成为"网红村"的原因。

实施步骤:第一,独立思考2分钟;第二,小组合作探究5分钟,并确定好中心发言人。

学生活动:学生完成探究任务后,学生进行展示。

教师活动:对学生的回答及时作出回应(鼓励),再进行系统的讲解。

📖 设计意图:结合图文资料,小组合作探究高桥村发展成为"网红村"的原因,培养学生合作探究和信息提取分析能力。同时激发学生社会责任感和国家认同感。

2.鸟瞰新三江,腾飞宜宾城

教师过渡:通过刚才在高桥村的研学,同学们收获满满,我们的返程时间到了,接下来将由老师带领大家开启新的研学之旅。

教师过渡:接下来我们将开启第二条研学之旅,前往以高新技术产业为主导的国家级经济技术开发区——三江新区。

3.新能源、智能终端双"引擎",助力宜宾经济腾飞

教师过渡:走进新区,来到朵唯产业园区,2021年朵唯企业实现产值94.43亿元,同比增长63%,创下历史新高,2021年1—7月宜宾出口手机38.34亿元,为宜宾出口产业值作出了巨大贡献。

教师过渡:接着我们来到凯翼汽车城和宁德时代。

2021年凯翼汽车成功出口非洲、南美等市场,成为中国汽车品牌出口的生力军,目前已成功出口26个国家和地区。

2019年,宁德时代落地宜宾。目前宁德时代已成为中国500强、全球能源行业市值第二高的企业,是中国乃至世界最强动力电池企业。2020年投资100亿元扩建宜宾动力电池基地,使宜宾的经济如虎添翼。

教师活动:展示朵唯、宁德时代、凯翼汽车制造等图片。

总结:如今宜宾新能源产业、智能终端产业、轨道交通产业和新材料产业等多个产业携手形成了宜宾经济增长的爆发点。2021年宜宾GDP3148亿,居四川省第三位。2025年宜宾的GDP预计突破4500亿,力争达到5000亿。

教师活动:展示2017—2021年宜宾地区生产中产业及其增长速度。

教师总结:今天的两段研学活动,我们了解了过去的宜宾,也见证了宜宾翻天覆地的变化,尤其是高新技术产业的发展,但我们要知道,高新技术产业的发展离不开人才,而人才的孵化,从根本上看还要依靠高等院校。因此,宜宾的未来,需要教育和科技事业的不断支持。

(三)展望宜宾

唱好"双城记",推动宜宾教育和科技事业发展。

教师过渡:2016年宜宾市委市政府部署"双城建设"科技强市战略。今年已有17所大学落地宜宾,是四川省大学数量最多的地级市。其中有西南交通大学、四川大学、电子科技大学等一批高层次大学,为宜宾的教育、科技事业插上翱翔的翅膀。

教师活动:宜宾大学城,宜宾学院临港校区、四川大学、西南交通大学。

设计意图:通过了解宜宾教育和科技事业,感知宜宾科教事业发展之美,增强学生热爱家乡的自豪感。

教师过渡:党的二十大报告指出,必须坚持科技是第一生产力、人才是第一资源、创新是第一动力,深入实施科教兴国战略、人才强国战略、创新驱动发展战略,开辟发展新领域新赛道,不断塑造发展新动能新优势。

宜宾展望未来,正在全面融入成渝地区双城经济圈建设、扎实推进制造业"双百"工程,以更大的城市愿景加快建设现代化区域中心城市,为全面建设社会主义现代化四川作出新的更大贡献。

六 板书设计

明天会更好——以交通线看宜宾

一、印象宜宾

二、腾飞宜宾

三、展望宜宾

七 教学反思

本设计融合地理、语文、历史、政治等学科内容,充分利用乡土资源,以"印象宜宾—腾飞宜宾—展望宜宾"为主线开展主题式学习,并全程运用评价工具进行自评、互评、师评、小组评价,培养学生科学思维能力,培养学生人文积淀、热爱家乡、勇于探究、实践创新、建设家乡的学生发展素养,体会宜宾经济发展之美,培育学生责任感。

《明天会更好》
教学设计三

黄乾柱　曾德付　李　霞

四川省宜宾市叙州区坤泰实验学校　四川省宜宾市第四中学校

四川省宜宾市三中附属叙州区实验初级中学校

一　教材与学情分析

本课是《可爱的四川（七至八年级）》主题四"发展之美"第十四课的内容。本节课以"坐着三江游轮看宜宾"为案例，围绕"城"见宜宾——城市建设、"桥"见宜宾——交通发展、"育"见宜宾——教育振兴三个主题逐一展开，旨在引导学生深入了解宜宾的发展情况，描绘宜宾发展的美好蓝图，并深刻体会宜宾的发展之美。通过本节课的学习，学生将了解目前宜宾在社会经济方面取得的成就、未来规划和远景发展目标，从而激发学生爱家乡、爱四川、爱祖国的感情，培养学生立志建设家乡、实现中国梦的雄心壮志和责任感。

本节课适合八年级学生，该学段的学生已经具备了一定的地理和历史学科知识，也具有一定的综合思维能力。从学习兴趣的角度来看，他们思维活跃，喜欢体验式学习和主题情境探究活动，对新鲜的事物充满强烈的探究欲望。因此，可以通过设计符合学生学习兴趣的活动来进一步激发学生的学习热情。

学习目标与核心素养

查阅资料、观看视频、交流分享,让学生初步了解家乡宜宾的发展情况,提升学生搜集整理信息、语言表达和综合思维能力;激发学生对家乡的热爱之情,强化他们的人文积淀;通过分析临港大学城对宜宾经济发展的作用,提升学生的理性思维能力;通过探讨宜宾的经济发展措施,培育学生乐学善学和勇于探究的核心素养,并增强学生立志建设家乡的责任感。

设计思路

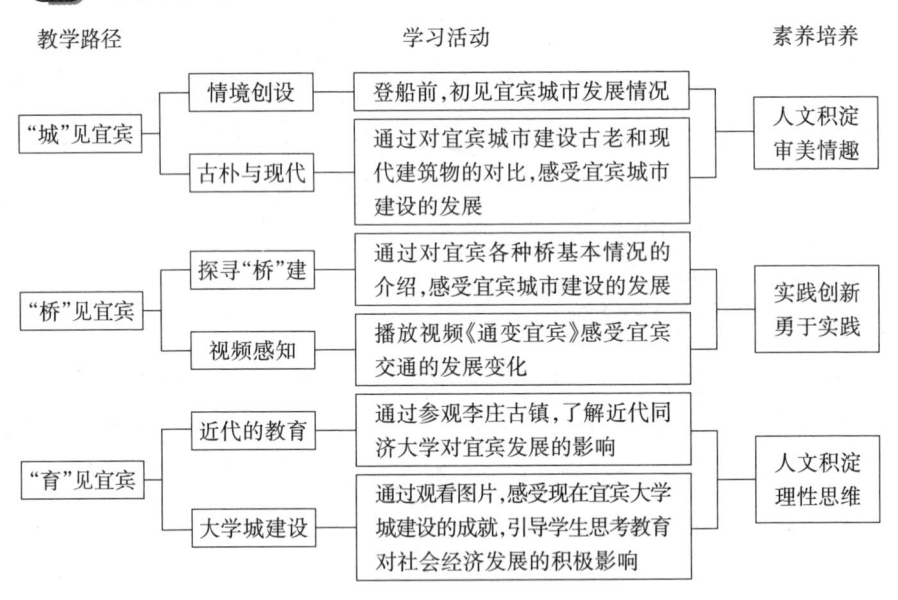

教学路径		学习活动	素养培养
"城"见宜宾	情境创设	登船前,初见宜宾城市发展情况	人文积淀 审美情趣
	古朴与现代	通过对宜宾城市建设古老和现代建筑物的对比,感受宜宾城市建设的发展	
"桥"见宜宾	探寻"桥"建	通过对宜宾各种桥基本情况的介绍,感受宜宾城市建设的发展	实践创新 勇于实践
	视频感知	播放视频《通变宜宾》感受宜宾交通的发展变化	
"育"见宜宾	近代的教育	通过参观李庄古镇,了解近代同济大学对宜宾发展的影响	人文积淀 理性思维
	大学城建设	通过观看图片,感受现在宜宾大学城建设的成就,引导学生思考教育对社会经济发展的积极影响	

图4-10 本课设计思路

教学方法与用具

(1)教学方法:讲授法、小组合作法。
(2)教学用具:多媒体、图片和视频等。

教学过程

(一)导语

教师导入:改革开放以来,我国的经济社会发展取得了巨大成就。在中华民族伟大复兴的征程中,宜宾始终与祖国同行。今天,我们就跟随宜宾三江游轮去游学,一同感受家乡宜宾的发展与变化。

教师活动:教师介绍宜宾的地理特点(岷江和金沙江交汇)和历史文化。课件出示宜宾三江游轮线路图。

(二)"城"见宜宾——城市的古朴与现代

教师过渡:在登船前,大家在合江门附近闲逛,有位同学拍摄到了宜宾的街道景观。

学生活动:第一组照片,展示了宜宾的古朴风貌。如大观楼、冠英古街等景观。(在合江门登船后,我们沿江而下,看到了不同的城市景观)

学生活动:第二组照片,展示了南岸、临港、三江新区等现代化的城市建设。

教师过渡:通过同学发回的两组照片的实景对比,大家感受到宜宾在哪些方面的发展变化?

学生活动:感受到了城市从古朴到现代的变化。

教师活动:出示宜宾主城区城市变化的图片。

设计意图:对比两组照片,让学生感受到城市的古朴与现代的变化。

教师过渡:我们坐着游船沿江而下,有位同学看到了江面上的一座座大桥,并引发他的思考。这些桥都是什么时候修建的?对宜宾有什么影响?同学们可以一起来帮他解答。

(三)"桥"见宜宾——天堑变通途

教师活动:展示十余座大桥的分布图。

学生活动:分组介绍主要桥梁的修建背景。

教师过渡:公路桥、普通铁路桥、高速公路桥和高铁桥。随着宜宾的发展,江面架起了越来越多的大桥。一座座桥梁既美化了宜宾的城市面貌,又见证了宜宾的发展变化。接下来,一起观看视频《通途宜宾》。

教师活动:播放视频《通途宜宾》。

设计意图:通过学生介绍宜宾的桥梁及观看视频《通变宜宾》,感受宜宾交通的发展变化。

教师过渡:游船继续航行,一座座桥梁书写着宜宾的发展史,同学们也从中感受到了宜宾的发展与变化。我们的游船即将到达终点——李庄中渡口码头。

(四)"育"见宜宾——打造教育新高地

教师过渡:游船停靠在李庄古镇码头。(出示码头照片)接下来,有请历史老师带大家一起去了解战火中的李庄同济大学。

教师过渡:万里征途携手行,济人济事启民智,四化栋梁创伟业。

教师过渡:有人说宜宾其实有两座大学城,一座在李庄,一座在临港。一座在80年前就屹立于此,一座则在今天。我们一起来看看今天的大学城。

教师过渡:你曾见过那张火遍全网的宜宾大学城路牌吗?一个路牌里面罗列了多个知名高校的名字,这让川南的其他城市羡慕不已。(展示宜宾大学城路牌)

教师活动:介绍大学城的情况。

教师过渡:大学城建设对宜宾发展的重要意义是什么?(提供科技人才、房地产、商业繁荣、招商引资等角度)

📖 设计意图:向学生介绍同济大学内迁的抗战背景,介绍李庄的同济大学对宜宾经济社会的影响,以及介绍李庄的同济大学对全国的影响。

(五)回程

教师过渡:晚饭过后,我们从李庄出发,登上回程的游船,去感受魅力宜宾的壮美夜景。

教师活动:播放夜景视频。

📖 设计意图:通过播放宜宾的夜景视频,感受魅力宜宾的壮美夜景。

(六)总结

教师过渡:宜宾位于三江汇合之地,拥有得天独厚的地理优势。近年来,由于城市建设不断加快,水、陆、空方面的交通飞速发展,高等教育也取得了长足进步。这些为宜宾的腾飞提供了坚实的保障。2022年6月,习近平总书记考察宜宾。接下来,请大家观看习近平总书记的宜宾之行视频。

六 板书设计

明天会更好——坐着三江游轮看宜宾

"城"见宜宾——城市建设

"桥"见宜宾——交通发展

"育"见宜宾——教育振兴

七 教学反思

本节课以"城"见宜宾——城市建设、"桥"见宜宾——交通发展、"育"见宜宾——教育振兴三个教学活动为主线。教师提前安排学生查阅并准备相关材料,以呈现各活动的主要内容。教师在课堂上提出问题,并引导学生进行深入思考。在这个过程中,培养了学生的审美情趣、人文积淀、人文情怀和热爱家乡的意识。本节课对学生的前期资料收集情况要求较高,同时,在小组活动中,学生需要具备较强的归纳总结能力。本节课主要是对宜宾发展建设的感悟,因此在用于其他地区的教学时,其适用性可能不够强。

探秘"两弹"摇篮
研学设计

李文静

绵阳富乐学校

一 研学主题

重温红色记忆,传承"两弹"精神。

二 研学目标

通过研学案例设计,为今后中小学教师开展研学活动课程提供参考价值;有效开发研学活动课程,培养学生的核心素养;多学科融合,让学生在个性发展、实践能力、认知情感、跨文化交流能力与团队协作等方面得到发展。本次研学,通过"'美帝'欺凌,决心造'两弹'""定点青海,建荒原伟业""中苏交恶,梓潼启新篇""缅怀先辈,悟'两弹'精神"四大主题,带领学生认识我国"两弹一星"事业取得的巨大成就,增强学生的民族自豪感,弘扬热爱祖国、无私奉献,自力更生、艰苦奋斗,大力协同、勇于登攀的"两弹一星"精神。

三 适用学段

四至六年级。

四 研学活动前期准备

基于教育学家拉尔夫·泰勒提出的课程开发应该解决的四个核心问题,以及对应的课程开发的四个阶段,设计了"五步法"研学计划,即"考察选点—问卷调查—前期准备—研学开展—研后总结"。

(一)考察选点

基于研学活动主题为"重温红色记忆,传承两弹精神",故将研学活动的地点选在"两弹城"——梓潼县。教师提前走访,感受"两弹"精神,确定行车路线,以及学生的研学路线,制订研学活动计划安排表,并注明每个研学阶段的具体时间。

(二)问卷调查——把握学生对研学的认知情况

为了本次活动的顺利进行,力求达到最好的研学效果,教师需要提前设计并开展调查问卷,问卷着重调查同学们对研学活动的认知程度以及对"两弹城"的了解程度。在研学活动教案设计之前将此问卷调查发放给学生填写,可以及时地掌握学生情况,科学地进行研学方案设计。通过对调查问卷结果的分析,教师注意到学生不太了解此次研学活动的目的和意义,虽然学生之前有过研学活动的经历,但很多学生认为研学活动就是外出游玩。

问卷分析如下:

(1)很多学校缺乏专业配套的研学活动课程。

(2)从研学内容来看,大部分外出属于游玩科普项目,内容空泛、无研究性学习项目,研学内容无深度。

(3)没有进行研究性学习,属于游而不研类型。

故研学活动要想取得更好的研学效果,起到培养学生核心素养的作用,就需深入研学内容,提高孩子们对"两弹城"的认知并明确其深刻意义。

(三)前期准备

1.活动路线、场地的勘察,确保路线清晰

以主题式教学贯穿研学全过程,基于四至六年级学生的心理特点,设置了以"寻宝"为主线的研学路线,极大地激发了学生的研学兴趣。设置四大主题,划分四个小组以不同的主题进行研学,提高学生的参与度和研学效率。在研究"两弹城"地图的基础上,根据活动四大主题:"'美帝'欺凌,决心造'两弹'""定点青海,建荒原伟业""中苏交恶,梓潼启新篇""缅怀先辈,悟'两弹'精神",制订以下研学路线:

精英门—"两弹"历程馆—"两弹"展览馆—王淦昌故居—邓稼先故居—将军楼—防空洞—"两弹"元勋纪念墙。

2.兼顾安全性、纪律性,确保医疗和安全保障

制订活动方案和安全预案,确保组织有序、管理到位,保障师生安全。分别对参加活动的教师和学生进行安全、纪律、文明礼仪、环保等方面的教育,安全责任落实到人。

3.建立研学活动总结评价体系

课程评价提倡采用多元化评价,结合学生的自我评价,并通过设计评价量表、建立学生成长档案袋和颁发结业证书的方式对学生进行学习全过程的评价。

4.设计研学手册

学生边研边学,将获得的知识与感悟写在研学手册上。

5.确定学生分组及小组承担的研学内容

分析"两弹"精神,将学生分成四个小组,各个小组分工协作,第一组重点探索研制"两弹"的历史背景;第二组的研学内容主要为"两弹"在青海研制时期的艰苦岁月及研制成果;第三组的研学内容为研究院搬迁到梓潼的历史背景、选址原因等;第四组着重介绍科学家和建设者。

五 研学活动课程实施

根据课程内容特点选择实施方法,以主题式教学贯穿研学全过程,并结合相配套的研学手册,带领学生参观四川两弹城博物馆。

(一)研学流程

1.抵达"两弹城"

7:30在校集合,搭乘汽车到达"两弹城",教师宣布研学规则,小组分工。

2.学生自主研学

9:00—10:30,各小组按照自己的主题内容进行分组研学,并将研学所获得的信息进行总结,写一篇发言稿。

10:30—13:30,休息时间,学生根据小组收集到的信息,写下自己的感悟,由负责发言的同学将组员的感悟整合进发言稿中。

3.各小组分享研学成果

13:30—15:30,各小组派一名或多名同学,向其他小组同学进行研学汇报总结,分享自己小组收集到的信息。其他小组同学需认真聆听发言,并且做好笔记。每个小组发言完毕后,由其他小组同学根据获得的知识发表感悟,中间由老师进行衔接,学生完善研学手册。

(二)研学主题

1."美帝"欺凌,决心造"两弹"

(1)第一组代表发言,向其他小组分享自己小组研学所收集到的信息,重点阐述探索研制"两弹"的历史背景。

(2)其他小组同学发言,表达自己在了解"两弹"历史背景后的研学感悟。

(3)老师总结,对上一组学生研学成果进行评价,引导学生写下研学感悟,并引出下一组。

2.定点青海,建荒原伟业

(1)第二组代表发言,向其他小组分享自己小组研学所收集到的信息,重点阐述"两弹"在青海研制时期的艰苦岁月及研制成果。

(2)其他小组同学发言,发表自己在了解"两弹"在青海建下荒原伟业的研学感悟,并将感悟书写到研学手册上。

(3)老师总结,强调"两弹元勋"在青海时期自力更生、不畏艰苦的科研精神。

3.中苏交恶,梓潼启新篇

(1)第三小组代表发言,向其他小组分享自己小组研学所收集到的信息,重点阐述研究院搬迁到梓潼的历史背景、选址原因等。

(2)其他小组同学认真聆听小组代表发言,并做好记录,在研学手册上写下自己的研学感悟。

(3)其他小组同学发言,发表对研究院搬迁到梓潼的感悟。

(4)老师总结,梳理"两弹城"搬迁到梓潼的历史背景,对上一组学生研学成果进行评价,并引出下一组。

4.缅怀先辈,悟"两弹"精神

(1)第四组代表发言,向其他小组分享自己研学所收集到的信息,重点介绍"两弹元勋"和"两弹"精神。

(2)认真聆听小组代表发言,并做好记录,书写游览"两弹"历程馆、邓稼先故居、王淦昌故居的感悟。

(3)其他小组同学发言,发表自己对"两弹元勋"以及奉献精神的感受。

学生经过一天的研学活动,教师对学生在研学过程中收集到的信息,以及各小组代表的发言进行总结,点明本次研学以"寻宝"为主线,最终在教师与同学的共同努力下,成功找到"两弹城"的精神宝藏,即"两弹"精神:热爱祖国、无私奉献,自力更生、艰苦奋斗,大力协同、勇于登攀,鼓励同学们不仅仅要学习"两弹"精神,更要传承"两弹"精神,让忠诚、干净、担当、奉献的初心继续在祖国的土地上闪耀。

六 研学成果与效果

本次研学过程中,各小组学生饱含热情,边研边学,不仅认识到了"两弹"的研制历史,还清晰地了解到我国研制"两弹"的不易,深切感受到"两弹元勋"不畏国外强权、不受优渥生活的诱惑,毅然决然回归祖国、建设祖国的赤子之心,最终为祖国书写了"红云冲天照九霄"的惊世传奇。研学结束后,学生感触良多,将自己获得的知识与感悟都认真地写在研学手册里。教师根据学生填写研学手册的情况建立学生研学评价量表,并且根据学生自我评价量表得分,最终选出优秀学员,并给予奖励,进一步促进学生对研学的热情,确保下一次研学的成功开展。

七 研学反思

为加强研学活动对学生的深远影响,故对此次研学进行认真地梳理总结,反思如下。

(一)注重研学的探究性

研学活动,重点在于"研学",在此次"两弹城"研学活动中,教师设计了以"寻宝"为主线,激发学生对"两弹城"的探索欲。按照小组的划分,教师设计不同主题的探究问题,既培养了学生的团队合作能力,也大大提高了研学效率。所以,在研学的设计阶段需要注重研学的探究性,以设计学生感兴趣的探究题目为导向,引导学生层层深入。

(二)建立完整的评价体系

在研学前,为了更好地提高学生的研学效率,便于总结学生的研学成果,设计了研学评价参考表,内容分为学生的研学手册、学生的自我评价得分表,以及研学后教师对学生的评价量表,从多方面综合评价学生的研学成果,并且将研学中表现为优秀学生的研学手册进行展览,极大地激发了学生对研学的热情与积极性。

(三)强调研学的育人价值

研学活动不仅是表面意义的,更重要的是要培养学生的收集信息、归纳总结信息等实践能力。所以在设计研学活动时,需结合此阶段学生的身心特点,从而制订更加精准的研学计划,从多方面培养学生的核心素养,实现研学活动的育人目标。

广汉市稻香公园及改革开放陈列馆研学设计

王超兰　杨　舒

南充市江东初级中学　南充高级中学

一 研学主题

游稻香公园,赞改革开放。

二 研学目标

通过参观广汉市金鱼镇上岑村的稻香公园、向阳镇改革开放陈列馆、"火锅特色公园"、乡村乐园等地,了解改革开放后四川的飞速发展以及取得的建设成就,感受党和国家的正确引导对经济发展的影响,理解创新和科学技术在农业生产中的重要性,培养学生热爱祖国、热爱家乡的情怀和热爱科学、热爱学习的精神。

三 适用学段

本研学活动适合八年级学生。八年级学生已经完成了中国现代历史、区域地理的学习,具有与本次研学活动相关的知识储备。虽然这些知识大多只停留在理论层面,不能和实际生活相联系,缺乏综合理解,但这个阶段的学生具有强烈的探索欲,对新鲜事物充满好奇,只要活动组织得当,学生能够非常深入地参与到本次研学活动中。

四 研学活动前期准备

(1)研学时间安排:4—9月,在水稻栽种、生长、收割的各个过程都可以开展研学活动,时间1天。

(2)地点、路线安排如下。

上午:参观广汉市金鱼镇上岑村稻香公园、土地改革陈列馆。

下午:参观广汉市向阳镇改革开放陈列馆、"火锅特色公园"、乡村乐园。

五 研学活动课程实施

(一)参观广汉市金鱼镇上岑村"稻香公园"

广汉市金鱼镇上岑村地势平坦,土地肥沃,是四川省广汉市现代粮食产业基地"万亩良田"示范村,是国家级现代粮食示范区核心区域。近年,在村党组织的推动下,上岑村创办粮食专业合作社2个,成立家庭农场6家。上岑村还充分发挥自身优势,建设农耕文化体验区——稻香公园。公园内拥有广汉土地改革陈列馆、全产业链展示中心、稻香研学院、都江堰微缩景观、大地景观、生态湿地等集稻麦科技、文化、产品、艺术、科普为一体的展示项目和体验区,既生动、鲜活地展示了农业产业,又吸引了一批有志投身农业的企业和高端人才,成为展示上岑村农业观光旅游的窗口。

1.观测地点:稻田体验区和"三星堆"面具稻田

教师活动:教师讲解当地地形,介绍水稻种植土壤和种植环境,介绍稻田湿地环境,根据时节介绍水稻的种植流程和农业生产工具,介绍当地农旅结合的生产方式。

学生活动:学生观察当地地形、土壤、湿地环境、水稻生产现场、生产工具,做好记录。

设计意图:让学生亲身体验水稻的生产环境和生产过程,体验现代农业生产方式。

2.观测地点:都江堰微缩景观

教师活动:教师讲解都江堰水利工程原理,都江堰水利工程对当地农业生产的影响。

学生活动:学生观察、讨论、记录。

💡设计意图:让学生体验都江堰水利工程对成都平原农业生产的重要作用。

3.观测地点:全产业链展示中心

教师活动:教师组织学生认真听取工作人员介绍当地水稻及其他农产品产业链。

学生活动:学生观察、记录、拍照。

💡设计意图:让学生了解现代化农业生产的销售途径、体验科技和网络给农业生产带来的变化。

4.观测地点:土地改革陈列馆

教师活动:教师组织学生认真听讲解员讲解。

学生活动:学生听讲解、阅读资料、记录。

💡设计意图:让学生了解中国不同时代土地制度演变的历史文化以及四川土地改革过程、家庭联产承包责任制的推广过程,了解四川在改革开放中作出的贡献。

5.观测地点:居民区

教师活动:对学生到居民区采访的内容及注意事项做好讲解和安排。

学生活动:学生调查、拍照、记录。

💡设计意图:让学生了解当地居民从事的生产活动、收入来源等。

表4-2 广汉市金鱼镇上岺村稻香公园研学观察记录表

观测地点	观察内容	观测手段	观察结果记录
稻田体验区"三星堆"面具稻田	1.地形、水稻种植土壤、水稻种植环境; 2.稻田湿地的作用; 3.水稻播种、插秧、田间管理、收割方式; 4.农旅结合的创新设计思路	观察 样本采集 体验 拍照	
都江堰微缩景观	都江堰水利工程原理	观察 拍照	
全产业链展示中心	水稻及其他农产品产业链	听讲解 观察 拍照	

续表

观测地点	观察内容	观测手段	观察结果记录
土地改革陈列馆	1. 中国不同时代土地制度演变的历史文化； 2. 四川土地改革过程、家庭联产承包责任制的推广过程	听讲解 阅读文字资料	
居民区	当地居民从事的生产活动	采访 记录	

(二)参观广汉市向阳镇

向阳镇改革陈列室修建于2012年,位于向阳镇人民政府四楼,面积约140平方米。陈列室以"欣欣向阳——中国第一乡向阳镇农村改革与发展"为主题,分三个单元浓缩了向阳改革发展历程,让观众一窥中国农村改革的征途。

向阳牛杂火锅起源于改革开放后。2016年,广汉向阳江南肉牛专业合作社正式成立,以专业化和标准化的运营进一步推动向阳肉牛交易和屠宰业发展,牛杂火锅的吃法也随之不断演变,最终形成如今独树一帜的向阳特色。

龚家院子,被植入竹文化这个富有民俗特色、地域特色的"乡村乐园",白墙黛瓦,一亭一径,一步一景。文化墙风格古典淡雅,融入了爱国爱家、中华民族传统美德等内容,给乡村院落增加了正能量的氛围,也增添了曲径通幽的味道。

1. 观测地点:向阳镇改革陈列室

教师活动:教师讲解向阳改革的历史背景及发展历程,让学生了解中国农村改革的征途。

学生活动:学生观察陈列室的史实文献、照片图表、印章、报纸、荣誉奖状等,做好记录。

设计意图:让学生能通过图文史料、实物史料和历史纪录片等直观感受向阳公社进行政治体制改革的必要性和过程。

2. 观测地点:火锅特色公园

教师活动:教师介绍火锅特色公园与向阳改革的历史渊源及今后的发展规划。

学生活动:学生观察、讨论、记录。

🔲 设计意图:让学生切实感受改革给农村发展带来的巨大变化与美好前景,从而更加容易理解国家政策的正确性,体会顺应时代的改革能不断推动社会的向前发展的理念。

3.观测地点:龚家院子

教师活动:教师带领学生走进龚家院子,切身感受竹文化的魅力。

学生活动:学生观察、拍照。

🔲 设计意图:让学生感受充满地域和民俗特色的现代乡村建设成就,真正体会中国农村在中国共产党的领导下从改革到现在乡村振兴的华丽蜕变。

六 研学成果与效果

学生通过实地参观考察,对农业生产有了更加直观、深刻的认识,明白创新和科学技术在农业生产中的重要性,理解因地制宜发展农业是我国农业发展的指导思想,初步形成可持续发展观念。通过了解四川在改革开放中作出的重要贡献,理解党和国家政策指导的重要性,从而激发学生爱家乡、爱四川、爱祖国的历史责任感,激发学生热爱科学、热爱学习的热情。

七 研学反思

本次研学活动,师生一起重温了广汉市金鱼镇和向阳镇在改革开放历程中敢想敢干、勇于担当的拼劲和闯劲。改革的春风已经吹拂大地四十多年了,金鱼镇和向阳镇在改革中秉承着开拓进取的创业精神,在一次又一次的实践中找到了最适合自己发展的路子。金鱼镇和向阳镇的发展变迁是中国成千上万个村镇、城市在中国共产党的领导下从"站起来"到"富起来""强起来"的缩影,在中国脱贫攻坚战收官后,还有更多村庄将在乡村振兴中迎来华丽蜕变,相信我们的国家也会变得越来越强大。

"研学齿轨·科教成才"研学设计

毛兰英　唐冬梅　李育华　李　玲

四川省资阳中学

一　研学主题

此次研学以中车资阳机车有限公司成功研发的山地轨道齿轨列车为素材,立足科教兴国战略。基于八年级学生的学情,确定本次研学主题为"研学齿轨·科教成才"。

二　研学目标

运用相关知识,简单解释山地坡度对交通运输方式的影响,培育学科融合综合思维。通过研学,学生能说出人才培养对企业发展、国家强大的重要意义,增强学生社会责任感和爱国情怀。

三　适用学段

八年级。

四　研学前期准备

(1)让学生上网查询中车资阳机车有限公司的历史沿革、产品等相关资料,针对自己感兴趣的方面提出问题。

(2)让学生通过网络、书籍、期刊等查阅关于该行业先锋人物的故事。

(3)物资准备：

①证件及现金：身份证、学生证、少量现金。

②生活用品：太阳帽、防晒霜、防晒衣、雨具(雨衣或雨伞)、运动鞋、水杯。

③学习用品：文具用品(笔记本、笔等)。

五 研学活动课程实施

(一)活动目标

(1)通过工作人员介绍，了解山地轨道齿轨列车蕴含的相关学科知识。

(2)通过研学，归纳该企业培养科技人才的方法。

(3)通过研学，总结人才培养对企业发展的重要意义。

(二)活动内容

(1)乘坐山地轨道齿轨列车和聆听讲解员的讲解，说出山地坡度对列车行驶速度、动力等方面的影响。

设计意图：学生通过亲身体验和倾听讲解，理解山地坡度对交通运输方式的影响，感受人才培养和科技发展对交通发展的重要性。

(2)采访该公司讲解员，了解该公司培养山地轨道齿轨列车研发人才的具体措施。

设计意图：学生通过采访，了解该公司的人才培养方法，理解教育(学习资源)是人才培养的基础，学校教育是国家提供助力让学生成才的学习资源，人才是科技发展的基础。

(3)参观中车资阳机车有限公司的展厅，了解公司的发展历程，说出有利于该公司发展的条件。

设计意图：学生参观中车发展展厅，了解企业员工的研发能力和创新能力对企业发展的重要性，感受科技发展对企业、社会、国家的重要意义。

(4)完成研学报告。

设计意图：学生填写研学报告，培养学生整理信息、总结信息以及表述信息的能力，进一步加深教育科技、人才对企业发展的意义。

研学报告

时间：　　　　　　　　　报告人：

(1)通过采访齿轨列车先锋人物的故事或采访该公司讲解员,总结该公司培养科技人才的方法。

(2)依据该公司的发展历程和讲解员的介绍,简要分析该公司发展的有利条件。

(3)谈一谈你在这次研学过程中的感受,并写一段话给未来的自己。

(4)依据研学过程评价表(见表4-3),为自己研学过程中的表现打分。

(5)研学过程评价表。

表4-3　研学过程评价表

评价要素	细则	分值	学生自评	教师评分
时间观念	按时到达研学点；按时完成研学任务	10分		
文明意识	文明用语,维护公共秩序,注重礼仪礼貌,爱护环境卫生	10分		
规则意识	听从教师、班干部安排；遵守团队纪律	10分		
活动准备	认真完成研学前期准备,态度认真,准备充分	10分		
过程实施	认真聆听讲解员的讲解、咨询问题等	10分		
研学收获与分享	认真完成研学报告	30分		
	及时与同学交流、分享	20分		
合计		100分		
总分	学生自评×70%+老师评价×30%=			

"坐着三江游轮看宜宾"
研学设计

黄乾柱　邓舒阳

宜宾市叙州区坤泰实验学校　宜宾市叙州区北城实验学校

一　研学主题

感受三江风貌,共绘家乡蓝图。

二　研学目标

(1)通过实地研学,学生感受家乡宜宾的发展,激发学生对家乡的热爱。

(2)通过同济大学内迁的革命故事,培养学生的爱国主义情感。

(3)为家乡建设提出合理化建议。

三　适用学段

八年级。

四　研学活动前期准备

(1)学生进行室内前置课《明天会更好——坐着三江游轮看宜宾》的学习。

(2)查询相关资料。(包括宜宾大观楼资料、宜宾城发展历史、李庄古镇文化及同济大学内迁知识、宜宾大学城建设情况)

(3)学生分组,制订小组研学报告和研学任务,小组内明确职责。

(4)联系相关地点和做好后勤保障。(大观楼、三江游船、李庄古镇相关博物馆、需要参观的大学,餐厅及车辆)

(5)强调相关安全注意事项。

(6)研学路线及具体安排。

时间	活动安排
上午	
8:20	宜宾大观楼集合
8:30—9:30	参观宜宾大观楼
10:00—11:00	合江门码头乘三江游船→李庄古镇码头
11:20—12:20	参观李庄同济大学旧校址
12:30—13:50	午餐及休息
下午	
14:00—14:30	李庄古镇→宜宾大学城
14:30—15:00	宜宾大学城(总体情况介绍)
15:00—16:30	分组参观大学校园
16:40—17:20	集合总结
17:30—18:00	乘车返程

五 研学活动课程实施

(1)参观宜宾大观楼及听取博物馆工作人员讲解,了解宜宾建城史和城市发展。(约60分钟)

(2)乘坐三江游轮从宜宾合江门码头登船前往李庄古镇码头。了解桥对于宜宾城市建设和发展的意义,感受宜宾城市发展与建设。(约60分钟)

(3)参观李庄同济大学旧校址。通过工作人员介绍,了解同济大学对宜宾教育发展起到的积极作用。再从同济大学搬迁联系到中国抗日战争史,对学生进行爱国主义教育。(约60分钟)

(4)参观宜宾大学城部分大学,了解大学城建设对宜宾社会经济发展的重要意义。(约120分钟)

六 研学成果与效果

(1)通过对宜宾大观楼参观及研学所见,学生了解了宜宾城市发展的历史和现状。

(2)通过乘坐三江游船看到的桥,学生了解了桥对宜宾城市建设的重要意义,进而了解宜宾的水路交通、高速公路、航空运输、高铁等立体交通网为宜宾经济腾飞打下的坚实基础。

(3)参观同济大学内迁的历史事件,让学生感受中华民族为抗日战争付出的惨重代价和来之不易的胜利。对学生进行了一次深刻的爱国主义思想主题教育。

(4)通过了解李庄古镇和大学城对过去和现在的宜宾经济发展的重要意义,学生明白了学习知识的重要性,树立建设家乡的理想。

七 研学反思

本次研学活动设计,对宜宾本地学生而言更具适用性,具有一定的研学效果。其他地区的学生研学使用时,还需进一步细化和修改。

宜宾李庄古镇研学设计

林浩冉　陈　凤

四川省宜宾市龙文学校　四川省宜宾市第四中学校

一　研学主题

传承传统文化精神，建设美好家乡。

二　研学目标

（1）学生通过参观李庄古镇，观察和了解古镇的建筑风格、居民生活等方面的内容，感受中国传统文化的韵味和深度，提升学生对于中国传统文化特征和历史变迁的认识。

（2）参观李庄古镇历史文化遗产，增强学生对优秀传统文化保护和现代化建设并行不悖的认知。

（3）学生亲自体验在保护历史文化遗产的基础上推动城市可持续发展，培养学生的环保意识和可持续发展理念。

（4）学生通过实地考察，了解和感受宜宾乃至整个四川的发展之美，培养学生对家乡文化和地理特色的认同感，从而萌发更加深厚的爱国之情。

三　适用学段

七至八年级。

四 研学活动流程

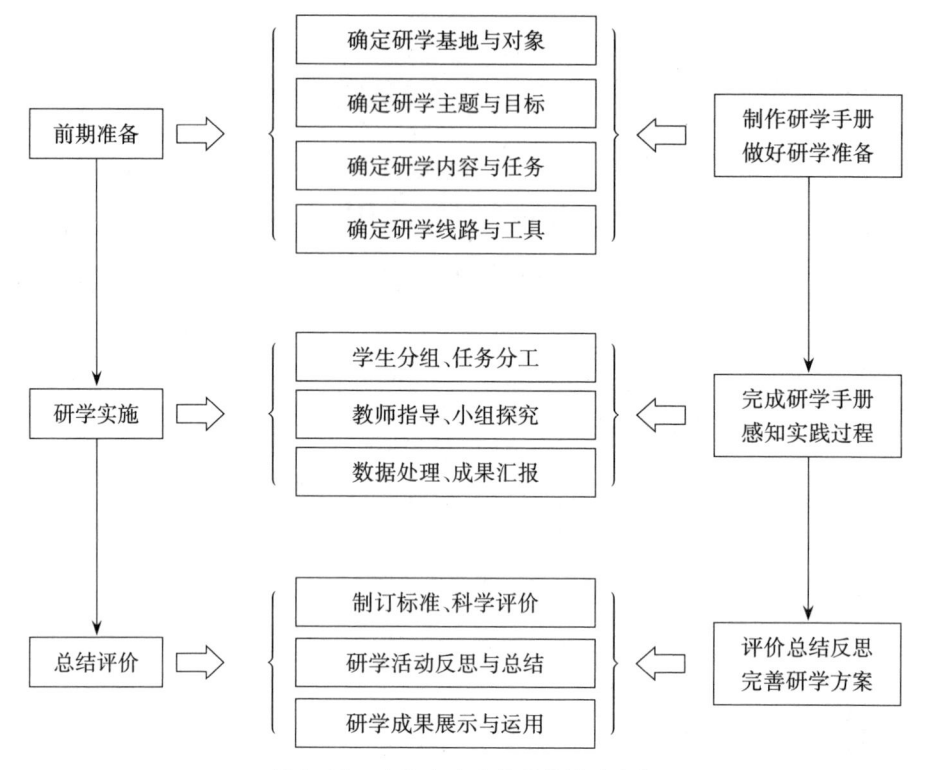

```
前期准备 → { 确定研学基地与对象
            确定研学主题与目标    ← 制作研学手册
            确定研学内容与任务       做好研学准备
            确定研学线路与工具 }
   ↓                                    ↑
研学实施 → { 学生分组、任务分工
            教师指导、小组探究    ← 完成研学手册
            数据处理、成果汇报 }     感知实践过程
   ↓                                    ↑
总结评价 → { 制订标准、科学评价
            研学活动反思与总结    ← 评价总结反思
            研学成果展示与运用 }     完善研学方案
```

图 4-11　宜宾李庄古镇研学活动流程

五 研学活动课程实施

(一)初识李庄

(1)调查李庄古镇已开发的旅游资源。

(2)根据调查结果并结合《李庄导游图》绘制旅游景点分布示意图。

(3)根据研学任务绘制合理的研学路线图。

(二)探秘李庄

1.追寻古镇——李庄古镇历史探秘(必做)

(1)引导学生和协调导游参观李庄古镇，主要游览"李庄四绝"——张家祠百鹤窗、文昌宫(旋螺殿)、奎星阁、禹王庙九龙碑。

(2)在历史馆听导游讲述关于李庄古镇历史的故事。

在参观过程中,学生尝试记录下自己认为最有代表性或最能展现李庄古镇之美的景点或文化元素。返回学校后,每组选择出他们认为最美的元素进行展示,并解释这些元素为何体现出李庄古镇的美。

2.现代建筑赏析——月亮田之行(必做)

引领学生参观月亮田,组织学生聆听现代建筑与古镇融合之美的解读,同时鼓励学生自由探索,发现自己心目中的美。

学生讨论并分享他们对月亮田建筑风格的感受。

3.我们的城市,我们的未来——与梁思成先生的对话

(1)提前搜集资料了解梁思成的故事。

(2)梁思成的故事:邀请历史老师向学生介绍梁思成先生的生平及其在中国现代建筑和文物保护方面的贡献,特别是梁思成先生所著的《中国建筑史》。

(3)把我心中的图景讲给您听:每组学生把自己绘制的"明天"的李庄古镇图景讲给大家听。(说出绘制主题、特点、原因等)

(三)造化李庄

1.李庄古镇旅游资源开发条件评价(选做)

调查已有景点的开发方式、开发程度、交通条件、基础设施以及客源市场等内容,根据调查结果结合旅游资源开发条件评价参考表(见表4-4),尝试对李庄古镇旅游资源的开发条件进行评价,并说明理由。

请选择一项评价等级低的项目提出改进建议。(以上成果填在研学手册上)

表4-4 旅游资源开发条件评价参考表

评价项目		评价等级
资源价值	美学价值	高、较高、中等、较低
	科学价值	高、较高、中等、较低
	历史文化价值	高、较高、中等、较低
	经济价值	高、较高、中等、较低
地理位置与交通	地理位置	优越、较优越、一般、较差
	交通条件	便利、较便利、一般、不方便

续表

评价项目		评价等级
客源市场	客源地距离	远、较远、一般、近
	客源地范围	大、较大、一般、小
基础设施	公共设施	好、较好、一般、较差
	配套设施	好、较好、一般、较差

2.我为李庄代言(选做,至少选择1项)

(1)选一个最打动你的景点,进行宣传推广。

(2)设计一件关于李庄古镇的文创产品。

(3)设计李庄一日游或两日游最佳游览路线(包括特色餐厅、民宿推荐等)。

(4)假设你是李庄古镇管委会主任,请你为李庄古镇旅游业的提档升级提出合理构想。

六 研学成果与效果

(1)完善研学手册,感受实践过程(见表4-5所示)。

(2)各组展示:绘制的"明天"的李庄古镇图景。

表4-5 研学手册

评价项目	地理实践研学检查表(实践研学后完成)			
	较难做到1分	有时能做到2分	总是能做到3分	得分
1.出发前,我清楚这次实践活动的目标				
2.我知道这次实践活动的内容				
3.我自愿承担困难任务				
4.研学时,我带着问题去观察和思考				
5.研学时,我分享了我的想法				

续表

评价项目	地理实践研学检查表(实践研学后完成)			
	较难做到1分	有时能做到2分	总是能做到3分	得分
6.我和小组成员一起讨论问题				
7.我能和小组成员合作				
8.研学完成后,我能积极完成记录表和总结任务				

七 研学反思

(1)活动过程表现。

(2)分组形成研学交流专题,以文本方式进行成果交流。

(3)材料归入综合实践活动记录。